睿化博学

格物穷理

林新堤 编著

长江出版社

图书在版编目（CIP）数据

睿化博学 格物穷理/林新堤编著.

—武汉：长江出版社，2016.8

ISBN 978-7-5492-4501-7

Ⅰ.①睿… Ⅱ.①林… Ⅲ.①中学物理课－教学研究

Ⅳ.①G633.72

中国版本图书馆 CIP 数据核字(2016)第 201947 号

睿化博学 格物穷理 　　　　　　　　　　　　　　　　林新堤 编著

责任编辑：吴曙霞

装帧设计：蔡丹

出版发行：长江出版社

地　　址：武汉市解放大道 1863 号　　　　　　　　邮　编：430010

网　　址：http://www.cjpress.com.cn

电　　话：(027)82926557(总编室)

　　　　　(027)82926806(市场营销部)

经　　销：各地新华书店

印　　刷：武汉科源印刷设计有限公司

规　　格：787mm×1092mm　　　　1/16　　　20 印张　　　424 千字

版　　次：2016 年 8 月第 1 版　　　　　　　　2016 年 9 月第 1 次印刷

ISBN 978-7-5492-4501-7

定　　价：76.00 元

树人为乐　问津求真

　　打开林老师的这本文集,新活的案例,透彻的分析,缜密的推理,新颖的角度,巧妙的构思,精辟的结论,流畅的语言,让我看到林老师治于事而劳于心,负其任而承其责。一节节生动的课,一个个新颖的思想,一次次精彩的活动,是林老师心血和智慧的结晶,是最前沿的课改实验成果,展示了林老师的那份自信、深沉和睿智,透露着林老师对事业执着的真心和对学生的真爱。林老师的文字世界里有着万水千山,在成功引导学子成才的同时,也成全了自己的人生梦想:读书育己,教书育人,著书育世。

　　林老师是一个谦逊学者。这样一个从教三十余年的老师时时在告诫自己,老师站得多高,学生就能看得多远;老师的肩膀有多高,学生的起点就有多高。为了让自己站上更高的平台,他本着"人人是学习之人,时时是学习之时,处处是学习之处,事事是学习之事"的理念,从物理硕士课程中,从大量报刊书籍中,从网络中,从参观、考察、交流和研修中"充电",把"课前广思、课中慎思、课后反思"当成一种工作常态,对物理的生活性、开放性、综合性、探究性、应用性有了更深刻的认识,不断地锤炼自身的教育教学艺术,磨砺自己的思想意志,积淀自己的人文底蕴,使自己在岗位上游刃有余。多年来,他养成写专业日记的习惯,随笔记录课堂实践中的点点滴滴,教研活动中的齐放争鸣,教学过程中的预设生成,常常是"夜深灯火照书屋,半床明月半床书"。

　　林老师是一个学高师者。这样一名物理教师,是一个用整个生命去拥抱教育理想的人。弹指一挥连续送走三十余届毕业生,数十年如一日,对学生总是怀有一颗"爱心"、"真心"和感恩之心",厉学耕耘,硕果累累,广施教泽、培育人才。经过连续 30 年初三物理教学的历练,他找到了自己为师之梦:师生和谐营造快乐——老师关爱学生,学生亲师信道,课堂是师生的共同期待;同伴互助创造幸福——备课时突发奇想,上课时智慧碰撞，讨论时激情飞扬，评价时硕果累累……因为有了爱的色彩，他的教育教学变得更加淡定、平和、从容！

林老师更是一个儒雅智者。他与时俱进，敢立潮头，有着现代人才观、质量观和以人为本促进主动发展的教学观。他构建了"观察—质疑—实验—释疑—评价"的学习模式，激发了学生学习的热情。他自制实验器材 200 多件，使物理课程的理论性与实践性达到有效结合。他培养学生创新，带领学生实践，学生科技制作作品不计其数。他推出了"四四五"生态课堂模式，"3+2"校本研修模式，走在了新课改的最前沿。

如今，林老师的"讲台"已从七一中学延伸到了区内外、市内外，从学生延伸到一线教师，从教室延伸到报刊、电视台、网络。教师们听了林老师湖北省复习研讨课，连声称赞"精彩"；看了林老师参与命制的武汉市三年中考物理试题，同声称赞"精致"；读了林老师撰写的论文，高声称赞"精辟"！然而，林老师对荣誉和掌声，却格外淡泊和冷静，因为在他的词典里，"掌声"的注解是"鞭策"，"荣誉"的注解是"使命"。育人至上，授业为真，是林老师的毕生追求！

林老师的人生正如武汉教育界名师颁奖词所言：以物思理，润物无声，因而静心学习，唯宁静方能致远；教书为悦，育人为乐，因而愉悦工作，唯愉悦方能淡泊；工作是幸，奉献是福，因而尽心教学，唯尽心方能创优；教无止境，不囿一隅，因而专注钻研，唯专注方能创新。以从容的心态，调整自己的姿态；以奉献的精神，从事崇高的事业；以高超的技艺，展示不凡的才华；以不断的追求，提升幸福的高度。专注田畴，却心藏诗与远方，壮哉！美哉！

"立德立功立言三不朽，为师为将为相一完人"，愿这书中的篇章字句，能化作叶叶扁舟，辉映着教育月明，以后浪推前浪的奔涌之势，载动你我，击楫中流，泛渡鲲洋，望星火燎原，使之不绝往返于心与心之间。

本书完稿之际，无以为赠，仅作此文，以为序。

武汉市教育科学研究院　王世富

2016 年 7 月

CONTENTS

目 录

物理实验

第二篇　潜心升华　追求物理理想　让教育变得有张力

教学教研模式

科研课题

第三篇 赤心传递 释放诗意情怀 让人生变得更幸福

第 一 篇

惠心积淀 创造课堂智慧 让教学变得有引力

【关键词】 科学探究 教学设计 物理实验

物理是一门以实验为基础的学科,学好物理需要学、思结合,学、问结合,学、用结合,教师要营造形动、心动、神动的课堂境界。我曾用一块木板、几根导线、几个开关和电灯组成"电学多功能演示仪",曾用漆包铜线制成水位报警器,也曾用一个底部钻了十多个小孔的雪碧瓶做教具。这样生活化的物理课堂深深吸引了学生,使学生对物理产生了浓厚的兴趣。于是我和学生一起在生活中提问,在提问中互动,在互动中生成,在生成中共享。他们在仔细观察中对科学产生浓厚兴趣,在独立思索中激发了强烈求知欲,在不断质疑中敢于挑战自我,在自主解疑中提升思维深度,在物理实践中锻炼双手灵活度,在尝试创新中开拓思维广度。而在这一过程,我以风趣幽默的语言,让学生快乐感知;以慎密的讲解,让学生思维严谨;以多样的内容,让学生忘我参与;以鼓励的方式,让学生不断超越。就是这样的一堂一堂的物理课为学生提供一个激发创造的"磁场",用这个"磁场"激发更多学生创造,而发现、质疑、探索、合作的意识和能力得以提升,学生的主体性充分发挥,自我的可持续性发展得以实现。

其实教法的科学有效并非我们想象的那样难,只要我们站在学生的角度,以生为本,起点低一点,坡度小一点,探究多一点,趣味多一点,教艺精一点,把复杂的事简单化,把简单的事流程化,把流程的事定量化,把定量的事信息化,教师与学生共同努力构建和谐课堂,课堂的效益才能最大化,课堂才真正成为视、听、思、创的盛宴,又岂不是享受呢?

科学探究

科学探究——催生学生发展的天堂

【摘　要】 近年来,科学课教学的无效性问题成为制约科学课深入发展的瓶颈,超越这个瓶颈对科学课的发展具有特别重要的意义。实践探索和理论研究表明,科学探究是提高科学课教学有效性的重要策略。营造快乐、合作、生活化和开放的课堂,可以催生学生表露、发现、感悟和创新。

【关键词】 科学探究　科学课　有效性　学用一体

常听人们叹息,现在的孩子真不容易,课业负担太重,起早贪黑,身心疲惫。我们每一个有良知的教育工作者都看在眼里,急在心头。我们老师应该怎么办? 特别是科学这门全新的课程,怎样才能把课改精神真正体现出来,提高课堂教学的有效性呢?

建构主义教育理论认为,知识是不能传递的,老师传递的只是信息,信息只有通过学生的主动建构才能产生智能意义,才能变成学生认识结构中的知识。当今世界知识的增长成几何级数,未知领域的边界亦不断扩大,技能随着科学与技术的不断更新而呈日新月异之势,在此理念下,昔日单纯的传递应该让位于建构和探究,以探究为纽带梳理彼此的关系,才能组织起有效的课堂教学,使学生获得进步或发展。因此,我们老师应在教学中运用科学探究这根魔棒,营造一个快乐探究的课堂,让学生在自由时空中表露;营造一个合作探究的课堂,让学生在讨论争辩中发现;营造一个生活化的课堂,让学生在实际经验中感悟;营造一个开放探究的课堂,让学生在思维碰撞中创新,把科学课堂变成为学生探究的天堂!

一、营造一个快乐探究的课堂,让学生在自由时空中表露

快乐的课堂首先表现在老师要有亲和力和感染力,使学生带着一种高涨、轻松的情绪学习,让学生在学习中感受到自己的智慧力量,体验到学习的快乐。其次是老师要根据教学内容和教学对象,善于创设各种情境,使师生和谐、人文和谐、情理和谐、导放和谐、思悟和谐、知行和谐,以焕发学生的情感共鸣。

玩是孩子的天性,遵循孩子的天性开展的教学是最科学的教育形式。那么,我们老师在教学设计和实践中就应该尽可能地创造条件,陪学生一起玩,让学生在玩中乐,在乐中

学。科学小制作、小发明根据学生的特点，紧扣三维教学目标，又适合学生的情趣，内容丰富，使学生学以致用、学用一体、学有所得。在这方面我们都有很深的感受。例如："探究磁场对通电导体的作用"一节教学时，老师先让学生在课外用小木板、图钉和铁丝做成支架，再用漆包铜线制成两端有引线的线圈。最后让同学们在课堂上通电展示自己的杰作。结果发现有绝大部分同学的线圈转动一下后摆动几下就停下来了。同学们七嘴八舌议论纷纷，终于找到了问题症结所在，从而将引线的一端刮去全部漆皮，另一端刮去半周。通电后，用手指轻轻一推，线圈连续转动起来，在场的同学一片惊呼，报以热烈的掌声，攻破了换向器的作用这个难点。接着同学们探究线圈转动的方向和速度与哪些因素有关。整节课完全可以用"津津乐道，乐在其中"来形容学生的表现，效果出乎意料的好！从发现通电导体在磁场中受到力的作用，到发明电动机，结合探究实验，学生体验了科学探究的方法和乐趣，喜悦和艰辛，并享受合作学习和动手实践的快乐！

二、营造一个合作探究的课堂，让学生在讨论争辩中发现

合作探究有力地挑战了教师的"一言堂"，让学生有了自主学习的机会。在我们观摩过的所谓的"好课"中，几乎千篇一律，都是轰轰烈烈的形式，没有实实在在的效果，过分强调外显的活动氛围对人发展的作用，而忽视了主体本身的能动性在人的发展中的作用。当然，科学课也确实需要这种氛围来激发人的参与热情，但我们的科学课堂教学不仅仅是老师教的过程，它更是学生学的过程。因此，我们在强调外显活动氛围的同时，更应关注的是学生心理活动氛围的建构，使学生身与心"两只轮子"在课堂教学中协调地运转。深信无疑的实验过程会让学生印象深刻，难以忘怀，引发共振。例如："分子之间存在间隙"一节的教学，这样提问：物质是由分子构成的，并且分子很小。今天，我们作为科学研究者，还想对分子进行哪些方面的探究？学生的回答，体现了几种不同的研究方向，甚至有很多学生提出分子之间是否有间隙的问题。接着让大家回顾一下在生活中，有没有表面上看起来紧挨着的物体之间其实也存在间隙的例子呢？学生举出各种各样的例子，其中芝麻和西瓜混合尤为典型。你能否设计实验来研究分子之间是否有间隙？说出你的方法和理由。同学们各抒己见分组实验发现，水和酒精混合后的总体积明显小于两者体积之和。再问：同学们对这个实验的设计还有疑问吗？有一位说用同一种液体行不行？水和水混合后体积不变，是不是水分子间没有间隙？全班一片寂静，可谓鸦雀无声。突然有一位同学站起来说：水分子与水分子是一样大的，不能进入间隙，就像一样大的苹果混合一样，体积不会减小，但这并不能说明分子之间没有间隙。学生的奇思异想得到了师生的回应，"节外生枝"受到了老师的重视，学生的人格得到了尊重，其内在的创造力得到了充分的外显，三维目标交织在一起，极大地提高了教育教学质量。

三、营造一个生活化的课堂,让学生在实际经验中感悟

建构主义认为,环境只有与个体的经验取得联系才是有意义的,即个体是以自己的经验来解释事物的。学生不是环境的被动塑造者,而是"刺激的主动寻求者,环境的主动探索者",而且学生是通过对认知对象的行为来达到建构意义和认知结构的,因此,活动与意识的发展具有同步性。只有通过自己的切身体验,利用他们在生活中所见到的、听到的、感受到的现实积淀,直接影响其知识建构,学生才能真正完成新知识意义的建构。

因此,在课堂教学过程中,教师不能简单地将认知活动当作外部的刺激,而必须组织教学活动,研究学生内部信息加工的规律,研究如何激发学生内在的主动性,让学生投入到教学活动中,成为环境的主动探索者,研究活动方式与学生认知结构之间的关系,研究活动中学生认知行为的发生与发展,要将学生从知识容器这个被动地位中解放出来,激发学生自主探索的能动性,让学生学会学习,使之成为课堂教学的中心,使学生意识的发展与教学活动之间建立起统一的关系,只有如此,课堂结构才可能发生根本性的变化,才可能实现有效课堂的真正意义上的建构。

例如:在学习力的作用效果时,教师拿着乒乓球、球拍和气球走进教室。同学们看见这些玩具像沸腾的开水一样乐开了花。老师微笑地问:"会玩吗?"然后把玩具交给他们,看这群天真活泼的孩子传、拍、挤、压。等他们玩得高兴了,适时问一句:"谁能告诉我,你不断摆弄,乒乓球和气球发生了什么变化? 乒乓球是转还是不转,是急转还是慢转与什么有关? "在老师的引导下,学生渐渐地明白了"运动状态"、"运动状态的改变"等抽象概念。同时,学生提出力的作用效果与哪些因素有关等问题,归纳总结出力的两个作用效果,更可贵的是生成了上旋球、下旋球的形成与哪些因素有关的后续探究课题。整节课学生一直兴趣盎然,从他们的笑脸和积极发言中,老师知道他们的思维被激活了,他们喜欢这样生动活泼的课堂,喜欢这样互动探究的学习方式!

四、营造一个开放探究的课堂,让学生在思维碰撞中创新

开放的教学可使学生从多向的解题策略、多维的问题答案,多元的条件设置中产生思维碰撞,从而产生新的教学资源,使每个生命体得到发展。传统教育是一个"筛",它的任务在于发现精英、选拔精英,重点培养精英。而探究式教育应是一个"泵",是一个促进学习的"动力源",它的任务在于促进每一位学生的发展。探究式学习是一种开放性的教学,对不同的学生应当有不同的要求。既要鼓励冒尖,更要扶持后进。尤其是那些在班级或小组中较少发言的学生,应给予他们特别的关照和积极的鼓励,使他们有机会、有信心参与到探究中来。在小组合作开展探究活动时,教师要注意观察学生的行为,防止一部分优秀的探

究者控制和把握局面,要注意引导学生,让每一个人都对探究活动有所贡献,让每一个学生分享和承担研究的权利和义务。

在《测量小灯泡的电功率》一节的实验中,学生依照科学探究的要素(提出问题、进行实验与收集证据)进行实验。这些都完成以后,在进行最后的交流与合作时,其中有一组提到了这么一个现象:他们小组在做完3.8V的小灯泡功率的实验后,看到实验桌上有一个玻璃泡破了(灯丝完好)的3.8V的小灯泡,他们把好的灯泡换下,换上了这个灯泡,继续进行实验,结果发现灯丝发红但不亮,电流表和电压表的读数都变小了,为此我让他们小组给全班同学又演示了一遍,这时课堂气氛一下子又活跃起来了,面对实验现象学生们提出了许多问题:①玻璃碎了以后,灯泡仍有电流通过,灯丝却几乎不发光,这是为什么? ②玻璃外壳究竟起什么作用?③完好的小灯泡的亮度的变化与哪些因素有关?④完好的小灯泡的亮度的变化是否与损坏灯丝电阻有关?

面对这些问题学生们纷纷猜想,比较集中的猜想有:

玻璃碎了以后,灯泡仍有电流通过,灯丝却几乎不发光,又因破灯泡两端的电压和通过的电流都减小了,可能与灯丝的电阻有关。

面对猜想让学生继续设计实验,进行探究:①在原来电路中用电流表测出电流 I_1,用电压表测出外壳破碎的灯泡两端的电压 U_1,计算出外壳破碎的灯泡的电阻 R_1。②用一个新的灯泡(与破灯泡完全相同),将外壳破碎的灯泡换下,再用电流表测出电流 I_2,用电压表测出新灯泡两端电压 U_2,计算出灯泡的电阻 R_2。然后,比较 R_1 与 R_2 的大小,他们发现 R_2 远大于 R_1。

面对实验结果他们又进行交流与合作,这时学生明白了(学生讨论后总结):①完好的小灯泡的亮度的变化与损坏灯丝电阻有关。②玻璃碎了以后,灯泡仍有电流通过,灯丝却几乎不发光的原因是电阻很小。同一个灯丝电阻为什么会变小呢?

学生继续讨论总结道:灯泡外壳破碎,由于散热使灯丝温度降低,电阻变小,达不到白炽状态而无法发光,所以玻璃外壳的作用是减少散热、提高灯丝温度。

经过实验学生终于明白了灯泡发光的原因和玻璃泡外壳的作用。

实践证明,科学探究能解放学生的身心,让他们自主学习,提高课堂教学的有效性。学生在探究中获得了成功的乐趣,唤起了对科学学习的那种缘自心底的热爱,并以此作为终身学习的不竭动力。

科学探究,探究科学。它催生出了学生发展的天堂,它是科学课教学改革的新方向,它将谱写教育教学的新篇章!我们欣喜地看到,它正带着学生一步步超越现实、超越教材、超越教师、超越自我,促进学生以永不满足的进取精神和强烈的创新欲望,催生出生命的辉煌!

终身学习是开启未来的钥匙

　　教育者的技巧，并不是一门需要天才的艺术，但它是一个需要学习才能掌握的专业。据技术预测专家测算，人类的知识，目前是每三年就增长一倍。西方白领阶层目前流行这样一条"知识折旧率"：一年不学习，你所拥有的知识就会折旧80%。面对知识的蜂拥而至，我们必须学会从中筛选、检索、加工、整理这些信息，从中提取最有利于自己生活、最有利于师生发展的信息，不断更新自己的知识结构。为师的我，必须不断地更新自己的观念，拓展自己的知识面，完善自己的知识结构，将终身学习与工作结合起来。不断地磨砺自己的思想意志，积淀自己的人文底蕴，提高自己的整体素质。在教育教学工作中，我一直与反思同在、与探究为伍、与学习为伴。主动适应社会和教学的变革，参与课程的改革，追求适应时代要求和自身特色的教学风格。

　　参加武汉市学科带头人高级研修班的学习后，我突破了在教师专业发展过程中出现的高原现象，加快了专业化的进程，受益非浅。

　　(1)塑造完美、追求卓越的强烈愿望是自我发展的自觉意识。我把终身学习当成一种生存理念，自觉充实知识，提高技能；直面挫折，藐视困难；把反思作为发展的起点，不断反思自己的教学行为，并使自己的教学实践与科学理论、时代要求相统一。在实践中检验和发展教育理论，享受教学研究的成功和乐趣，在创造中体验教师职业的尊严，为我突破高原现象提供强大的内驱力。

　　(2)为学校出谋划策，努力构建教师专业发展的激励机制，为教师可持续发展提供支持性环境。学校真正确立"师本观念"，营造崇尚名师的氛围，依靠教师、发展教师。学校领导不仅有求才之心、用才之道，更有养才之识、励才之策，把教师的发展纳入学校发展的蓝图，通过竞赛、展览、网络、研讨、奖励等方式，为教师专业发展提供物质保证和精神动力。把学校建成一个开放的学习系统，以校本教研、教学实验、信息技术推广、青年教师导师制等，把教师凝结在一个学习型的组织中，把教师群体培养成乐学善学的优良群体，引导教师走上学习研究之路，使教师能够共享资源、相互促进、分享成功，避免孤身奋战，减少教师的孤独无助感。

（3）正确认识教师专业发展规律,给处于高原期的教师以适时的帮助。我校领导和青年教师导师能够敏锐地意识到教师出现的高原现象,从而在思想认识、心理状态、技术手段、知识信息等不同的层面给予有针对性的指导。利用提供进修条件、外出参观、邀请专家授课等方式,帮助教师增强信心、减轻压力、开阔视野、拓展思路。鼓励教师著书立说,促使教师的实践经验得到理论的升华。

（4）同伴互助是教师专业发展中必不可少的外部力量之一,也是校本教研的基本形式。教师在自我反思的同时,开放自己,形成相互交流经验,相互切磋心得的研究团队。在同伴的互动中共同分享经验,互相学习,彼此支持,共同成长。基本的同伴互助形式包括交谈、协作、帮助等。

（5）交流。我校教师通过交流,不断从伙伴中获得信息、借鉴和吸收经验,才会少走弯路,发展自身。坚持每周反思性备课两节,反思性评课每周一节,以"三优"评比电教优质课、五项技能比赛和研究课为载体,使"说课—上课—评课"的教研活动落到实处,并且根据学校对新教师的要求每周听两节师父的课,做好听课笔记。

（6）协作。协作指教师共同承担责任,完成某项任务。在教育教学过程中,许多教师共同承担研究课题,成为协作的团队。在"十五"期间,我校对"课堂主体性"和"减负增效课堂教学策略"进行了研究,在研究中要发挥每个教师的兴趣爱好和个性特长,使教师在互补共生中成长,同时也要发挥每个教师的作用,每个教师都要贡献力量,彼此在互动、合作中成长。

（7）帮助。在教师队伍中,有许多经验丰富和拥有不同专长的教师,他们可以作为相互交流中的核心人物,承担起帮助和指导其他教师的任务,使其他教师尽快适应角色和环境的要求。例如,学校中的骨干教师、学科带头人是教师中德才兼备的优秀人才,是教师队伍的核心和中坚力量。骨干教师、学科带头人要在同伴互助中发挥积极作用。

同伴互助中会有经常的争论、探讨、争辩、辩论。为此,同伴之间要做到:各抒己见,自圆其说。强调教师独立思考,发表自己的见解;强调对自己的观点尽可能地进行解释、说明、阐述。观点交锋、讨论争鸣。强调不同的观点的碰撞、交锋、比较、鉴别。不作结论,各取所需。保留不同意见,保护不同见解。

这次学习取得的成效如下:

1. 养成了良好的教学习惯,表现为"三多"

一是及时虚心求教多了。遇到疑惑,虚心请教,不再掩饰自己的不足,把"隐藏"问题一个个暴露出来,将自己的"不足"变成"闪光点"。

二是自我反思的多了,在虚心请教的同时潜心钻研,追求教学的"合理性"。

三是撰写教后录、论文、教学随笔多了。

2. 提升了我的教学水平,主要表现为"两高"

(1)提高了教学艺术水平。通过研修学习,找出某些方面的不足,切实了解自己的缺点,我在认识上起码有两方面的变化:一是较明确地树立学生主体观和教师主导观。二是较自然形成"课"的改进性思想。

(2)提高了自我调控能力。懂得在课前精心设计教案,预测教学可能生成新的资源,设计好解决问题的办法;在课堂上注意及时反馈、调控,以便顺利完成教学任务。

3. 提高了教学质量,主要表现为"三步曲"和"三境界"

备课,有了"三步曲":第一步,"有它(教材)没我";第二步,"有我有它";第三步,"有我没它"。上课,有了"三境界":第一境界是"形动",即千方百计吸引学生,让学生喜欢上课;第二境界是"心动",即用我的真情打动学生,刻意创设特定的课堂情感氛围;第三境界是"神动",即把我的观点变成学生的思想,进而导之以行。

教师要自我发展,就要不断地对自己已有的知识、能力、情感、态度等诸方面进行批判性反思,每次反思都会有新的发现,针对发现及时调整、补充、完善,才能得到更高层次的发展。重视"做中学",在工作中学习、实践、进行自我反思,在创新中得到发展。

探究黑箱结构之谜

黑箱亦称"黑匣"、"黑匣子",有的指某种结构复杂的电子元件或电子仪器设备,其内部工作特性保密;使用时可以作为一个独立的整体进行安装或拆卸,具有对某个系统实行自动控制或自动记录的功能。有的指"飞机飞行记录仪",包括飞机飞行记录装置和操纵室声音记录装置,两种记录装置分别安在一特珠金属制成的密闭盒内,在飞行中自行引进各种数据和驾驶室正副驾驶的谈话,包括与地面的联系,始终保持最后 30 分钟的信息,是弄清飞机发生事故原因的关键装置。为便于寻找,外壳一般涂成鲜艳的橙色,表面能发出超声波信号,因西方习俗以黑色象征灾害和不祥,故称"黑匣子"。

在不打开箱盖的前提下,如何通过在箱外测试后发生的现象和记录数据,计算出电阻阻值,画出箱内电路图,是近年来中考和竞赛出现频率较高、学生感到困惑的新颖试题。究其棘手的主要原因,其一是这类题具备应用性、探究性、综合性、开放性等特点;其二是对解此类题没有找到应对的策略。如何敲开黑箱谜宫之门呢?

【探究策略】构建模型——猜填算值——验证结论

构建模型:一般说来,三个接线柱的黑箱有如下四种模型:

| 图1 | 图2 | 图3 | 图4 |

四个接线柱的黑箱一般有如下四种模型:

| 图5 | 图6 | 图7 | 图8 |

说明:各种模型都可旋转,如图 5 可旋转成"┣"。

猜填算值：根据题目的要求和发生的现象，在模型线段合适的位置上，猜填题目规定的器材(器材不能增减)，然后根据有关规律或原理，算出元件的规格。这一步是解决此类问题的关键，请读者体验和感悟，重点突出解题的过程和方法。

验证结论：图画完后，对照题目发生的现象和要求进行验证，如果同时满足题目的每个现象或条件，则电路图正确；否则应重新探究。

这样的教学经历，能使学生积极、主动、创新地参与教学活动，体验教学，感受教学的成功，体现情感态度与价值观。

【探究范例】

例1 电源装在盒内，小灯泡 L_1、L_2、L_3 以及四个接线柱 A、B、C、D 装在面板上，如图9，当用导线做如下连接时，对应的现象有：

(1)用导线连接 A、C，只有 L_1 亮；(2)用导线连接 B、C，只有 L_2 亮；(3)用导线连接 B、D，L_2、L_3 都亮；(4)用导线连接 A、D，L_1 和 L_3 都亮；(5)用导线连接 A、B 或 C、D，三灯均不亮。试画出盒内电路图。

解析：构建模型：如图10所示。

猜填算值：据现象(1)可知，A、C 间有电源和灯 L_1；据现象(2)可知，B、C 间有电源和灯 L_2；(1)、(2)所述说明，L_1 和 L_2 不在 A、C 和 B、C 的公共部分，电源在其公共部分如图11；据(3)可知，电源在 AC、BC、BD 的公共部分，L_3 不在它们的公共部分上，如图12。综合图11和图12可得：

图9

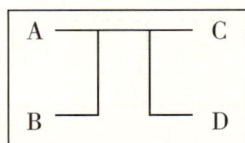

图10

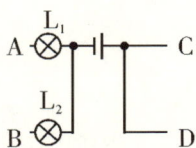

图11

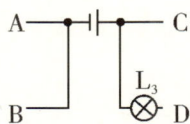

图12

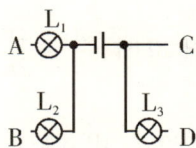

图13

验证结论：用导线连接 A、C，只有灯 L_1 发光；用导线连接 B、C，只有灯 L_2 是通路发光；用导线连接 B、D，L_2 和 L_3 均发光；用导线连接 A、D，L_1 和 L_3 均发光；用导线连接 A、B 和 C、D，电路中无电源，三灯都不亮。同时满足题述5个条件，故所画电路图正确。

请读者试一试，"—|⊢"和图5行不行；如果题目模式变为图14，尝试行不行。此题适用的模式为"—|⊢"、图7和图8，是一

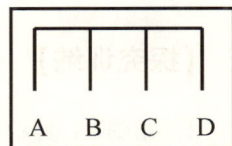

图14

题多画的典型题。

例2 电源电压为 4V 且保持不变,虚线框内的电路中接有两个阻值均为 R 的电阻,当开关 S 由闭合到断开时,Ⓐ 的示数减少了 0.5A。画出图 18 虚线框内两种可能的连接电路,并分别计算每种接法相应的电阻 R 的值。

解析:建立模型:如图 1 所示。

猜填算值:当开关 S 由闭合到断开时,Ⓐ 的示数减少了 0.5A。据 $I=U/R$,U 不变,I 减小,则 R 增大,故电流表的示数随电阻的增大而减小。两个相同电阻和一个开关连接,能得到不同阻值的形式有以下三种模式:

图 15   图 16   图 17

当开关由闭合到断开,图 15 的电阻是图 17 的 2 倍,图 17 的电阻是图 16 电阻的 2 倍,Ⓐ 的示数会减小,故可能的电路为图 19 和图 20。

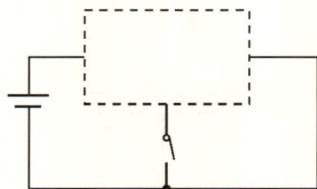 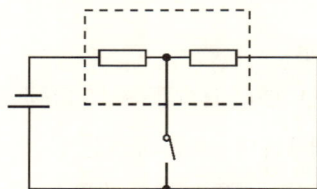 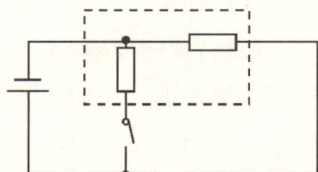

图 18   图 19   图 20

当为图 19 时,$\dfrac{4V}{R}-\dfrac{4V}{2R}=0.5A$,解之得 $R=4\Omega$;

当为图 20 时,$\dfrac{4}{\frac{R}{2}}-\dfrac{4V}{2R}=0.5A$,解之得 $R=8\Omega$。

验证结论:运用欧姆定律和串、并联电路的特点,将电流型的数据化成电阻型后,检验图 19 和图 20 两种电路图。当开关 S 由闭合到断开时,Ⓐ 的示数减小了 0.5A,满足题目给定的条件。

【探究训练】

1. 如图 21 所示是从某电子仪器拆下来的封闭盒子,已知盒内有三只电阻,A、B、C、D 为四根引线,现用多用电表测量,得知 AC 间

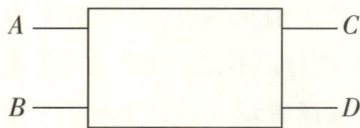

图 21

电阻 $R_{AC}=20\Omega$，$R_{CD}=50\Omega$，$R_{AD}=30\Omega$，若用导线把 BD 连接后，测得 AD 间电阻 $R_{AD}=20\Omega$，请在图中盒内画出电阻的连接图，并标出每个电阻的阻值。

2. 黑盒子内是两个定值电阻组成的电路，从该电路中引出四个接线柱 1、1′和 2、2′，如图 22 所示，图 23 (a)、(b)是在盒外测量的结果，请根据测量结果确定盒子内电路的组成和各电阻的阻值，并把电阻连接方式填入图中。

图 22

（a）

（b）

图 23

黑箱问题是属于给出结论、推断已知条件的问题，分析、解答这类问题有利于培养逆向思维。无论何种类型的黑箱问题通常将电流型的数据转化成电阻型；从电阻最小的接线柱连接，逐渐向电阻多的接线柱做纵深分析。在这一过程中，凡是可以利用的已连接电阻尽可能用串联或并联的方法加以利用；反之，再接入新的电阻，直到完成接线为止。完成电路连接后，综观全局，分析是否能将所用电阻个数减至最少；电压型黑箱通常是考虑电压最高的两接线柱之间接有电源，而电压为零的接线柱之间为短路，然后将其他电压值转化为电阻值进行分析，最后经过建模猜填、验证的过程，方可顺利破译黑箱之谜。

探究水温变化时水的运动规律

【摘　要】 电炉通电前,水处于一种平衡点,是静止的;水快烧开而没开,非常复杂,称其为"混沌";再继续加热一会儿,就会"有序"沸腾了,分子"自组织"起来后形成一种耗散结构。这个规律告诉我们,外部变化后形成新的压力,并使系统发生类似水分子这样的自组织现象,在社会生活中是存在的。

【关键词】 探究　规律　静止　混沌　有序　自组织　耗散结构

生活中一些"小事",只要注意观察,往往能发现许多不被注意的科学真理。这些真理的揭示,甚至可能使人类的生产实践或思想认识水平发生巨大的飞跃。就拿日常生活离不开的水而言,千百年来,人们喝水、用水,对水的一些物态变化,如蒸发、凝固、沸腾等习以为常,不以为然。但是瓦特烧开水时,注意观察并研究水沸腾时表现出的性质,从中受到启发,发明了蒸气机。可见,"小事"中也可能蕴藏着"大事"。

一、提出问题

水具有两面性,人们用柔情似水和水火无情将它概括。但我们知道,水的威力通常是在重力(如水力发电)或风力(如海啸)等外力作用下发出的。沸水能产生巨大的力量,推动火车这样的庞然大物,其运动状态一定很特别。

二、猜想与假设

加热前,水分子做无规则的热运动,水处于一平衡状态,是静止的。水快开而没开时,水处于"混沌"状态,只需一会儿,水就沸腾,处于"有序"。

三、制订计划与设计实验

带着这一问题,在实验室,学生做了一次烧开水的实验,细致地观察水温变化时水的运动规律,尤其是水在沸腾时的表现。通过这次实验,加深了学生对分子运动概念的理解,并接触到了一点现代物理思想,受到了很大的启发。实验分为两个阶段。首先是准备阶段,如准备好烧水用的工具、用于记录数据的笔和纸、接好电源线、测量环境温度等;第二阶段则是观察水在温度变化过程中的运动状态(包括升温和降温)。先做升温实验,水沸腾一段时间后,切断电源,在自然冷却条件下,做降温实验。

烧水用工具:家用电火锅(平底,炉盘为圆形平面,与锅底充分吻合,保证受热均匀),功率为1500W。

环境温度:12℃。

大气压强:由于没有测试工具,没有测量。

监测手段:目测和耳听。

四、进行实验与收集数据

在电火锅中装入清亮的自来水,放在电炉上约15分钟,待水面平稳后开始给电炉通电。水在加热过程中,一边用眼睛看、耳朵听、一边用手在记录纸上实时地记录下实验现象。

16:25　通电加热,约几秒钟便有气泡紧贴锅底;局部区域有水在缓慢游动;有个别的小气泡从锅底窜上水面。

16:27　渐渐有较多的气泡上窜,水面上有蒸气冒出。

16:28　整个锅底有气泡,可听到水响。

16:29　锅底不同地方都有气泡上窜,体积越来越小,有像灰尘(微小的气泡)一样的东西往上移动;水声越来越大;"白气"越来越浓。

16:34　锅底的气泡还没升至水面便破裂,有两处的气泡运动快一些。

16:36　锅底气泡快速破裂,接着便看不到气泡,水开始沸腾;有三个地方出现翻腾的水花。水花为圆柱体,水面为圆形。翻腾的水花不是气泡,而是水。水由水花的中央向外翻出。图1所示为水面上所观察到的三个水花示意图,一个大水花,两个小水花。沸腾时,水的流动示意图见图2。图中矩形表示水花,椭圆表示水流动的方向。水花中心处水由锅底流向水面,水花外侧,水由水面流向锅底。水沸腾后,响声减小许多。

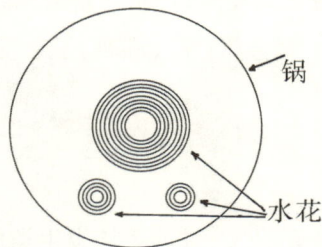

图1

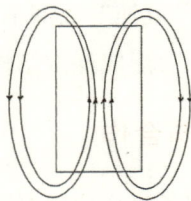

图2

16:40　停止加热，水仍然在沸腾。这是因为电炉还有余热。

16:42　停止沸腾，锅底气泡渐渐减少。

16:46　水声停止，水平静下来了。

五、分析与论证

烧开水过程中，热传递的三种方式——对流、传导和辐射均得到体现。刚开始烧水时，锅底处水温较高，热传导方式将热量传至上部的较低温度区域。锅中有向上缓缓移动的水，表明存在一种很弱的对流现象；水烧开后，水花的翻腾，是强对流。所以，水温较低时，热传递是以传导方式为主，沸腾后，则以对流为主。水在快开时，其状态最复杂。水中有大量的气泡快速向上移动，且伴随着水的对流。气泡上升时，在中途即破裂，混乱不堪。

水是由大量的水分子(H_2O)组成的。这些水分子杂乱无章地运动。由于这种运动的完全无规则性，从宏观角度来看，水是静止的。当在杂乱无章的运动上叠加一个定向运动，就得到流动的水，如河流等。定向运动是大量水分子的一种有秩序的行为。水沸腾后出现了对流，表明在水分子的规则运动上叠加了定向运动，水分子在做有秩序的运动，并且在壶盖上形成了较有规律的图案。为什么水分子会如此的"步调一致"呢？原来这是自然界的一种自组织行为。水温升到100℃后不再增加了，可锅底下还在不断地加热，水必须将这些热量快速地"搬"到水面上并送入大气中。要"搬"走这些热，单靠热传导(水分子的无规则运动)是不能完成的，于是大量的水分子自发地"组织"起来，团结成一个集体，以集体的力量一起"搬"。"搬运"的效率提高了，达到一个新的平衡态。水分子运动趋向一致了，相互间磨擦减小，水声变小。

六、评估

电炉通电前，水处于平衡状态，是静止的。水烧开后，水分子自发地组成有规则的运动状态。前后两种状态相比，宏观上都有序的。沸腾是分子"自组织"起来后形成的一种新的有序状态，只要电炉不停止加热，这种状态将保持下去。维持这种状态是需要消耗能量的，所以，人们称新状态为"耗散结构"。水快开而没开时，非常复杂，称其为"混沌"。从实验中得知，水烧到了"混沌"，只需不多一会儿，就会"有序"(沸腾)了。反之，若在"混沌"时不继续加热，水就不会形成耗散结构。

七、交流与合作

其实，外部条件变化后对系统形成新的压力，并使系统发生类似水分子这样的自组织现象在社会生活中也是存在的。就拿交通秩序来说吧。当人类发明了汽车这样的交通工具时,并没有相应的交通规则。当汽车多了以后,交通秩序混乱,通车效率低,且易导致交通事故。这些都给人类带来新的压力。为了适应新的要求,人们自觉地按一种规矩开车,接着制订了相应的交通规则,所有的司机都按规则开车,新的有序状态产生了。再如我们班同学吧。平时大家都有点小调皮,上课时做小动作,弄得老师不高兴。但是,如果有领导检查工作或其他特殊原因,同学都自学地遵守纪律,人人坐得端正。因为每个人心中的目标是共同的,每个人都自觉地为这个目标而努力。

到了混沌状态,离有序也就不远了。每个读书学习的孩子都有这样一种体会,学习某课程,学得深了,反而感到糊涂,这就是一种"混沌"态,其实它标志着快要学通了。千万不要放弃,只需再加一点力,就成功了。

看来,烧开水是一件小事,其中蕴含的科学道理却可以用来解释许多自然和社会现象。通过这次实验,还真让学生学到不少东西呢。

教学设计

让物理教学返璞归真

学习物理要让学生从生活经验出发,体验探究过程,学习科学方法,形成科学精神,从物理走向社会,探究大自然现象及规律。新课程实施以来,许多教师迷茫了:课堂上要落实三维目标;教学要以学生为主体,让他们自主探究新知识;教师不敢批评学生了,表扬漫天飞……有的教师彻底抛弃了传统教学经验、方法和实验,一味求新,结果导致课堂上轰轰烈烈,回头看学生掌握知识的情况,却令人汗颜。因此,物理教学要从物理本质出发,返璞归真。

一、物理课程的五大特性

1. 应用性

让课堂生活化,让生活课堂化。从学生实际生活、生产和学生的兴趣出发,选择他们喜闻乐见的、源于生活的内容来教学,能激发学生学习兴趣,促进学生关注生活、体验生活、热爱生活。学校实行阳光锻炼一小时,正是科学探究的好时段,学生不妨在娱乐中学物理。

例如:有一次,我在操场上看到几个学生在打乒乓球,其中一名学生边发球边自言自语:"不转球"、"上旋球"、"侧旋球"。"乒乓球为什么会转?怎样才会不转?上旋球是怎样发出来的? 弧圈球是怎样形成的? "

小小一个乒乓球,其实关乎很多物理知识点——力的作用点、力的大小与力的方向,压强跟流速间的关系和阻力跟速度间的关系等。复习课时,若用这个场景进行教学,将达到"学中玩,玩中学"和触类旁通的境界。

有的学生吃饭时提出:"木质筷子和竹质筷子易受潮和滋生细菌,为什么不推行和使用金属筷子?"同学们进行讨论后得出结论:"金属密度较大、摩擦力较小,夹菜时容易滑落。"另一个同学发问:"怎样才能克服金属筷子的这些弊端?做成空心,筷子表面刻有花纹。"这样能很好地将生活与物理联系起来,实现"从生活走向科学,科学走向社会"的理念。

我们想要做好该学科的引路人,要把学生培养成高素质的中学生,就应多启发和引导学生提问,并在提问中互动,在互动中生成,在生成中共赢,这是训练学生思维能力的重要手段,比生硬培养学生做题效果要好得多。

2. 开放性

让课堂社会化，让社会课堂化。物理学科的教学内容、教学资源、教学过程、教学结论强调丰富、多样，具有开放性，我们物理教师应该鼓励学生在校园、家庭、社会和大自然中去观察、去发现、去探究问题。

开放的物理课堂并不是放任自流，物理课并非科普讲座。教学的开放使学生有机会在生活中探究。由于课堂时间有限，要解决开放与时间的矛盾，教师必须做好课前的准备工作，应最大限度地利用教学资源，一步一个脚印地夯实基础，切忌一味地赶进度。教学中设计的问题要更有针对性，范围要小，不能空泛；要有趣，逐步将问题引向深入，避免科普化的倾向。

例如：复习《透镜及其应用》时，请同学们讨论你有哪些方法区分凸透镜和凹透镜？

3. 综合性

物理课程的内容既强调分块教学，又强调与之相适应的整体性。新教材打破原有各块之间严格的逻辑结构，注重与社会发展和学生成长相适应。

有一次，有一位教师在上复习课时，模拟三峡导游，对三峡工程"大坝""船闸""水电站"和"水库"四个部分进行介绍，利用导游的讲解和动画创设情境。经学生讨论后，提出三峡库区水体的保护、坝体的防爆功能以及水库蓄水能缓解热岛效应等社会问题。让学生关注人与自然、人与社会，增强美化和净化人类生存环境的紧迫感和重要性。

4. 探究性

自主探究能弥补合作学习中鱼目混珠的现象。在物理学习中，充分体现学生的自主性，发挥他们的能动性，只有让他们参与到科学探究的活动中，亲自去观察、实验和探究，才能使他们学会科学的探究方法，体验成功的乐趣。

自主探究是合作探究的前提，合作探究能培养学生健全的人格。物理课程的学习，遵循 1+1>2 的原则。现在的初中生，绝大多数是独生子女，长期处于个体间的竞争势态中，久而久之，学生容易变得冷漠、自私。作为教师和家长，不妨创造机会，让孩子在学校和家庭开展小制作、小实验和小发明活动。

我曾接触过一个有心的妈妈，号召儿子及其小组同学到家中观察水沸腾的实验。通过实验，既观察到水沸腾前的现象，又总结出水沸腾时的规律，还拓展了水沸腾前的"混沌"状态到水沸腾时的"有序"状态的"耗散结构理论"。类似的，每个读书学习的孩子都有这样一种体会，学习某门课程，学得深了，反而感到糊涂，这就是一种"混沌"状态，其实它标志着快要学通了。千万不要放弃，只需再加一点力，就能成功。看来，烧开水是一件小事，其中蕴含的科学道理都可以用来解释许多自然和社会现象。通过这次实验，还真让学生学到了不少东西呢！

例如:将"探究固体熔化时温度的变化规律"、"探究水的沸腾"跟"比较不同物质的吸热情况"整合在一起复习。

5. 跨越性

知识结构的变迁。在知识结构上,以往的物理课程让学生从整体上认识自然,从科学观念上理解科学内容。这样不仅有助于学生建立开放的知识结构,而且使学习能力也得到了发展。但是,把相关学科的"部分"内容重组于"整体"的学习主题之中,物理课程本身就构建了超大的知识网络,给我们的教学带来极大的冲击,给物理教学的深刻性设置了一道屏障。

思维方式的变化。物理课程展现给学生的更多是当代科技发展的新成果,一个个千变万化的自然现象,是一个庞大的信息网。在学习的方式上更强调学生主动的观察、探究和体验。但从观察现象到探究过程至揭示规律的周期过长,不利于学生能力的提升。而物理学科主要研究的是自然现象及其规律,思维方式主要是逻辑思维,基本方法是勤于观察、勤于动手,勤于思考、重在理解,联系实际、联系社会。尤其强调实验在物理教学中的重要性。

例如:某电开水器的结构如图甲所示(剖面图),简化的内部电路如图乙所示,进水管管口的阀门由轻质浮子$_1$和与它们相连的两根轻质硬杆控制, 只有进水管中的水压在正常范围内,冷水箱和煮水箱中的水位就比出水管管口低,冷水不会从出水管流出。当冷水箱中的水位达到一定高度时,浮子$_2$浮起,会触动单刀三掷开关S_1,煮水电热管R_1通电发热,冷水被煮沸,水面升高,开水就从出水管进入贮水箱,当贮水箱中水位达到一定高度时,浮子$_3$浮起,又会触动单刀三掷开关S_1,煮水暂停,一旦贮水箱中水温下降使温控开关S_2闭合,保温电热管R_2就会通电发热,开水处于保温状态。

(1)已知煮水电热管R_1的阻值为12.1Ω,保温电热管R_2的阻值为48.4Ω,求电开水器的最大发热功率。

(2)图甲中,当浮子$_1$上升到最高处后,它的最上端恰好和出水管管口相平,阀门就会将进水管管口关闭,此时AC杆沿竖直方向。已知浮子$_1$的体积$V=2.5\times10^{-4}m^3$,进水管管口和阀门的横截面积S均为$1\times10^{-4}m^2$(不计阀门的质量、管壁的厚度及两者之间的摩擦);$BO{:}BA=20{:}1$(O为轻质浮子$_1$的球心,A为两轻质硬杆的相交处,B为轻质硬杆BO的转轴),水箱内

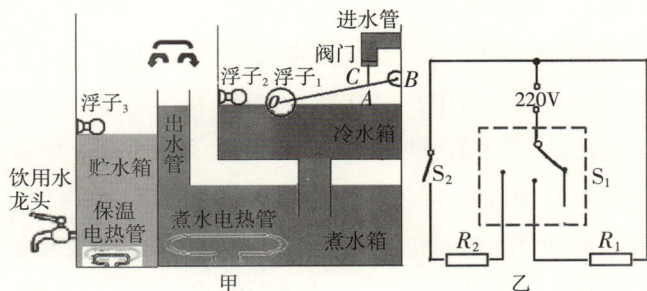
甲　乙

水面上方的气压 $P_0=1\times10^5Pa$。为了不让冷水直接进入贮水箱，进水管管口阀门的上表面受到的压强不能超过多少 Pa？

二、学好物理课程力求"五个三"

1. 学生应具备三种心态

(1)决心：物理课必须学好。物理不仅和生活联系非常密切，而且对学生以后的生活质量有影响。它更多的是训练和提升了思维能力和动手能力，对今后的工作和事业会产生至关重要的影响。

(2)信心：物理课能够学好。物理课有趣、有用、奇妙，它对每个人都有着无穷的吸引力。初中物理各部分的独立性相对较强，彼此的影响不大，这就为我们学好物理提供了很多重新开始的机会。

(3)恒心：物理课一定能学好。坚持是学好的关键。上好每节课，认真做好每次作业，有问题随时解决，在理解中学习，在反思中进步，持之以恒，物理课想学不好都难。

2. 学生应养成"三结合"的习惯

学思结合、学问结合、学用结合。有的学生认为，只要上课认真听讲、课外仔细看书，平时多做题就能学好物理。孔子曰："学而不思则罔，思而不学则殆。"这句话充分阐明了学与思的辩证关系。学好物理课的关键是理解，即发问、思考和应用，做到学中生疑，疑中发问，学以致用。

例如：2003年夏季，武汉中心城区连续9天气温超过40℃，给市民工作和生活带来很多困难。因此，我们利用空余时间，把学生分成8个小组，分到不同地点进行探究。归纳出武汉中心城区形成热岛效应的原因和对策。学生通过准确的现象观察，清楚的过程分析，增强了社会责任感。

3. 课堂应营造"三动"境界

现代中学生的学习分为苦学、好学和会学三个层次。苦学的学生，往往没有动力，被家长逼着学；好学的学生，对物理课程有浓厚的兴趣，愿意主动探究；而会学的学生则在有兴趣的基础上，摸索出适合自己的学习方法，这类孩子学得轻松、考得满意、玩得愉快。

目前的中学生，第一层居多，第二层为少数，第三层更少。教师的主要任务就是要让学生学会学习，在学习中我们应追求"三动"的学习境界，营造"三动"的学习氛围。

(1)形动：千方百计吸引学生，让学生喜欢上课。培养好奇心，激发兴趣；引导细观察，扶植兴趣；鼓励玩中学，发展兴趣。

(2)心动：用真情打动学生，创设特定的课堂情感氛围。

(3)神动：把教师的观点内化成学生的思想，使学习成为一件愉快的事。

4. 做好初高中衔接的"三个建立"

建立《错题集》是提高复习课的重点。上课时,学生用活页纸做笔记,笔记简单明了,尤其是易错题后面注上点评。

建立《导学案》是减负增效的关键点。"导学案"来自于新的备课模式,这一模式可以概括为"提前备课,轮流主备,集体研讨,优化学案,师生共享"。课后,教师要在"导学案"上填写"教后记",学生填写"学后记",用作下次集中备课交流时的补充。

建立《典型题库》是提高应试能力的突破点。按新课标和《考试说明》的考点,分章节、分块、分热点,综合编写经典试题。在课堂上边做边讲,讲练结合,有效提高学生的分析问题、解决问题和探究问题的能力。

5. 教好物理应做到"三个一"

尊重是教师的一种基点。学生是活生生的人、学生是我们平等的人、学生是具有现代气息、有思想的人。

坚守是我们的一种责任。处于青春发育期的孩子,可塑性大,对学生的点滴进步都应予以肯定。同时,要营造一种良好的学习氛围,让学生融入学习群体之中,而不能把学生赶出教室。

研究是我们的一种常态。初中生已经或逐步养成自己的个性,我们在尊重学生个性发展的前提下,注重研究学生,指导学生形成健全的人格和养成终身发展的习惯。

我相信:只要我们学生、家长、教师和教科院,在家庭、学校、职能部门和社会不懈的努力下,就能走出具有地方特色的物理教育之路。

新理念　新课标　新方法

一、确立新理念——实现学生积极、主动、创新学习

要实现学生积极、主动、创新学习,首先,必须以重"教"转移为重"学",做好"教"与"学"的最佳结合,建立师生平等、和谐的关系。以往的物理教学,多以传授为主,课堂上突出的是"三题",即课题、例题、习题。教师所要求的只是书写工整,答案正确;而学生只满足于完成作业,能模仿教师的方法就行。正所谓教师"请君入瓮",学生"到此为止"。学生在本质上还是被动的,以记忆取代思维,根本谈不上观察实验能力、实践和创新能力的培养,以及自主、合作、探究、创新的物理学习方式的训练。这种以解题训练为中心的教学,只能僵化学生的思维,只能适应应试教育得分的要求,思维得不到应有的拓展。

新课程理念下应重视以人为本,把学生看作是发展的主体,是素质教育、个性发展教育的核心。学生是人,是与老师平等的关系;学生是发展中人,有错误老师应能包容;学生是建设小康社会的接班人,我们应该精心培育。把学生当作教育的出发点和落脚点,是教育价值的重大转变。把时间、课堂还给学生,使学生真正成为学习的主人,老师是平等关系中的组织者和引导者。把物理教学过程看成学生主动探究事物由来和发现其间关系的活动,是不断改进已有认识、不断成长的历程,是一种主动、能动的活动,而不仅仅像以往教学中的启发性原则那样,只是要求促进积极的认知活动,而不管促进的是积极记忆还是积极探究。新课程理念下创新教学过程是一种开放的过程,这主要体现在教学环境和氛围的创设上。一是开放的人文环境。它要求营造出民主的、为学生所接纳的、无威胁的、富有创造性、主体性发挥的师生氛围,使学生形成一种自由的、无所畏惧、独立的探究心态,以激发学生参与各种活动的积极性。例如有的老师体罚或变相体罚学生,作业布置过多等致使学生心理不畅,学生压力过大,是典型的专制作风。二是开放的时空环境。要打破传统封闭的教学时空纬度,在时间纬度上,不求课堂几十分钟内得出结论,而是将某些问题留给学生在生活中继续探究;在空间纬度上,不能仅仅局限于课堂和书本,要向与课堂和书本联系紧密的家庭和社会学习,将课堂引向社会和大自然,利用更为广泛的教育资源。例如:武汉市创新素质实践行活动,是走向社会和自然的大课堂。三是开放的知识系统。不局限于概念、规则和公式,从生活走向物理,从物理走向社会,注意学科渗透,关注科技成就。

二、走进新课标——实现三维教学目标

新课程理念下的教学目标必须指向促进人的个性发展，力求使每一个受教育者都尽可能地发展到一个最理想的程度。因此，新课程的教学目标首先要做到知识与技能、过程与方法、情感、态度价值观三者有机结合。

我们过去强调"观察实验能力"、"科学素养与实践能力并重"，但由于受到思维定势和教学套路的影响，在教学设计中往往过分追求学科知识系统，重形式轻内容，重知识轻能力，重分析轻积累，重机械训练轻实践活动，这就带来了没完没了的分析讲授，知识的死记硬背等，原本有血有肉的科学内容变成了毫无生机的干巴巴的理性材料，哪里谈得上观察、实验和实践？新课程理念下的物理创新教学所要求的能力，不再仅仅是对知识的记忆和理解能力、应用能力，而是对已有知识的整理和改组能力，对未知知识的探究和发现能力。这些能力主要通过解决问题的学习进程得到发展。《物理课程标准》把"过程与方法"作为课程目标之一，绝不是对科学方法的观摩或模仿，而是要求对解决问题的实践能力的培养，是一种主动参与、主动探究的学习过程。强调解决问题、搜集和查阅资料、提出假设、用实验验证假设的能力培养，是最为重要的教学目标。世界先进国家的学生是学习的"探究者"、"发现者"，直接经验成为学生掌握知识的基本环节。而我们的学生是学习的"观察者"、"验证者"，间接地掌握知识。例如：物理实验报告、使用的老教材等制约了学生的发展。

教育的目的绝不仅仅是知识增长、能力的提高、方法的掌握，教育的任务是塑造人。《物理课程标准》要求实现"情感、态度和价值观"方面的教育功能，它不仅强调尊重事实，遵循客观规律的客观态度，而且要求具有对事物本质的探求态度，具有初步的科学道德，重视科学方法对人格形成的潜移默化作用。在科学的观察、实验和探究活动中，不仅得到了关于自然界的知识，形成了科学的世界观，而且养成科学思维的方式和习惯，培养不固执己见、不自以为是、不故步自封的科学态度，促进民主、开放、不断进取个性的成长。

三、构建新方法——实现科学探究

新课程理念下的新方法，就是要构建以学生自主活动为基础的教学新过程。科学探究是以学习者为中心，以学生的主体实践活动为基础，以学生的探究学习为主体，以学生素质整体发展为目标的教学过程。

在《物理课程标准》中，提出了一种让初中学生必须掌握的最为基本的科学思维程序：提出问题→猜想与假设→制订计划与设计实验→进行实验与收集证据→分析与证论→评价→交流与合作。同时，老师应向学生提供探究和发现的真实情境，激发学生的探究欲望。

科学探究的形式有课堂内的探究性活动和课堂外的家庭实验、社会调查及其他的学习活动。例:影响电源磁铁磁性强弱的因素。

【提出问题】电磁铁的磁性强弱和什么因素有关?

【假设与猜想】学生相互讨论:假设通过电磁铁的电流由1A增加到2A,电磁铁的磁性会怎样?是否可以这样推测:导线中的2A电流是两股1A电流汇合而成的,每股电流都产生一个磁场,两个相同磁场合在一起,电磁铁的磁性增强了。

如果电磁铁的电流不变,线圈由100匝增到200匝,它的磁性又会怎样?是否可以这样推测:200匝线圈是由两组100匝线圈组合而成的,每组线圈都产生一个磁场,两个相同磁场合在一起,电磁铁的磁性增强了。

通过以上推测可以想到:电磁铁的线圈匝数越多,通过的电流越大,电磁铁的磁性将越强。

【制订计划与设计实验】通过怎样的实验来检验以上猜想呢?这个实验需要解决三个问题,同学们讨论了解决这三个问题的各种可能方法:

(1)怎样测量电磁铁磁性的强弱?

学生A:看它能吸起多少根大头针或小铁钉。

学生B:看它能吸起多少铁屑(用天平称)。

学生C:看它对某一铁块的吸引力(用弹簧测力计测量)。

(2)怎样改变和测量通过电磁铁线圈的电流?

学生D:用滑动变阻器改变线圈中的电流,用Ⓐ测电流的大小。

学生E:用增减电池来改变线圈中的电流,用串联小灯泡的亮度来比较电流的大小。

(3)怎样改变电磁铁线圈的匝数?

学生F:使用中间有抽头,能改变线圈匝数的现成电磁铁产品。

学生G:临时制作电磁铁线圈,边实验、边绕制。

教师建议:用学生C、D、F提出的方法来组成探究实验的方案。

【进行实验与收集证据】按照教师的建议,学生分小组进行实验操作:

(1)把开关、滑动变阻器、电流表、电磁铁串联接到电源上,当滑动变阻器取不同值时测量电流和电磁铁对铁块的吸引力,把测量数据填入表中。

(2)改变线圈匝数,调节滑动变阻器,使电流保持不变,测量不同匝数时电磁铁对铁块的吸引力,把实验数据填入表中。

【分析与论证】分析表中的数据可知:电磁铁的磁性强弱和电磁铁的匝数、通过电磁铁线圈的电流有关,电磁铁线圈的匝数越多,电流越大,磁性越强。

【评估】回顾以上操作,看看有什么不足的地方。有没有其他因素影响了实验结论。

【交流与合作】各个小组把实验过程和结果写成实验报告,并分别在班上报告本组的实验结果,进行讨论和交流。

在新课程的实验过程中,教师要放下"师道尊严"的架子,从居高临下的权威走向平等中的首席,和学生一起去探究真理,与学生分享他们的情感和创意,关注每个学生的进步,实现每个学生的个性发展。若教师说得过多,说得过死,学生自主意识无法唤起,主体作用无法得到发挥,其个性化的学习需要自然无法得到满足。加强体验学习,引导学生在活动过程中用心去感悟,体验获得个性化的感受,鼓励学生大胆提问发表自己的见解,张扬个性,让学生在知识海洋里孜孜求索! 确立新理念,走进新课标,创建新方法,让广大教师在教改浪潮中遨游!

提高复习课教学设计的科学性

复习课的任务首先是引导学生梳理知识形成网络,使知识系统化、结构化,以加深学生对知识的记忆和理解。为此教者可引导学生将易错、易混、重点、难点的知识点利用表格式、纲要式、图示式、口诀式展示出来,进行比较、辨析,使学生全面理解基础知识和掌握基本技能。其次,通过典型例题的剖析,帮助学生进一步巩固和熟悉各科考纲所要掌握的技能和技巧,做到层层推进,环环紧扣,一个题带动一批知识点,起到提一发而动全身的作用。再次,通过"题组"训练,帮助学生揭示解题规律,总结解题方法,进一步提高分析问题和解决问题的能力,力争实现内涵发展、减负增效、提升品味的目标。因此,提高复习课教学有效性的关键是分析教学缺失,研究新考纲、构建新思维、实施新策略。

一、提高计划性,切忌盲目性

复习课内容和任务是由教师自己确定的,易导致"脚踩西瓜皮,滑到哪里算哪里"的问题。因此各科应通过集体备课认真讨论研究新课标、新考纲和教材,做好课标、考纲、考题的细化、转化工作。依据学生实际,制订出一、二、三轮复习计划,并不断修改完善,做到考点落实到每个教案、每节课堂、每个习题,达到优化教学的目的。

二、提高趣味性,切忌枯燥无味

复习时间紧、任务重,上课内容不新,学生心理容易疲劳。为此每节课只有做到"新、趣、明",才能像大磁场一样吸引小磁针。为此,教学应做到情境新,教法学法新;教者语言风趣、幽默,言谈举止优雅,讲授简明扼要,切中要害;练习易错题、易混题,做好查漏补缺,使学生一课一得,像看动漫一样轻松、愉悦、有效。

三、提高针对性,切忌漫无边际

复习课既要夯实基础,又要提高能力、培养学生的创新精神,易造成学生压力大厌学。为此各科要以主干知识、重点知识为主,以点带面有序组织复习。尤其是课本内容、例题和练习题应一一对应,切忌发生驴唇不对马嘴的现象。

四、提高问题性,切忌纸上谈兵

问题是复习课的心脏,如果复习课一味构建明晰的知识网络,从网络的梳理中把握知识点那是远远不够的,还要以问题为骨架自编课时教案,以题目开路,然后引导学生对题目进行分析、讨论、研究和解析。教师可借题发挥、小题大做、一题多变、一题多解,使学生在积极主动的探究中学习,既巩固所学知识,又发现解题的规律,变"讲练讲"为"练讲练",变"一法一题"为"见题想法"。

五、提高互动性,切忌单纯性

复习课中以下两种现象较为普遍:一是教师一讲到底,以讲代练,或以练代讲;二是教者没有充分利用例题的资源进行变式教学,导致信息量过大,学生慌忙做笔记,没有时间思考。为此,要将知识结构变成学生的认识结构,必须最大限度拉动学生思维内需,做好考点的技术转化工作,做到讲练结合,精讲巧练,实现教与学的双赢。

六、提高分层性,切忌杂乱性

复习课中教师不考虑学生个性差异,采取统一目标、统一方法和统一内容,造成复习课标高,脱离学生实际。为此研究学生的知识和能力现状、心理、习惯等非智力因素现状,对不同学生做到心中有数。为此教师要按照学生的可接受性,采取每节课的例题和习题由易到难,由简到繁的方法,实行大单元、小综合,做到低起点、缓坡度、拉差距,使之成为高仿真的模拟试题。

七、提高整体性,切忌零碎性

复习无系统性,只是一个个知识点的孤立积累。为此各轮、各块复习时间的分配、内容和专题的确定都要具体,明确分工。笔者编写的教学设计,在集体备课会上讨论、研究,修改后成为教学案。面向全体学生分类教学、分层推进、整体提高。

八、提高综合性,切忌单一性

听课时我们发现:七、八年级学生做大量中考综合题。质量分析时发现:学科单元检测时学生成绩差异不大,而综合复习后学生考试成绩悬殊突然大。前者导致学生学习负担过重,急剧分化,后者究其原因是没有做好知识的整合工作。为此编制例题、习题应将知识横向联系起来,或纵向挖掘题目的深度,但要分阶段、分学生进行推进。

如果把平常上新课的知识点当作每一个焊接点,复习课就是要用导体将每个焊接点连接起来,组成一个集成电路,最后浓缩成芯片,这就是温故知新的道理。

家庭电路中电流过大的原因教学设计

导疑——情境导入,提出疑问

请同学们观看一段视频,结合你对家用电器的了解,猜猜家庭电路引起火灾跟哪些因素有关。

学习目标

(1)知道家庭电路中电流过大的原因。

(2)知道保险丝的结构特点和作用。

(3)有初步的安全用电常识和节约用电意识。

家用电器的总功率对家庭电路的影响

引探——自主学习,探究问题

【实验1】家用电器的总功率对家庭电路的影响。

实验现象:电路发生火灾。

实验结论:_____。

【活动1】为什么家用电器的总功率过大,会引起电流过大? 请同学学习课本 109 页。

家庭电路中并联的用电器越多,干路中电流越大。可以从两个方面考虑:

(1)并联的用电器越多,电路中的总功率_____,家庭电路中电压_____,根据公式_____可知,干路中电流越大。

(2)并联的用电器越多,电路中的电阻_____,家庭电路的电压_____,根据公式_____可知,干路中电流越大。

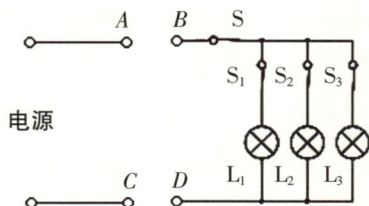

释疑——主动展示,阐释疑点

【活动2】小明家新购置了一台1.5kW的空调。已知他家原有用电器的总功率是4000W,电能表上标有"220V 10(20)A"的字样。通过计算说明:

(1)单独使用这台空调时,通过它的电流是多少?

(2)从电能表使用安全的角度考虑,小明家的电路是否允许再安装这样一台空调?

(3)分析实物图,你知道了哪些安全用电的常识?通过以上计算,请你谈谈我国城乡进行家庭供电线路改造的主要内容有哪些?

短路对家庭电路的影响、保险丝的作用

引探——自主学习,探究问题

【实验2】短路对家庭电路的影响。

实验现象:电路发生火灾。

实验结论:_____。

【活动3】为什么短路会引起电流过大?

在电路中安装什么元件可以防止火灾的发生呢?

【实验3】保险丝的作用。

如图所示,A、B两个接线柱间接铁丝。

(1)C、D两个接线柱间接铜丝,当开关闭合时,电路发生火灾。

(2)C、D两个接线柱间接细保险丝,当开关闭合时,会发生什么现象?

(3)C、D两个接线柱间是粗保险丝,当开关闭合时,又会发生什么现象?

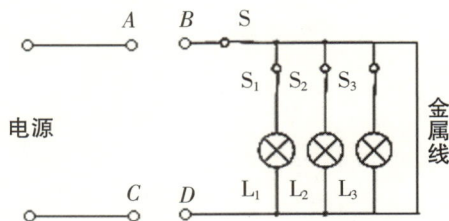

【活动4】阅读课本110—111页,回答:

(1)你认为应该选择什么样的材料当保险丝?为什么?

(2)保险丝或空气开关的作用是什么?

(3)比较上述实验现象,请你谈谈安全用电的常识。

释疑——主动展示,阐释疑点

【活动5】商场里,顾客和售货员发生争执。售货员说微波炉很省电,用它加热食品花不了多少电费;顾客说微波炉很费电,他家的微波炉常常"烧保险"。你能解决他们的矛盾吗?

启思——归纳总结,提炼方法

通过本节课的学习,你有哪些收获?

精练——当堂训练,提升能力

1. 某电能表标有"220V 10(20)A"的字样。家中正在使用着一台100W的电冰箱,两盏40W的日光灯。此时需要再用一个60W的台灯,可每当台灯的插头插进插座时,灯不亮,空气开关就"跳闸",发生这种现象的原因可能是(　　)

A. 用电器的总功率过大　　　　B. 日光灯断路

C. 台灯短路　　　　　　　　　　D. 电冰箱的功率突然增大

2. 电焊利用电流的热效应将焊条熔化,从而使金属部件连接在一起。某电焊机输出电压40V、输出功率2000W。各种橡胶绝缘铜芯导线在常温下安全载流量(长时间通电时最大安全电流)如下表。从安全角度考虑,应选择哪种导线作为电焊机的输出导线?请计算后说明。

导线规格				
导线横截面积 S / mm^2	2.5	4	6	10
安全载流量 I / A	28	37	47	68

《摩擦力》第一轮复习教学设计

武汉市七一中学 刘 俊

【教学目标】

1. 知识与技能

梳理知识:①摩擦力的分类、产生的条件和定义;②影响滑动摩擦力大小的因素;③改变摩擦力大小的方法。

提高技能:会画摩擦力的示意图;会求摩擦力大小;会用控制变量法设计实验。

2. 过程与方法

通过笔和纸的妙用,让学生在动手动脑学习中辨析概念。通过例题教学,培养学生审题能力和解决问题的能力,提炼解题思路和技法。

3. 情感态度与价值观

通过分析自行车中摩擦力的利弊,培养学生的辩证思维和安全意识;通过拓展"滑动摩擦力的大小跟哪些因素有关"的实验,培养学生的科学素养。

【教学重点和难点】

拓展"滑动摩擦力大小跟哪些因素有关"的实验,画摩擦力的示意图和求摩擦力的大小是本课重点;摩擦力产生的条件、摩擦力的方向是本课的难点。

【教学资源】

全体学生 多媒体课件 学案 笔 纸等

【教学过程】

一、摩擦的分类、摩擦力的产生条件和定义

同学们已经学过摩擦力,下面我们通过观赏视频,回顾摩擦力的分类和产生条件。

(1)分类:滑动摩擦、滚动摩擦和静摩擦。

(2)产生条件:①接触面粗糙;②接触并挤压;③发生相对运动或有相对运动趋势。

做一做:请同学们用笔在纸上画线,体验、理解物体做"相对运动"。

(3)定义:两个互相接触的物体,当他们做相对运动或有相对运动趋势时,在接触面上产生一种阻碍相对运动或相对运动趋势的力,这种力叫摩擦力。

【例　题】画出图中雪橇向下滑动时所受摩擦力的示意图。

【练一练】小明沿水平方向推水平地面的箱子,下列说法正确的是(　　)

A. 当箱子没有推动时,箱子不受摩擦力

B. 箱子在竖直方向只受重力作用

C. 箱子受到的推力和摩擦力是相互作用力

D. 无论箱子是否被推动, 箱子所受摩擦力方向都是水平向左

二、影响滑动摩擦力大小的因素

【议一议】请同学们讨论用同一支铅笔在粗糙程度不同的纸面上画线时,笔尖在哪个面上所受的摩擦力大些? 为什么?

影响滑动摩擦力大小的因素:压力越大,接触面越粗糙,滑动摩擦力就越大。

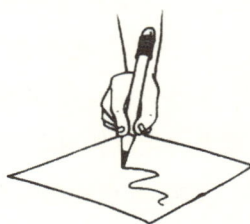

【例　题】回顾课本中"探究滑动摩擦力大小与哪些因素有关"的三幅插图:

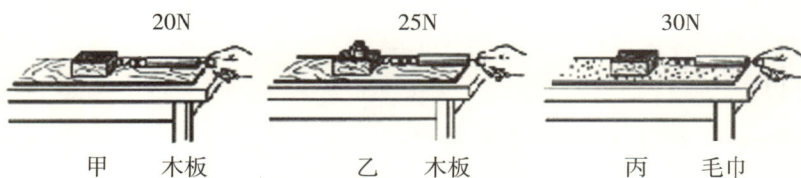

(1)每次实验中,弹簧测力计沿＿＿＿＿＿＿方向拉着木块做＿＿＿＿＿运动。

(2)图甲、乙、丙中任意两幅图,都能探究影响滑动摩擦力大小的因素吗? 为什么?

(3)为了探究滑动摩擦力大小跟接触面大小的关系,利用现有器材,应该怎样设计实验。(木块各面粗糙程度相同)

练一练:图甲实验中,当木块静止不动弹簧测力计的示数为 1N 时,木块受到的摩擦力为_____N;当木块匀速直线运动弹簧测力计的示数为 2N 时,木块受到的摩擦力为_____N;当木块运动加快弹簧测力计的示数为 2.4N 时,木块受到的摩擦力为_____N。

三、改变摩擦力大小的方法

改变摩擦力大小的方法:①改变压力大小;②改变接触面粗糙程度;③在相同条件下,变滑动(滚动)为滚动(滑动)

(减小摩擦力的另一方法:使接触面彼此分离)。

【例　题】观察自行车的结构,联想自行车的使用,回答自行车的哪些部件用到了什么方法来增大或减小摩擦力?

【议一议】小明沿水平方向推水平地面上的箱子,箱子没有推动。你能想出几种减小摩擦力大小的办法让小明将箱子推动?

四、归纳小结

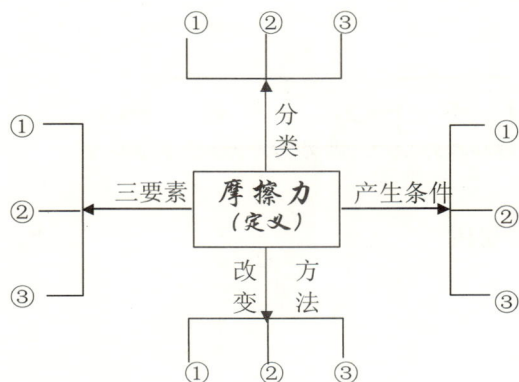

(减小:使接触面彼此分离)

五、课外练习

1. 以下事例分别用于什么方法改变摩擦力的大小?

A. 起跑时用力蹬地面

B. 书包下面有轮

C. 船底和水面之间有空气垫

D. 雪地行驶的汽车轮上加防滑链

2. 如图,同一水平桌面上放有长方体木块和铁块各一个,现想探究木块和铁块的下表面谁更加粗糙,请你只利用一个量程满足实验要求的弹簧测力计,设计一个实验来验证你的猜想。请画图表示实验步骤。

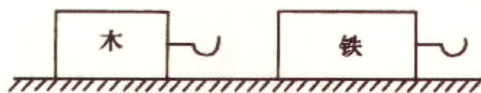

3. 讨论拔河比赛取胜的秘诀。

《弹力 弹簧测力计》教学设计

武汉市七一中学　刘　俊

【教学目标】

1. 知识与技能

(1)通过常见的事例或实验,了解弹力的产生。

(2)认识弹力的作用效果和弹簧测力计。

(3)会用弹簧测力计测量力的大小。

2. 过程与方法

(1)通过对弹性、塑性、利用弹簧显示力的大小的体验和对微小形变的观察,学会用对比法、放大法和转换法来研究问题。

(2)通过弹簧测力计使用的探究,进一步掌握使用测量工具的基本方法,提高学生观察和实验、收集信息和处理信息、分析问题和解决问题的能力。

3. 情感、态度与价值观

(1)通过弹簧测力计使用的探究,培养学生乐于探索日常用品中的科学道理的情感,培养学生探索新器件的能力。

(2)用手拉弹簧测力计,感受力的大小,将所学知识应用到实际中去,感悟物理与生活的和谐关系。

【教学重点】

会使用弹簧测力计测量力的大小。

【教学难点】

弹力的概念,探究弹簧测力计的使用。

【教学资源】

课件、弹簧、橡皮筋、橡皮泥、直尺、平面镜、弹簧测力计、握力计、拉力器和平板仪等。

【教学过程】

一、课题引入

情景:播放董栋勇夺伦敦奥运会蹦床冠军的视频。

提问:是什么力使董栋蹦得如此之高呢?

引入:我们这节课一起学习弹力。

二、新课教学

(一)弹力

活动一:请用力拉或压弹簧、橡皮筋、直尺和橡皮泥,观察发生的现象,找出它们的异同点,试着将这些物体进行分类。

1. 塑性:把物体受力时会发生形变,不受力时不能自动恢复到原来形状的特性叫塑性。

2. 弹性:把物体受力时会发生形变,不受力时又自动恢复到原来的形状的特性叫弹性。

不受力时又自动恢复到原来的形状的形变叫弹性形变。弹簧的弹性有一定的限度,超过了这个限度不能完全复原。所以使用弹簧时不能超过它的弹性限度,否则会使弹簧损坏。

活动二:用手拉弹簧,压直尺,谈谈手有什么感觉?

3. 定义:发生弹性形变的物体,由于要恢复原状,对跟它接触的物体产生力的作用。

弹力是物体由于弹性形变而产生的。如:橡皮筋、撑杆发生的形变很明显,而手压镜面时镜面的形变很不明显,如何显示出镜面的微小形变呢?我们通过观察物体在平面镜中成像的明显形变,来显示出镜面的微小形变,这种研究问题的方法就是放大法和转换法。弹弓对手的拉力、撑杆对人体的推力、手对镜面的压力都是常见的弹力。

思考题1:蹦床由于发生了_____会产生弹力,这个力的方向_____,施力物体是_____,受力物体是_____。

(二)体验弹簧的伸长跟所受拉力大小的关系

健身用的拉力器是弹力的应用。老师和学生分别拉拉力器比谁的力气大,并请学生回答你在拉的过程有什么感受?体验弹簧的伸长跟所受拉力大小的关系。

活动三:在平板仪的弹簧下端分别挂上重为 1N、2N、3N 的钩码,观察弹簧伸长的长度,在指针对应刻度处贴上 1N、2N、3N 的标签,并得出结论。

在弹性限度内,拉力越大,弹簧的伸长就越长,利用这个原理做成了弹簧测力计。

(三)探究弹簧测力计的使用

1. 认识弹簧测力计的结构:平板仪就是一个简易的弹簧测力计,如果在弹簧下端加上指针、铁杆和挂钩(介绍轴线),弹簧的上端和吊环固定在带有均匀刻度的外壳上,就制成了一个弹簧测力计。

2. 探究弹簧测力计的使用:观察弹簧测力计,看看你的弹簧测力计有没有问题?并联想电流表和刻度尺,你能获取哪些信息?

使用前:观察量程,观察分度值,观察指针是否指在零刻度线(若没有指在零刻度线,则需要校零),轻轻拉动挂钩几次,防止弹簧或指针被外壳卡住。

活动四:请同学们用弹簧测力计测钩码重,以及头发被拉断时拉力的大小,并将数据填入下表,然后讨论交流弹簧测力计使用时应注意的事项。

物体	钩码	头发
拉力 F/N		

(1)被测力不能超过测力计的量程。

(2)读数时视线要与刻度盘垂直。

(3)被测的力通常要作用在挂钩上。

在使用弹簧测力计探究中,有的同学沿竖直方向拉,有的同学沿倾斜方向拉,还有的同学沿水平方向拉,大家的使用是否正确呢?

活动五:探究弹簧测力计是否能测各个方向的力?

被测力的方向	竖直	倾斜	水平
弹簧测力计的示数 F/N			

(4)被测力的方向跟弹簧的轴线方向一致时,弹簧测力计能测各个方向的力。

思考题2:下图是某同学用弹簧测力计测鱼重的情形,下列做法最合理的是(　　　)

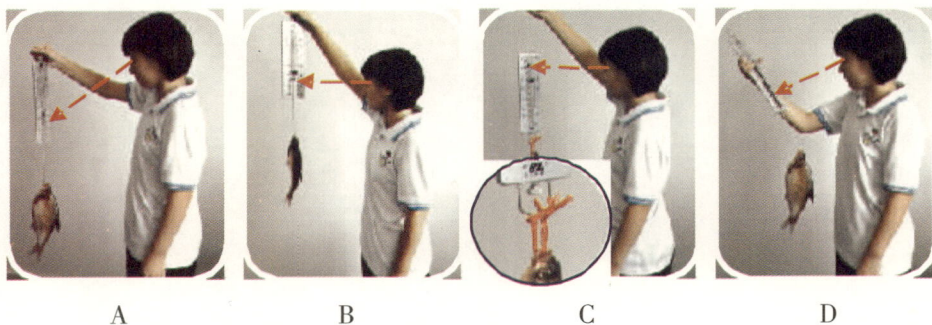

A　　　　　　B　　　　　　C　　　　　　D

活动六:用各种测力计测力的大小。

三、课堂小结

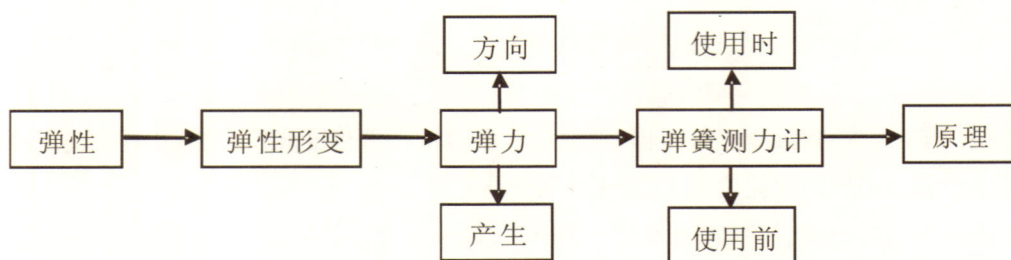

四、课后作业

1. 网上查阅更多的测力计及其使用方法,拟定一份正确使用弹簧测力计的说明书。

2. 设计一个能检验轻按桌面使桌面发生弹性形变的实验。

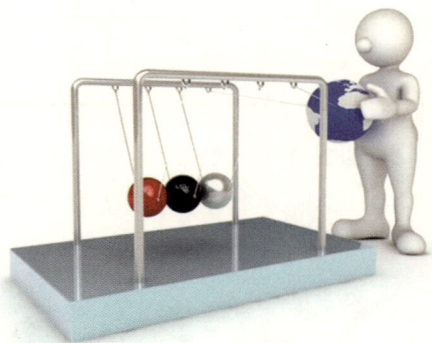

《弹力 弹簧测力计》教学反思

武汉市七一中学　刘　俊

一、课前思

（一）对设计理念的反思

本节课以培养学生初步的观察与实验能力、初步的分析与概括能力以及应用物理知识来解决简单问题的能力为宗旨。让学生通过对弹性、塑性的体验和对微小形变的观察，学会用对比法、放大法研究问题，通过对弹簧测力计使用的探究，培养学生探索新器件的能力。

（二）对教材和学情的反思

本节课是力学知识的开端，然而力的概念十分抽象，要使九年级学生真正建立起力的概念不是一件轻而易举的事，我希望通过生活中常见的弹力的教学使学生逐渐加深对力的概念的理解。弹力是今后学习重力、摩擦力的基础，从学生认知角度看，弹力比重力、摩擦力更抽象、更难理解。课程标准对这部分知识的要求是：通过常见事例或实验，了解弹力，会测量力的大小。人教版的教师用书中建议：对弹力的概念仅要求了解它是怎样产生的，不必分析它的三要素，也不涉及胡克定律，教学重点是探究弹簧测力计的使用，弹簧测力计是力学中重要的测量仪器，通过探究弹簧测力计的使用，对学生今后的学习生活起到方法上的指导。本节课的内容和方法在教材中起到了承上启下的作用。因此本课的设计力求在学生对日常生活中力的经验与体验的基础上，通过引导、启发、探究的方式对力的基本特征以及弹簧测力计的使用进行研究，激发探究热情。

（三）对教学目标的反思

1. 知识与技能

(1)通过常见的事例或实验，了解弹力的产生。

(2)认识弹力的作用效果和弹簧测力计。

(3)会使用弹簧测力计测量力的大小。

2. 过程与方法

(1)通过对弹性、塑性、利用弹簧显示力的大小的体验和对微小形变观察,学会用对比法、放大法和转换法来研究问题。

(2)通过弹簧测力计使用的探究,进一步掌握使用测量工具的基本方法,提高学生的观察和实验、收集信息和处理信息、分析问题和解决问题的能力。

3. 情感、态度与价值观

(1)经历对弹簧测力计使用的探究,培养学生乐于探索日常用品中的科学道理的情感,培养学生探索新器件的能力。

(2)用手拉弹簧测力计,感受力的大小,将所学知识应用到实际中去,感悟物理与生活的和谐关系。

(四)对教法和学法的反思

本节课主要采用实验法,通过演示实验和学生的动手探究感悟弹力的概念,以及探究弹簧测力计的使用。其次用到了分析归纳法,通过观察及实际使用弹簧测力计归纳出正确使用弹簧测力计的方法,在教学中充分调动学生积极动手动脑、共同探究、相互交流来寻找问题的答案。

二、课中思

两个演示实验由于时间太仓促没能充分准备,导致在课堂上耽误过多时间,使得后面的学生分组实验"用各种测力计测力的大小"时间不够,使得探究新器件的能力没能得到很好的迁移。

三、课后思

(1)激趣切题:利用多媒体展示伦敦奥运会上我国选手董栋夺冠的精彩视频,从生活实践引入,既激发学生兴趣,同时也培养学生的爱国主义情操,用最短的时间引入课题。

(2)弹力概念难点的突破:新课程提倡学生在体会中发现问题、解决问题,以达到提高全体学生科学素质、促进学生的全面发展这一主要目的,使学生成为课堂的真正主人,让学生探究亲身经历的实际问题是物理课堂教学的主要策略,所以我把探究引入到弹力的概念教学中来,根据学生已有的知识储备,力可以使物体发生形变,经过探究实验增强感性认识,进行深入研究,物体发生形变时,人的手有什么感觉呢?通过拉弹簧、压直尺体会弹力的感觉,从而突破弹力概念这一难点,同时也为弹力方向奠定基础。

(3)本节课的重点是"会使用弹簧测力计测量力的大小",为了突出这个重点,设计了一个"观察"与两个"探究活动"。利用学生对弹簧测力计的好奇心让他们先观察每一组配备的弹簧测力计。能获取哪些信息？如何调零？其中调零的方法不是由老师直接介绍，而是放手让学生发现问题后自己去寻求解决问题的方案。接着老师进一步追问：手中的弹簧测力计还有没有其他问题呢？鼓励学生再次动手尝试，这里是老师事先预测好的，有 2 个小组的弹簧测力计有"卡壳"的现象，通过学生发现并提出问题后由教师引导，弹簧测力计在使用前除了进行"三观察"之外还有"一拉动"。接着通过活动：让学生边探索边思考边试着应用弹簧测力计测砝码重以及头发被拉断时拉力的大小，小组合作不难得出被测力不超量程，以及读数时视线要与尺面垂直，但由于使用前教师没作任何提示，被测力是要作用在挂钩上还是要作用在吊环上。对学生而言，这是个难点，但由于前面已作铺垫，钩码重均为 1N。所以学生在动手实验的时候，我刻意在下面巡视，看看有没有小组将钩码挂在吊环上探究。这一环节的大胆设计是想把课堂真正还给学生，让学生的思维能得到最充分的发展，让学生在动手动脑中发现问题，并且去尝试着解决问题，令我欣慰的是我的大胆设计果真在学生那里可以实现，这一难点在学生的探究活动中得以顺利突破，充分发挥了学生的主体地位，通过大胆尝试，我明白了：教师只要敢放手，学生的创造力是无穷的。最后通过探究活动：探究弹簧测力计是否能测各个方向的力。这一问题的提出是基于以往的学生在上完这节新课后总有这样的疑问，为了击破这一疑点，自创"平板仪"分组实验，并用视频引导学生规范操作，使学生很容易得出：只要被测力的方法跟弹簧的轴线方向一致，弹簧测力计能测各个方向的力。平板仪的制作以及视频引导得到当时与会专家及评委的一致好评，这也是本节课的一个最大亮点。

(4)为了保持学生的学习兴趣,让学生明白探索物理规律的目的就是将其应用于生活实际,所以在本课结束前设计这样一个练习,让学生观察手中的其他测力计并通过小组合作交流尝试使用,目的是培养学生的知识迁移能力。

《光现象》复习导学案

一、导疑——情境导入,提出疑问

【活动】你有几种方法能够击中靶心?谈谈分别运用了哪些光学知识?

二、引探——自主学习,探究问题(阅读课本相关内容,回答下列问题)

【复习目标】

(1)回顾光现象中所涉及的基本概念、原理及规律,构建知识网络。

(2)通过作光路图分析实际生活中的光现象,体会构建物理模型在解决实际问题过程中的重要作用。

(3)进一步体会科学知识对社会发展的重要意义,培养科学素养。

【知识点回顾】

1. 光的直线传播

_____的物体叫做光源;光在_____介质中沿直线传播;真空中的光速是宇宙间最快的速度,其值为 $v=$_____m/s。

2. 光的反射定律

在反射现象中,_____都在同一平面内;_____分居法线两侧;_____等于_____。

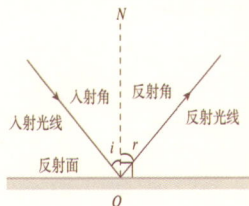

3. 平面镜成像规律

平面镜所成是_____(选填"实像"或"虚像");像物大小_____,像距与物距_____,像与物体的连线与镜面_____。

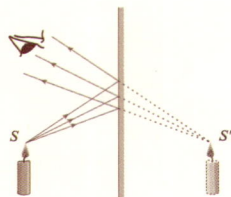

4. 光的折射规律

光从空气斜射入水中或其他介质中时,折射光线向_____方向偏折,折射角_____入射角。当入射角增大时,折射角_____。当光从空气_____射入水中或其他介质中时,传播方向不变。

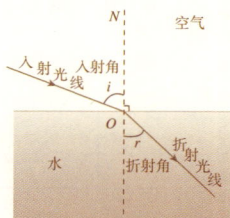

5. 光的色散

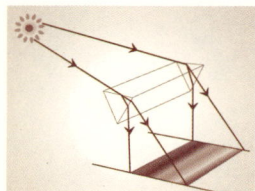

太阳光是_____,通过棱镜后被分解成各种颜色的光的现象叫做光的色散。

太阳的能量以光的形式辐射到地球,把红光之外的辐射叫做_____,具有_____效应;光谱的紫端以外还有一种看不见的光,叫做_____,能使荧光物质发光。

【知识网络】

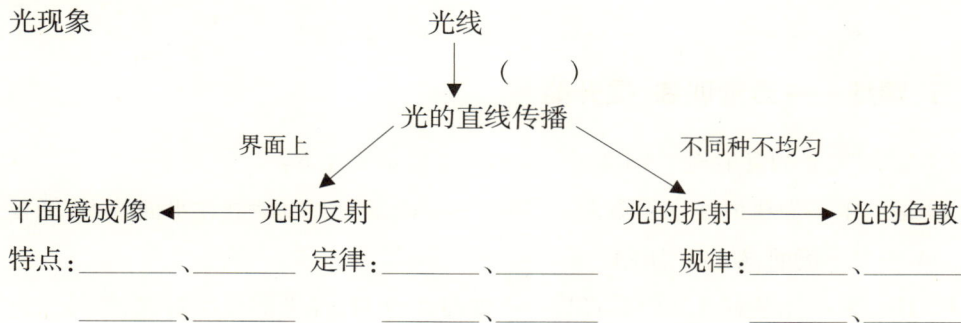

光现象

光线

(   )

光的直线传播

界面上   不同种不均匀

平面镜成像 ◄—— 光的反射   光的折射 ——► 光的色散

特点:_____、_____   定律:_____、_____   规律:_____、_____

_____、_____、_____、_____

三、释疑——主动展示,阐释疑点

1. 为"探究平面镜成像的特点",应如何选择实验器材?并说出理由。

(1)_____;(2)_____;

(3)_____;(4)_____;

(5)……

2. 下列各图分别对应哪条光的传播规律?你还能举出其他实例吗?

日晕   水中的倒影   铅笔"弯折"   自行车的尾灯

你能用光路图来解释上述现象吗?

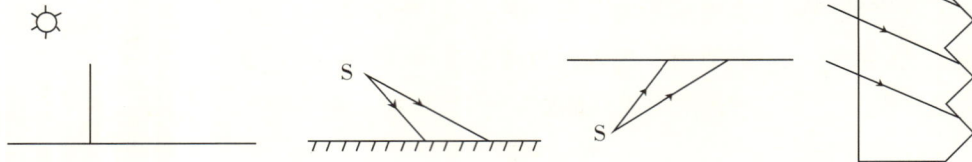

四、启思——归纳总结,提炼方法

1. _____
2. _____
3. _____
4. _____
5. _____

五、精练——当堂训练,提升能力

1. 在"探究光的反射规律"实验中,某小组实验步骤如下:

A. 把一个平面镜放在水平桌面上,再把一张硬纸板竖直地立在平面镜上,纸板上的直线 ON 垂直于镜面,如图甲所示;

B. 让一束红光贴着硬纸板沿着某一角度射到 O 点,经平面镜反射,沿着另一方向射出,在纸板上用笔描出入射光线 EO 和反射光线 OF 的径迹。改变入射光线的方向,重做两次,换用另一种颜色的笔,记录光的径迹(如图甲);

C. 取下硬纸板,用量角器测量 NO 两侧的角 i 和角 r;

D. 纸板 ENF 是用两块纸板连接起来的,把纸板 NOF 向前折或向后折,观察反射光线(如乙图)。

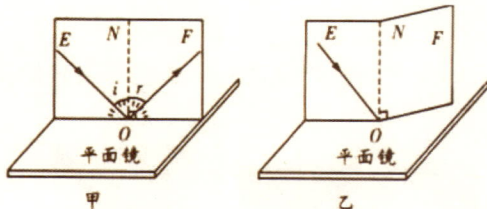

根据上述实验步骤,回答下列问题:

(1)该实验中硬纸板显示出:反射光线与入射光线_____两侧;

(2)该实验中硬纸板 NOF 向前折或向后折是为了确定反射光线、入射光线、法线是否
_____;

(3)由实验步骤 C 可以得到的规律是_____；

(4)在甲图中,如果将光线沿着 *FO* 射向平面镜时,你还会发现的规律是_____

_____。

2. 关于光现象,下列说法正确的是(　　　　)

A. 太阳光照射到枝繁叶茂的树木,会看到树荫下的光斑是和树叶相似的形状

B. 夜晚高楼射灯发出的红色光柱是红外线

C. 汽车司机用于观察后面车辆的后视镜是凹面镜

D. 电视机的丰富色彩都是由红、绿、蓝三色细光排列而成的

3. 如图所示的两条虚线表示两介质的界面及法线,实线表示一条光线斜射向界面后发生反射及折射现象的光线,则 *ao*、*bo*、*co* 分别表示哪条光线?

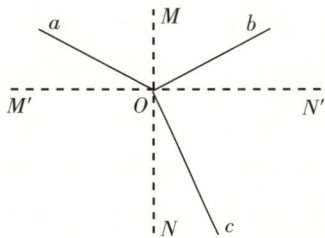

《光现象》复习课例研究

武汉市七一中学　杨　熹

《基础教育课程改革纲要(试行)》要求,"教师在教学过程中应与学生积极互动、共同发展,要处理好传授知识与培养能力的关系,注重培养学生的独立性和自主性,引导学生质疑、调查、探究,在实践中学习,促进学生在教师指导下主动地、富有个性地学习。教师应尊重学生的人格,关注个体差异,满足不同学生的学习需要,创设能引导学生主动参与的教育环境,激发学生的学习积极性,培养学生掌握和运用知识的态度和能力,使每个学生都能得到充分的发展。"教育的本质关键在于培养人的精神。

苏联苏霍姆林斯基说过:"教会学生自己教育自己,这是一种最高级的教育技巧和艺术。"我国当代著名教育家郭思乐提出"生本教育"的核心理念,一切为了学生,高度尊重学生,全面依靠学生。

武汉市七一中学物理组作为江岸区物理优秀学科基地,自课程标准实施以来,不断实践探索适合本校的"生态课堂"模式,于上学年强力推进"四四五"生态课堂教学模式,即四个特征:让学生自由地呼吸、坚韧地探索、健康地成长、快乐地绽放;四个层面:生本(教学观念先进化)、生活(教学内容情境化)、生动(教学方法多样化)、生命(教学过程人性化);五个步骤:导疑(情境导入,提出疑问)、引探(自主学习,探究问题)、释疑(主动展示,阐释疑点)、启思(归纳总结,提炼方法)、精练(当堂训练,提升能力)。为了展示"四四五"生态课堂教学模式,我于2014年2月27日下午上了一节《光现象》省级复习研讨课,现以该节课教学设计为线索阐述课例研究。

一、导疑部分教学过程

教育学家夸美纽斯说过:"兴趣是创造一个乐观与光明的教学环境的主要途径之一。"在物理课堂中,主要靠教师引导学生观察物理现象、动手做各种实验来激发学生学习兴趣的。在确定光现象这一复习内容时,试图用一个趣味性强的实验来吸引学生注意,从而引入课题。《教师教学用书》(八年级上册)的教学资源中提到了一个打靶游戏来引入光的反射规律,受到这个实验的提示,我尝试将打靶游戏带入复习课的设计中。

第一枪:学生利用"光的直线传播"知识直接瞄准靶心;第二枪:在靶心前设置障碍物,学生思考可利用"光的反射"知识射击,教师给出平面镜,学生多次调整入射角后可击中靶心;第三枪:请学生观察平面镜,提示学生对准平面镜中的像射击,学生一击即中;第四枪:学生仍然直接瞄准靶心,教师将一块厚玻璃砖移到枪口前,学生观察发现射击点改变,分析得出光由玻璃砖斜射入空气中时发生折射。

最初的设计中,学生复习一节的知识,进行一次打靶游戏,经过一次试讲后发现,这样的间断性设计打断了学生对于章节知识回顾的连续性,并且最初拿出激光枪时学生注意力是高度集中的,随着复习的进行,学生的参与热情也在下降。于是进行了第一次调整,将"四枪"在"导疑"部分全部完成,将三条光的传播规律运用于实验中,勾起学生对于光现象部分核心知识的回忆。

关于"第四枪",课本上的实验是让光束斜射入水中,最初的设计遵循了课本的这个设计。但实际操作时发现,学生很难观察到水中的光路,即使能够观察到,这个实验在新授课时学生已经见过,这个重复对他们而言并没有新意。在第二次调整中,将厚玻璃板挡在靶心前,请学生射击,再分析此时的光路。这种设计中,学生虽然能够回答出光的折射知识,但是这种回答只是将已有知识进行回顾,并非引发学生观察现象后思考得出的。在第三次调整中,先请学生直接射击,再将厚玻璃砖移至枪口处,此时,学生观察到原本在靶心的红点发生了偏移,通过这个直观的实验现象再来提问,学生眼见为实,自然能够更好地理解光的折射这一现象。

二、引探部分教学过程

"引探"这一部分,旨在让学生自主学习,通过课本基础知识点的回顾,发现自己知识点的疏漏处,通过生生互动,尊重学生的个人体会,使学生真正成为课堂的主人,鼓励学生表达自己的观点,培养学生积极思维的意识,再通过教师对知识网络的点拨,使学生对整章重点知识脉络有清晰的感知,同时让学生体会到这是一种平等的交流。

学生带着复习目标,阅读课本相关内容,回答学案上的问题,教师巡视指导。大多数学生完成学案后,选取一位学生的学案用投影仪展示,另请一位学生对他的学案进行批改及评价,其他学生对照投影,对自己的学案进行批改订正。在进行生生评价的同时,教师板书知识网络;生生评价结束后,教师对照知识网络对本章节知识再进行梳理,帮助学生构建知识网络。

在课本中,每一节课都有光路图作图的要求,所以初步设计中将光路图的复习与知识点的复习糅合在了一起。但光路图本就是本章知识的难点,学生很难将实际生活中的光现象与物理知识联系起来,仅对照知识点作出光路图,没有锻炼学生解决实际问题的能力,也与"从物理走向生活"这一思想背道而驰。

在与组内教师交流后,将光路图的复习调整至"释疑"部分,先请学生观察四幅生活中的图片,将生活中寻常的场景、问题与所要讲授的物理知识巧妙结合,寓教于乐,通过思考图片分别对应哪条光的传播规律并进行举例,积极引导学生走出课堂、走进生活,培养学生分析问题、举一反三的能力;再与光线这一重要的物理模型结合,请学生用光路图来解释上述现象,层层下探,对知识进行深度的挖掘,让学生体验理论与实践相结合的快乐,进一步认识到物理是有趣的、有用的;学生回答后,教师从历史文化、环境保护、安全教育几方面进行点评,使学生进一步了解物理与科学、技术、社会的联系,培养学生的科学情感,树立学生的科学价值观。

三、释疑教学过程

"探究平面镜成像的特点"这是整个光现象章节中的重难点实验,在复习课中通过"释疑"这个环节,充分唤起学生对这部分知识的回忆。孔子说:"不愤不启,不启不发。"教学情境的创设能促进学生探究学习,是启迪思维的重要途径。学生选择器材的过程中,难免出现错误或者表述不准确的地方,而这正是学生知识的薄弱环节。"学起于思,思源于疑。""疑"从何来?"疑"从学生主动展示的过程中暴露出来。

归纳出平面镜成像规律后,进一步提问:此规律是如何通过实验得到的,学生观看PPT,进行实验环境、器材、方法的选择,并说出理由。学生之间进行短暂的相互讨论及记录,学生回答后,其他同学科进行纠正和补充。

教师从学生回答问题的过程中发掘课堂生成资源,将重要实验细节(例如:厚玻璃板两个表面反射成的像不重合)重现,再结合板书与口头语言,帮助学生准确地解释每个实验细节的设计意图,比枯燥的平铺直述更能加深学生对知识的理解与记忆。

四、启思部分

学生自由讨论,引导学生从知识与技能、过程与方法、情感态度与价值观这三点进行归纳。

本节课的重点是复习三条光的传播规律,学生通过复习能在三条光的传播规律之间建立起联系:光在同种均匀的介质中沿直线传播,在不同种介质的分界处会同时发生反射和折射现象,光仍然回到原介质中的现象为反射,光从一种介质进入另一种介质中的现象为折射。

为了表示光的传播情况,引入了"光线"这一重要的物理模型,这也是学生第一次接触

"模型法"这一重要的研究问题的方法。在"探究平面镜成像特点"的实验中,利用未点燃的蜡烛与点燃的蜡烛的像进行比较,从而探究平面镜所成的像与物、像距与物距的大小关系,这里用到了"等效替代"这一研究问题的方法。

与生活紧密结合的几幅图片,既复习知识,又培养学生的科学情感。"日晷"是我国古人智慧的体现,以树立学生的民族自豪感;"湖面倒影"是美好的自然景色,培养学生热爱自然、热爱生活的态度;"自行车尾灯"是将光学知识服务于生活的典型事例,"池水变浅"是生活中的常见现象,以此来进一步加强学生的安全意识。

此环节的设计意图是:给学生整理知识、归纳方法的时间,通过典型例题的复习启发学生自我总结学习方法,体验、掌握学习方法,激励学生不懈努力,激发学生创新热情。针对教学出现的问题,教师注重思维方向的引导、思维路线的点拨、知识元素的内化,注重问题的主题性与逻辑性、主体性与循序性、启迪性与开放性。同学们主动思考,积极发表自己的见解,进行批判性地学习,教师对知能、技法进行精辟的归纳,实施有效突出重点、突破难点的教学策略。

五、精练部分

设计当堂训练题的意图是:巩固探究光的反射规律实验、深化光的传播规律,对看不见的光等知识进行补充复习,做到学以致用。科学设计课堂达标练习,突出本课重点难点,凸显分层推进,切实提高学生的学习能力。针对学习目标,精心设计课堂训练,学生独立作业,教师及时发现问题,当堂纠正,强化方法。在精练这个环节,教师成为知识与技能的把握程度,过程与方法的掌握程度,情感态度与价值观的发现程度的推手。通过学习,学生掌握新知识并能融会贯通,学习技能得以训练或提高。

六、教学反思

复习课的任务,是让学生对所学知识的三维目标加以巩固与总结,使之系统化、网络化,通过复习来弥补学生认知上的不足,纠正学生知识上的错误,使学生对于知识的理解更加全面,对于知识的应用更加灵活。学生通过八年级对光现象的学习,知道了光的直线传播、光的反射及光的折射现象的知识,但经过近一年时间的消磨,学生对该章节知识的记忆变得模糊,对重要规律和方法的认知已经弱化。所以,本节课通过创设激光枪打靶的情景,引发学生思考;通过阅读课本进行知识点的梳理,让学生重视对教材的阅读与理解;引导学生进行生生互动、相互评价,提高学生之间交流与合作的能力;通过重要实验的情景再现,突破实验的重难点;通过学生作图与评价,帮助学生归纳知识、总结方法,提高科学素养。

在这节课中，我运用了 PPT、实物投影、板书、实验多种教学手段。虽然是一节多媒体复习课，我的 PPT 却是极其简单，只将复习目标与图片展示出来，绝不用多媒体教学替代物理实验。确实，实验的录像和 PPT 展示更加清晰，但是这样的课堂，学生只是在听讲、观察、记忆，是传统的接受式学习方式。物理学家牛顿认为："科学研究离不开实验，应在实验的基础上，运用归纳的方法总结规律，进而建立起理论。"在我的课堂上，学生在老师的引导下共同谈论、回顾实验方案，通过动手实验比较厚玻璃板与薄玻璃板成像的区别，通过点燃玻璃板后方的蜡烛来观察前方蜡烛的像，让学生在掌握物理概念规律的同时，感悟实验方法，获得实验技能，发展实验能力，养成勤于观察积极思考的学习态度，这是一种以学生为主体的体验式的学习方式，这种方式更能调动学生的主观能动性，促进学生的主体发展。

复习课不是简单地给学生纠正错题，也不是机械地重复知识，而应是在了解分析学生知识薄弱点后，对其一一击破，开发学生潜力，培养学生运用物理知识、研究问题的方法去解决实际问题的能力。在本节复习课的最后，设计了三道训练题，意图为巩固光的反射规律实验、深化光的传播规律、对看不见的光等知识进行补充复习。但在课堂的四十分钟内无法将三道练习全部完成，这也是本节课的遗憾，只能留到下一节课再来进行评价。用练习的方法来复习，是复习课的一种有效的手段，如果能在一组题目讲解完后，回过头带领学生反思，复习了哪些基础知识？用到了哪些物理方法？这种方法还用到了哪些知识点的学习中？哪些题可以拓展与变形？学生在反思中，把知识由点到线，由面到体的联系起来，便是对知识的巩固、深化、提高、迁移的过程，有利于形成合理的知识结构。

一节课下来，时间的分配是教学设计中最困难的部分，既要给学生充分的自主学习的时间，又要尽可能提高复习效率，这便要求教者不断思索如何优化教学过程。

第一个思考是关于"引探"部分。在学生回顾课本后，能否不是单纯的核对答案，而是在知识网络的构建中将知识点一一渗透。教师的板书不再是纯文字描述，而是将知识点与"导疑"部分的射击游戏结合起来，用光路图来构建知识网络——反射光线作图一定遵循光的反射定律、折射光线作图必然符合光的折射规律。这样设计，避免了对知识点复习的重复，节约了时间，并且将知识与方法相结合，更能提高课堂效率。

第二个思考是关于"释疑"部分。将"引探"部分与光路图结合后，若"释疑"部分再按照实验—作图的顺序，便使课堂内容脱节。于是将两部分内容对调，直接从射击游戏的"三枪"与生活中的实例相结合，并去掉了"湖面倒影"这一作图，以避免反射规律作图的重复。在"自行车尾灯"的作图讲解后，提问：这用到了平面镜的哪个光学用途？学生回答：改变光路。教师追问：平面镜还有什么光学用途呢？学生回答：平面镜成像。从而顺利向探究实验过渡，这样的改动使"释疑"部分更加流畅。

《礼记·学记》中说:"学然后知不足,教然后知困。知不足,然后能自反也,知困,然后能自强也。故曰:教学相长也。"在生态课堂中,以理解、交往、互动等为教学路径,师生成为平等的对话者和探索者,生生成为自主学习的合作者。在学习中,促进学生健康成长,促进教师专业发展,彰显师生的生命价值。我虽为教者,但如能在每一次的授课中细细体会,都能发现学生智慧的闪光点,也是不断学习的过程。一味传授,一辈子也许只是名教书匠;只有不断的学习,才能成为一名教育者。

《欧姆定律》复习(第一课时)教学设计

教学目标

1. 加深理解串联电路的基本规律,能熟练运用串联电路的知识分析解决实际问题。

2. 通过复习帮助学生形成总结、归纳物理知识的基本思路和方法,从而达到提高运用物理规律解决问题的能力。

教学重难点

重点:总结应用串联电路的基本规律解决物理问题的基本思路和方法。

难点:应用串联电路的基本规律解决实际问题。

教学过程

一、基础导学

1. 串联电路的特点:

(1)电流:$I = I_1 = I_2 = \cdots = I_n$

(2)电压:$U = U_1 + U_2 + \cdots + U_n \ (U > U_i)$

(3)电阻:$R = R_1 + R_2 + \cdots R_n \ (R > R_i)$

(4)分压原理:$I = \dfrac{U_1}{R_1} = \dfrac{U_2}{R_2} = \cdots = \dfrac{U_n}{R_n}$

2. 欧姆定律的表达式:$I = \dfrac{U}{R}$

二、典例精析

问题 1　在如图 1 所示的电路中闭合开关 S,将滑片 P 向左移动时,电流表、电压表示数如何变化?

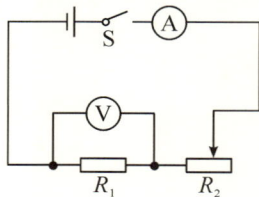

思维流程:

P左移$\rightarrow R_2 \downarrow \rightarrow I \uparrow \rightarrow U_1 \uparrow$

图 1

问题2 在如图1所示电路中,如果要使电流表、电压表的变化趋势相反,请在虚线框内画出电路图。

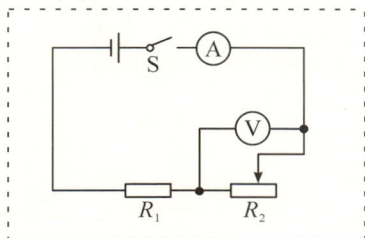
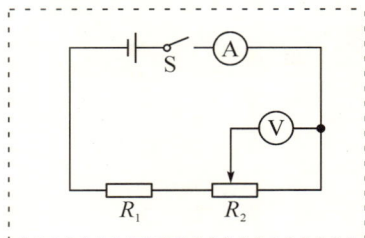

图2   图3

问题3 如图1所示电路中,如果要使电流表示数不变,电压表示数改变,请在虚线框内画出电路图。

例 题

如图所示是一种自动测定油箱内油面高度的装置,金属滑片 P 是杠杆的一端,油量最多和最少时滑片 P 分别设计在 B 端和 A 端,问:

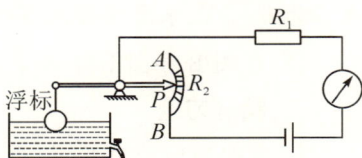

(1)油量表由什么表改装? R_1 的作用是什么?

(2)简述工作原理;

(3)油量最少时电流表指针是否指向零刻度线?

(4)电源电压为12V,满偏电流为0.6A,最小电流为0.1A,求 R_1 和滑动变阻器的最大阻值 R_{AB}。

变形题

如图所示是小明同学试制汽车油量表时绘制的原理图,所用滑动变阻器标有"100Ω 0.5A"字样。

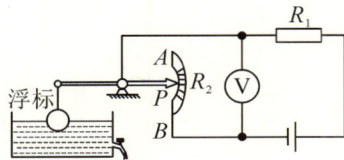

(1)他在试测时发现,油量在不断增加,电压表有示数但始终保持不变,此时电路故障可能是什么?如果添加一个电流表,如何作出进一步判断?

(2)排除故障后,滑片 P 滑到中点时,电压表示数为4V,滑片 P 滑到 A 端时,电压表示数变化了2V,求电源电压和 R_1 的阻值。

(3)你认为小明的设计有什么不足?如何改进?

解: 在小明的设计中,油量越少,滑片 P 上移, R_2 连入电路的阻值越大,电压表示数越大。

以下是同学们找到的四种改进方法:

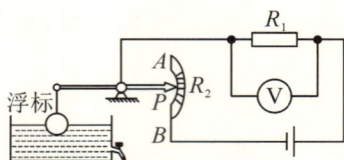

图 A

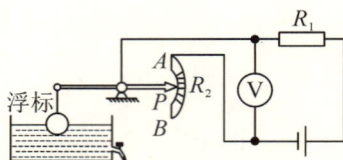

图 B

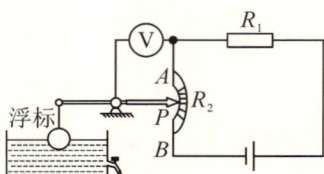

图 C

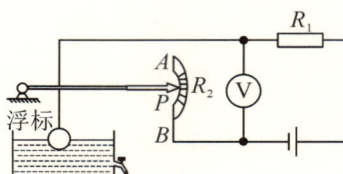

图 D

(4)在图 B 中若电源电压为 12V，R_1=20Ω，滑动变阻器标有"100Ω 0.5A"字样，电压表量程为 0～3V，求滑动变阻器的阻值变化范围。

(5)在图 B 和图 D 中油量表的刻度是否均匀？

三、精选习题

1. 在如图所示电路中，电源电压 U=6V，R_1=10，滑动变阻器铭牌"20 1A"，电流表示数范围为 0～0.6A，电压表示数范围为 0～15V。在坐标系中分别描出两块电压表示数随电流表示数变化的图象。

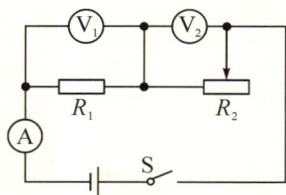

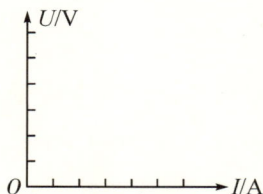

2. 根据油量表的设计思路，小明设计了一台握力计，其原理如图所示，滑片固定在握力计的 A 端，变阻器的底端固定在握力计的 B 端，当握力计不受力作用时，滑片与变阻器的 C 端接触。

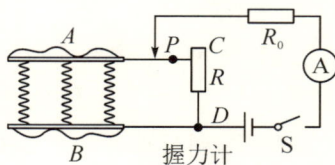

握力计

(1)当用力握在 A、B 两端时弹簧被压缩，滑片 P 向_____端滑动，变阻器接入的电阻变_____，握力计的示数变_____。

(2)小明设计该握力计时,所选的参数是:每施加40N的握力,弹簧被压缩1cm,该握力计的最大压缩量为5cm, 此时变阻器的滑片刚好滑至 D 端，电流表的指针恰好满偏，(此时的电流最大为120mA),电源电压设计为12V,滑动变阻器的阻值变化范围0~500,则保护电阻 R_0 的阻值为_____,握力计的零刻度线应设计在电流表的_____处。

(3)握力计的表盘如图所示,请在图中将握力计的最大示数和60mA处相对应的示数在上方的相应部位标注出来。

握力表

(4)小华看了小明的设计后 ,对此握力计的电路设计提出了改进意见,他认为该握力计的刻度线是不均匀的, 他建议将原理图中的电流表改为电压表后接在图中的适当位置后握力计的刻度线就变得均匀了,请你在图中将电压表接入适当位置。

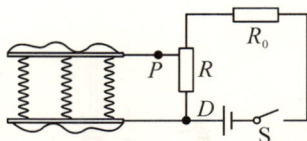

物 理 实 验

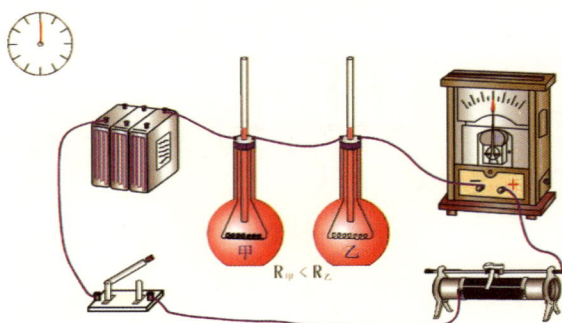

初中物理实验教学中的创新教育

物理是一门以观察、实验为基础的科学。物理的定义、原理、规律、定律都是建立在大量的实验和实践活动中。实验是物理教学的精髓,没有实验的物理,不能成为真正的物理。

物理世界丰富多彩、包罗万象,有自然的物理现象,有生产技术的物理问题,有生活经验中的物理学事实。因此,物理教师要尽可能鼓励和指导学生对物理现象、过程和事实进行观察和实验,在日常的动手中发现问题,提出研究方案,探索解决问题的方法,提高思维能力、创新能力。

课堂教学是整个教学工作的中心环节,是实施素质教育的主阵地。而实验教学是课堂教学的起点,也是物理教学是否成功的关键。它能为学生正确认识事物及其变化规律提供实验事实,又能培养学生观察现象、分析问题、解决问题的能力和方法,更能以独特的魅力和丰富的内涵在培养学生创新精神、探索能力、创造能力等方面发挥其独特的功能和作用。如何在实验教学中培养学生的创新能力呢?

一、就地取材做实验,增强学生创新意识

物理实验不能仅局限于实验室的现有仪器,我们身边的许多东西都是重要的实验资源,利用它们来做实验,简便直观、有利于培养学生的动手操作能力,发展学生的独立实验能力、创新意识和创新能力。比如杯子、铅笔、手帕、蜡纸、纽扣、蜡烛、玻璃板等都是生活中很容易找到的,利用这些可以设计出许多有趣的物理小实验。

(一)创设物理情景导入新课

1. 演示气体具有惯性。为了证明气体也有惯性,利用烟来做该实验具有很强的直观性,如图 1 所示。

(1)往空的大可乐瓶中注入浓烟;

(2)点燃一支蜡烛;

(3)把瓶口对准蜡烛的火焰,并保持适当的距离,拍动瓶底,可看见"烟圈"一个一个地"射出",并能把烛焰"吹灭"。

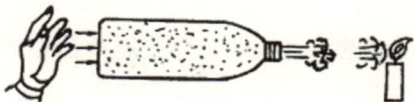

图 1

2. 演示火箭原理。

在学习力的作用是相互的这一节内容时,书中给出了导弹发射的图片,提出导弹的推力来自哪里的问题。根据力的作用的相互性可知,燃气对导弹和火箭也有一个向前的作用力。为了直观形象地说明导弹和火箭飞行的原理,教学时可做一个"火箭气球"进行模拟,如图2所示。

(1)将细线穿过吸管,让两个学生拉紧。

(2)将气球口上扎上一段吸管,便于吹入烟和能比较均匀地放出烟。往里吹入浓烟,堵住气球口。

图2

(3)用胶带把气球固定在吸管上。

(4)松开气球口,让烟从吸管口喷出,即可看到气球沿细线前进。

(二)将抽象的概念形象化

对于物理概念、物理规律等一些理念性的东西,往往是千言万语说不清,一看实验就分明。

例如,学生理解静摩擦力的方向时感觉困难,这时,可以用一把牙刷来帮助学生理解:把牙刷有毛的一面平放在桌面上,用手握住牙刷的把柄,用力地往前推或拉(牙刷仍处于静止状态),牙刷毛的形状就会向后或向前发生形变,形象地显现了牙刷的运动趋势以及静摩擦力的方向。

"研究滑动摩擦跟哪些因素有关"的实验中,左右手各伸一手指,将一把钢尺放在两手指上,两手指同时向钢尺中间移动,发现两手指只能交替移动。说明:根据杠杆原理,两手指所受钢尺的压力交替变化;滑动摩擦力的大小和压力有关也交替变化,受摩擦力小的手指先移动。

(三)增强习题的趣味性

老师若在作业训练期间,穿插几个生活化的小实验,同学们通过自己动手实验,发现其中的奥秘,既可体验动手实验、获取知识的乐趣,又能加深对物理知识的理解和记忆。

讲解防雾玻璃的原理时增加下列实验,取一个洁净干燥的玻璃杯,在杯内一侧均匀地涂一薄层洗涤剂,再将杯子倒扣在盛有开水的暖瓶口上方。过几秒钟后,拿起玻璃杯就会发现,没有涂洗涤剂的部位布满小水珠,雾茫茫的;而涂有洗涤剂的部位却没有小水珠,仍然是透明的。这说明水蒸气遇冷会在玻璃杯壁上凝结成许多小水珠,所以看上去雾茫茫的。洗涤剂能降低水的表面张力,使水蒸气不能凝结成小水珠,而紧贴玻璃形成一层均匀的水膜,所以看上去仍是透明的。

(四)检验学生应用知识和自主探究的能力

在每一个学习单元结束后，设计一些简单有趣而富有物理思想的小实验，让他们尝试解释实验现象，既可考查学生掌握知识的程度，又可检验学生自主探究的能力。比如，学完"凸透镜成像规律"后，把放大镜置于日光灯下，改变放大镜的位置，让学生注意观察现象，并用所学的知识加以解释。又如，学完"电磁感应"后，我展示了一个电子陀螺的小玩具，如图3所示。将齿轮状塑料条迅速抽出后，会看到玩具稳稳地立在桌上而内核快速旋转起来，在玩具的上表面出现五颜六色的光带，如图4所示，学生感觉惊奇、好玩的时候，提出问题："玩具里有电池吗？"

图3

图4

生：当然有电池，否则玩具上的灯怎么会亮？

师：真的吗？（展示已经拆开的玩具内核，根本找不到电池）

师：只有电池能产生电吗？

生：还可以发电。

师：能找到切割的导体和磁场吗？

生研究发现：玩具内核的外围有一个钢圈，能吸引大头针，是它产生了磁场；玩具内部有铜片，当内核旋转时，铜片在磁场中做切割磁感线运动，产生电流，使不同的二极管发出五颜六色的光。

师：为什么我们看到的会是彩色的光带（如图5所示）？

生：是视觉滞留印象。

师：整个过程中，能量是怎样转化的？

生：动能转化为电能和内能。

本教学活动通过对一个玩具的探索，巩固了电磁感应现象、视觉滞留印象和能量转化的知识，而且经历了科学探究中的猜想、实验、分析的过程，可谓一举多得。

图5

(五)建立概念形成的知情权

物理概念是整个物理学的核心，对物理学发展起着承上启下的作用。但从新课程的角度来审视目前的物理概念教学,却发现存在诸多不足:我们在"是什么"、"怎样用"上花时间多,而在"为什么要引入这个物理概念"上则是个盲区,即不重视物理概念的建立过程。现从"力臂"概念入手,探究初中物理概念的建立过程,以期为类似概念的建立提供参考。

首先回顾传统教学方法:从生产、生活中为了省力出发,引出羊角锤、撬棒等杠杆机械,围绕杠杆的用法和特点给其下定义;接着直接给出支点、动力、阻力、动力臂和阻力臂的定义,即力臂是支点到力的作用线的垂直距离,随后强调其关键词"力的作用线",而不是"力的作用点";最后练习画杠杆示意图,巩固力臂概念。可以看出,对"为什么要引入力臂概念"这一点教师未讲学生也未知。

根据新课改要求,学生应有物理概念建立过程的知情权。为了建立力臂概念,我们不妨来个大手笔,将教材顺序做适当调整:在得出杠杆的支点、动力、阻力定义后,不要急于引出力臂概念,而是先探究杠杆的平衡条件。

教学过程可设计如下:

实验桌上给出器材:铁架台、杠杆、挂钩、钩码、弹簧测力计、大三角板。

先让学生调节铁架台上杠杆两端的平衡螺母,使杠杆达到平衡;再在杠杆两边挂上钩码,调节钩码所处位置使杠杆再次平衡,如图6所示。

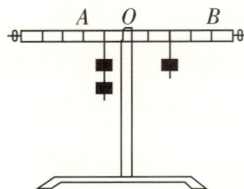

图6

接着的教学片断为:

师:请指出杠杆上的支点、动力、阻力。

生:杠杆支点在 O 点,如果左边两个钩码对杠杆的拉力为动力,则右边一个钩码的拉力为阻力。

师:你们能否发现,在杠杆平衡时有什么等量关系吗?

(学生思考、讨论)

生:杠杆平衡时的等量关系是"动力×支点到动力作用点的距离=阻力×支点到阻力作用点的距离"。

师:由一次实验得出的这一平衡条件的结论,可靠吗?

生:不可靠,至少要做三次实验。

师:那么我们可以改变什么条件再做实验呢?

生:可以改变动力和阻力的大小,即不改变钩码的悬挂位置而改变所挂钩码的数目。

师:下面请同学们再动手实验。

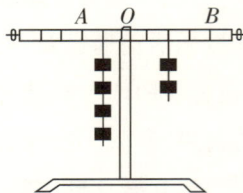

图7

(学生实验小组探究,在左边挂4个钩码、右边挂2个钩码时杠杆平衡,如图7所示)

师:上述平衡条件的结论还成立吗?

生:成立!

师:还可以改变什么条件进行实验呢?

生:改变所挂钩码的位置。

(学生实验小组探究,移动钩码悬挂位置使杠杆平衡,如图8所示)

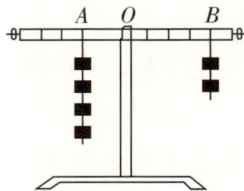

图8

师:上述结论还成立吗?

生:仍然成立!

师:我们已经做了三次实验了,杠杆的平衡条件是什么?

生:杠杆平衡的条件是"动力×支点到动力作用点的距离=阻力×支点到阻力作用点的距离"。

师:力的作用三要素是什么?

生:力的大小、方向、作用点。

师:刚才的实验中,改变钩码数目实际上是改变动力和阻力的大小,改变悬挂钩码的位置实质上是改变力的作用点。那么,我们还能改变什么呢?

生:还可以改变动力和阻力的方向。

师:钩码重力的方向总是竖直向下的,怎样改变钩码对杠杆的拉力的方向呢?

(学生思考、讨论)

生:可以去掉杠杆一边的钩码,改用弹簧测力计斜着拉。

师:下面再请同学们按此方法动手做一做。

(学生实验小组探究,拿去杠杆一边的钩码,用弹簧测力计斜着拉杠杆这一边,当杠杆平衡时读出弹簧测力计的读数)

师:这时对杠杆的动力为弹簧测力计的弹力,阻力为钩码对杠杆的拉力,"动力×支点到动力作用点的距离=阻力×支点到阻力作用点的距离"这一结论还成立吗?

生:不成立了。

师:这说明前面所得"杠杆的平衡条件"要不要修正呢?

(学生思考、讨论,陷入僵局)

教师提示:把支点到动力作用线的垂直距离测出来取代平衡式中的"距离",有何发现?

(学生实验:用大三角板测出支点到动力作用线的垂直距离,代入平衡式,相等!)

(学生惊喜、惊讶!)

师:由此看来,杠杆的平衡条件是什么?

生:杠杆平衡的条件是"动力×支点到动力作用线的距离=阻力×支点到阻力作用线的距离"。

师:这个结论对前面的三次实验来说,是否成立呢?

(学生验证,成立。)

师:看来,"支点到力的作用线的距离"是一个有物理意义的量,物理学上把它叫做力臂,支点到动力作用线的距离叫动力臂,支点到阻力作用线的距离叫阻力臂;这样,杠杆平衡的条件就是"动力×动力臂=阻力×阻力臂",用公式表示为"$F_1L_1=F_2L_2$"。

上述教学设计,让学生亲历杠杆平衡条件的探究过程,步步深入,最终发现支点到力作用线的距离是个有物理意义的量,很自然地引出力臂概念,而且使学生清晰地认识到力臂不是支点到力作用点的距离,加深了对力臂概念的理解。

二、改革实验教学,提升学生创新精神

创新精神的培养,关键在于课堂教学。要想培养学生的创新精神,就必须改变传统的"一言堂"、"满堂灌"的教学方法,使学生由"获取知识"变为"探索获取知识",由"封闭式教学"变为"开放式教学"。为此,从培养创新人才的角度出发,在物理实验的教学过程中应注意从以下几方面改进教学模式:

(一)改验证性实验为探索性实验

验证性实验是按事先设计好的程式,学生"照方抓药"的操作。这种教学方式造成学生思维不广阔,想象力和创造力不强,久而久之,学生求异、求变的创新意识就会受到压抑。所以,教师应根据学生的心理特征,及时调整实验教学模式,变验证性实验为探索性实验,一些简单的探索性实验可让学生上台演示。在实验探索中调动全班同学学习和探索的积极性,充分发挥学生主观能动性和提高学生自己分析问题和解决问题的能力。

例如:"探究平面镜成像的特点"实验

1. 情景引入

请同学们根据自己照镜子的生活经验,思考回答下列问题:

(1)镜子中的像和你自己大小一样吗?

(2)镜中的"你"和实际的你到镜面的距离一样吗?

(3)镜中的"你"是真实的,还是"虚"的?

根据对上述问题的思考,你认为平面镜成像(即照镜子成像)有什么特点?大胆地猜想一下,看能得出什么样的结论。

任务一:猜想平面镜成像的特点

把你猜想的结果写下来:……

　　任务说明:本节主要的学习目标是理解平面镜成像的特点。科学探究的一般途径是提出问题、猜想、分析、结论。为完成这一学习目标,应当以生活经验或现象引入问题,激发学生猜想,体现"从生活走向物理"。因此,把第一个学习任务确定为猜想平面镜成像的特点。

　　设计说明:利用学生日常照镜子的生活经验,引导学生去体验和联想,使之转化成教学所需要的科学结论,为学习新知识服务,猜想活动以小组为单位进行,讨论并形成初步结论。这一方式体现了自主与合作学习的教学要求。

　　教师作用:学生活动时,教师深入小组收集其讨论信息,并组织学生口头展示,板书记录学生答案的同时进行分类归纳形成统一结论。这是教师通过反馈信息的学习方式,初步界定平面镜成像特点,为本节要学习的内容确定方向。

　　2. 探究新知

　　任务二:探究平面镜成像的特点

　　猜想结果是否科学,必须用实验验证。教师必须向学生强调这一点,要求学生自学教材后,再思考解决下面的问题和进行实验,借此让学生认识科学探究的一般过程:查阅资料;思考确定实验方法;动手实验。在实验操作中把需要探究或学习的内容,以问题的形式出现。

　　问题:能否直接用尺子去测量平面镜里的像与镜面的距离?

　　能否直接用尺子去测量平面镜里的像的大小?

　　怎样解决测量的问题是实验关键,请各小组思考并讨论解决的办法。

　　(1)分别测量镜里像和镜外物的大小。

　　交流一下你想出的测量方法……

　　选用的实验器材有……

　　以小组为单位进行实验测量,根据测量的结果对比物和像的大小。

　　(2)分别测量像和物到镜面的距离。

　　交流一下你想出的测量方法……

　　选用的实验器材有……

　　以小组为单位进行实验测量,根据测量的结果对比两个距离的大小。

　　3. 学生汇报实验过程与结论,分析实验数据得出结论并展示

　　然后交流评估学生在学习或实验过程中的困难和问题,有没有办法改进,对探究过程进行反思评价,积累经验教训。

　　归纳实验结论:

　　(1)平面镜所成的像和物体大小的关系是_____;

(2)像和物各自到平面镜的距离之间的关系是＿＿＿＿＿＿；

(3)像和物对应点的连线和平面镜面的关系是＿＿＿＿＿＿；

设计说明：由教师提供实验目的，让学生在阅读教材的基础上，利用自学的教材知识和已有的实验技能尽可能设想测量方法。采取先个人思考、再小组讨论的方式，集思广益，开发学生的群体资源；让学生动手实验；通过研究解决实际问题培养学生的探索和创新能力，可以让学生向全班展示自己的方法，展示方式为图示说明或口头讲解，也可以用实验器材作演示说明。

教师作用：教师在学生动手实验的同时应巡回查看并收集活动信息，若发现存在普遍性的问题则需适时点拨，或对学生的思路进行引导。例如用平板玻璃代替平面镜，利用光能透过平面玻璃这一点，既可观察成像又可进行测量；也可将学生中的创新性做法通过黑板现场向其他同学介绍，最后对平面镜成像的特点作出总结归纳。

任务三：分析平面镜成像的原因

我们已经学过了光的反射定律，物体对平面镜而言是一种光源，它射出的光线在平面镜上会发出反射现象，平面镜成像与光的反射有关吗？请同学们思考、讨论并解答。

画图分析(S 为发光点)……

作图步骤：

(1)如图9所示，从发光点 S 向平面镜作任意一条光线；

(2)作出该光线的反射光线；

(3)假设平面镜里的"发光点"也发出该条光线，按你的想法画出来；

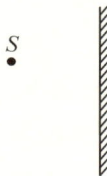

图9

(4)再作一条任意光线，重复上面的做法，你将会找到平面镜里的"发光点"，进而说明平面镜成像的原因。

设计说明：该任务是拓展性任务，是把新知识的学习与旧知识联系起来，可以先让学生利用光的反射定律尽可能发表自己的见解，奠定教师进行理论分析的基础。

教师作用：教师在引导并激发学生思考的前提下，通过作图对平面镜能够成像的原因作出分析，一方面深化对光的反射定律的理解和应用，另一方面加深对平面镜成像特点的理解。这是教师利用理论分析的方式第二次强调平面镜成像特点。

4. 创新模拟

用一个纸条，可以模拟虚像的形成，认识物体和像关于平面镜的对称关系。

(1)三角形纸条表示光源 S 投向平面镜 MN 的一束光，如图10所示；

(2)平面镜对光束的作用，相当于把纸条沿镜面打个折，如图11所示；

(3)将纸条理直，表示人眼对光束的感觉。纸条的顶点即光源的像，如图12所示。

原文中用一个纸条模拟虚像的形成,当纸条变化为图 12 的位置时,只留下模拟的反射光和像,原来物体的位置就不能从图中看出。为了解决这一问题,可以设计用两个纸条模拟物体和像关于平面镜的对称关系。在一个图中,像与物体的对称关系一目了然。改后图 10 不变,但下面的文字说明增加一些文字,改后为:

(1)将两个一样的纸条重合放置(如图 12 所示),三角形纸条表示光源 S 投向平面镜 MN 的一束光。

(2)将上面的纸条理直,右侧纸条表示人眼对光束的感觉,纸条的顶点即光源的像。如图 13 所示。

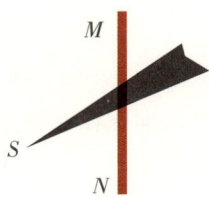

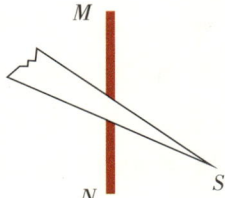
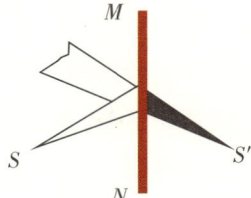

图 10　　　　　图 11　　　　　图 12　　　　　图 13

在改后的图 13 中,模拟光源 S 发出的入射光束的纸条仍然留下,图中 S 表示物体,表示像,显然它们关于镜面 MN 是对称的,在实际教学中,采用后一种方法模拟像与物体的对称关系要比教材上改动之前的方法直观,如果用颜色不同的两个纸条进行模拟,给学生的印象也要更加深刻。

5. 构建本节知识系统

(1)学生完成各种学习任务后,让学生对所学的知识进行重组整合,建构自己的认知体系,以利于学生从整体上感受所学知识。

(2)适当进行方法提炼。

设计说明:通过学生猜想、实验探索和理论分析三个层次,使学生对平面镜成像特点形成了多角度的认识;再通过构建知识系统,引导学生重新组合本节知识,形成与自己的认知最相近的知识网络,便于掌握,便于记忆。对所学知识的重组,是培养学生创新精神的重要途径。可引导学生用线性连接的方式构建本节知识系统。

(二)演示实验的改进

要培养学生的创新精神和创新能力,教师首先要有创新精神。因此在实验教学中,教师要勤于思考,勇于探索,做演示实验的改进工作。

1. "气体的压强跟体积的关系"演示实验的改进

九年义务教育初中《物理》对"气体的压强跟体积的关系"教学时,教师一般根据课本提出的演示实验进行如下教学：

教师讲解：图14所示是一个注射器，活塞位于筒的中部，用手指堵住前端的小孔，这样筒内封住了一部分空气，这部分空气跟外界隔绝。这些气体就是一定质量的气体，向内推活塞时气体的体积变小，手指有什么感觉？这说明了筒内一定量气体的压强发生了怎样的变化？反映了一定质量的气体，在温度不变时体积和压强有什么关系？

图14

这个实验说明一定质量的气体，体积越小，压强越大。

向后拉活塞，手指有什么感觉？反映了一定质量的气体，体积和压强有什么关系？

实验说明一定质量的气体，体积越大压强越小。

存在缺陷：该实验是通过学生的亲身感觉得出结论，问题是，上课演示时只能请几位学生操作，然后通过他们说出自己的感觉，从而得出结论。但是其他大部分学生对此毫无感觉，那你凭什么让这部分学生相信实验结论呢？我们知道，初中义务教育阶段应注重全体学生的发展，在此实验中我们怎样才能够体现呢？课本中的实验是通过学生的感觉得出结论，我们换个角度来设计这个实验，如果通过学生的观察来得出结论，问题就会得到很好的解决。

实验改进：如图15所示，首先在一只U形管中加入一定量的水（水中滴些红墨水），这样U形管两液面相平，接着使活塞位于筒的中部，然后注射器通过橡皮管与U形管相连，这样就封住了一定质量的空气，且筒内气体的压强等于大气压。

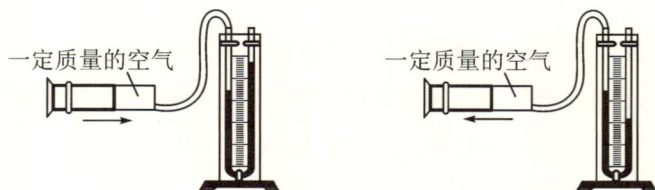

图15

向右推活塞，气体的体积减少，就会看到U形管的右管水面上升，最后右管的水柱会比左管的高，这个现象说明了筒内气体的压强变大了，且大于大气压，所以实验说明了"一定质量的气体，体积越小，压强越大"的结论。反之使活塞位于筒的中部，往左拉活塞，气体的体积增大，就会看到U形管的左管水面上升，最后左管的水柱会比右管的高。这个现象说明了这时筒内气体的压强变小了,且小于大气压,所以实验说明了"一定质量的气体,体积越大,压强越小"的结论。

显然,改进的实验所需实验器材简单,实验现象非常直观明显,给全体学生探究"气体压强跟体积的关系"提供了有力证据,让每个学生体验科学探究过程,大大激发了全体学生通过实验探索未知世界的兴趣和热情。

2. 巧用身边器材改进阿基米德原理实验

在现行的初中《物理》教材中,"阿基米德原理"是"浮力"一章的重点知识之一,为了使学生能牢固地掌握这条重要的原理,人教版九年义务教育三年制初级中学教科书《物理》第一册安排了一个随堂演示实验,装置如图 16 所示。

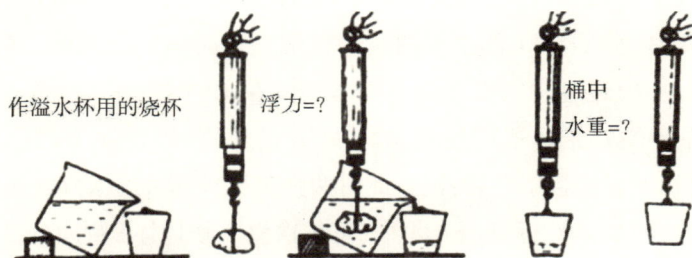

图 16

(1)评析教材实验的不足。

该实验器材简单,现象直观,是值得称道的,然而在实验器材的选择上仍有不足之处:

①将烧杯倾斜放置在木块上,如操作者稍有不慎就会碰翻烧杯,既不安全又浪费了宝贵的课堂时间;

②烧杯嘴短,水易沿杯壁下流,导致排出的水不能全部流进小桶,增大了误差;

③在实验过程中,用手提弹簧秤测浮力时,眼既要看弹簧秤,又要注意物体不能浮出水面,还不能使物体碰到杯底和杯壁,操作难度较大且用手操作的稳定性差,不利于学生观察;

④该装置对物体逐步进入水的情况没有研究;

⑤弹簧秤的刻度太小,可见度低,不利于学生的观察。

针对以上的几点不足,立足农村中学的实际情况,结合初中学生的心理特点(形象思维占据主要地位)和新课标对该实验的要求(定性验证为主),充分利用农村课程资源,我们对该实验做了如下改进尝试:

(2)利用自制溢水杯改进实验。

①实验器材及装置:

如图 17 所示的实验装置,弹簧秤 A 和 B(0~10N)、待测物体 C、轻质小塑料袋 D、自制溢水杯 E、方形木块 F、铁架台、铁夹及横梁 G、水(红色)、玻璃杯、结实的细线。

②溢水杯的制作方法:

找一大号可乐塑料瓶,截去上部保留圆柱体部分,在其侧壁上部钻一直径为 2.5cm 的圆孔,用一个带孔橡皮塞将圆孔塞紧,孔中插有一直径为 0.5cm、长约 12cm 的弯曲玻璃管,溢水杯即制成。

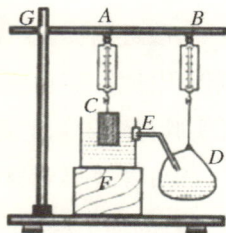

图 17

③改进后的实验:

向自制溢水杯 E 中加水(红色),使水面略超过溢水口处,溢出部分用玻璃杯承接,在水断流后移走玻璃杯;弹簧秤 A 的上端通过一根细线暂时固定在横梁上(暂时固定是因为后面的实验操作中要通过这根线来调节物体 C 浸在水中的体积),另一端悬挂物体 C 于液面上方;用弹簧秤 B 悬挂塑料袋 D,调整好 D 的位置,以使溢出的水能顺利流入 D 内,要注意使玻璃管不要接触塑料袋;记下此时两弹簧秤 A、B 的示数 GA、GB(近似为 0)。

将线逐渐下放,使物体 C 逐渐浸入水中(可依次浸入物体体积约 1/3、2/3 或全部),被排开的水流入塑料袋 D 内。弹簧秤 A 的示数 GA 减小的值△GA 即为浸入水中的物体所受浮力;弹簧秤 B 示数 GB,即为排开的水受到的重力。比较△GA 和 GB,易得两者总是相等的。学生直接看到:浸入液体中的物体受到的浮力等于它排开的液体受到的重力。

④改进实验的优点:

经过改进实验装置,既不存在原实验中烧杯倾斜放置不安全的因素,又把教师提弹簧秤的手解放出来;把水平桌面上的实验移到架高的竖直平面上,再改用红色水,增大了可见度;并能使重物长时间稳稳当当地停留在塑料杯水中,既不上浮,也不会碰到杯底和杯壁。通过细线的固定将原实验动态的操作过程分解为三个静态的过程,能清楚地展示出三次测量值,为学生长时间观察、对照、分析、理解创造有利条件。

(3)利用杆秤改进实验。

杆秤对农村的学生来说是常见的,利用杆秤,农村中学生在家里自己可以做"阿基米德原理"实验,同时可以避免课本实验的不足。

①实验器材及装置:

如图 18 所示,杆秤、(烧水用的)铝壶、轻质塑料袋、水、重物、细线。

②改进装置后的实验步骤:

按图 18(a)所示安装好实验装置,使杆秤处于水平平衡状态,此时,将系秤砣的细线固定在秤杆上。

图 18

按图 18(b)所示将重物浸没在装满水的壶中,秤杆发生了倾斜,并将溢出的水接入塑料袋(塑料袋直接用手提着,如图 b 所示)。

按图 18(c)所示将接了水的塑料袋挂在秤钩上,杆秤又重新恢复水平平衡状态。

这样就定性地验证了阿基米德原理。

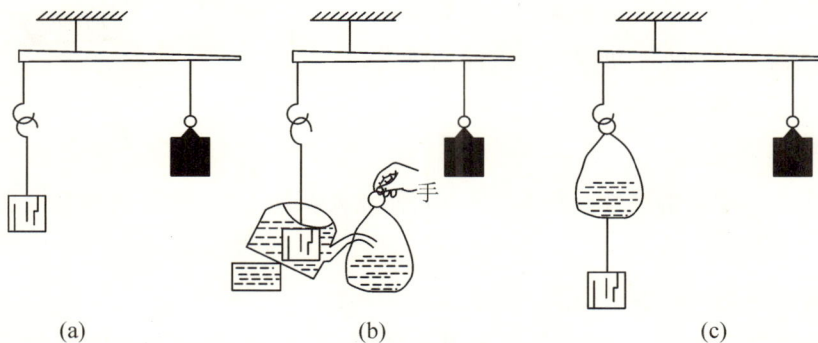

(a)　　　　　　　　　(b)　　　　　　　　　(c)

图 18

③几点说明:

如果调节秤砣平衡杆秤需要两次,平衡的调节把握不很准,读数当然也要两次,这样会增大实验误差,为避免这一点将秤砣固定。

铝壶也可用其他合适器材或自制器材代替。

杆秤是农村中学生常见之物,学生对图 18(a)、(c)中的杆秤前后两次平衡的意义很容易理解,有助于理解和掌握阿基米德原理的内涵。

该实验的优点在于所用材料全部可以在农村的日常生活中找到,操作简便,形象直观。

(4)对两改进实验的总结。

以上两个验证阿基米德原理的实验,立足于农村中学实际,利用农村中学丰富的物理课程资源,提高了实验效果,更重要的是使学生意识到物理就在身边,物理与生活联系非常紧密,激发了学生的学习兴趣,培养了学生的创新精神,也增强了学生的动手能力。

3. 通电螺线管磁性强弱实验的探索

在初中物理电流的磁场这一节中,提出通电螺线管有磁性。通电螺线管中线圈匝数增多,磁性增强,通电螺线管中插入铁芯,磁性大大增强。课本中对此的演示实验,在理论上可以达到预期效果,但在实际操作上,由于一些主客观因素,往往难以做到预期效果。现对此作如下探索和改进:

(1)对原演示实验的分析。

①如图 19 所示,原演示实验的器材包括电流表、线圈、电键、弹簧、挂码,滑动变阻器、导线。

②具体操作情况及原因分析：

该演示实验在具体操作过程中，很难达到预期效果，弹簧并没有出现预期中的拉长、再次拉长、又明显拉长和进一步拉长。在大多数的操作中，出现的情况是：要么弹簧感觉不到被拉长，要么在增加线圈匝数、加大电流、插入铁芯后，挂码一下子被线圈吸住。

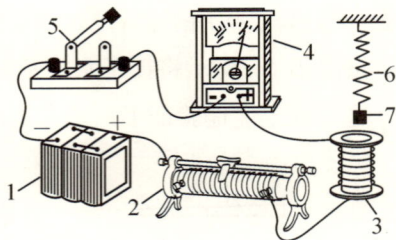

图 19

原因分析：

a. 该实验对弹簧的弹性要求高，弹力太强或太弱均不行，而要选择弹性适当的弹簧则较困难。

b. 弹簧悬挂的高度要求很高，太高、太低均不行。

c. 改变线圈匝数时，一般只用大、小两个线圈，而两个线圈匝数差别太多。

d. 通过滑动变阻器来加大电流时，由于电流增加的不稳定，也会出现上述结果。

e. 最关键的问题是：在通电螺线管产生的磁场中，场中各点的能量密度正比于各该点磁感应强度的平方，这也就意味着：通电螺线管对挂码的吸引力，并不仅仅是随着距离的减小简单地呈常数关系的反比增加，而是呈平方比增加，从而导致一旦出现挂码被吸引、弹簧被拉长的现象后，挂码就会一下子被线圈吸住。

(2)对新演示实验的探索。

①实验设计思路：

a. 针对原演示实验中存在的设计与操作的缺憾，优化设计方案，改进实验装置，提高演示实验效果。

b. 克服上述原因分析中提出的问题，利用杠杆原理，通过弹簧秤的读数变化，在固定距离下研究通电螺线管磁性强弱的变化。

c. 利用磁性"同性相斥"的原理，设计实验装置。

②仪器装置及说明：

a. 利用杠杆原理的实验装置。

如图 20 所示，在杠杆的左端用棉线挂一钩码，在杠杆的右端等距离处用棉线挂一弹簧秤。通过棉线调节钩码与线圈的距离，距离控制在 2cm 左右，如果距离太大，就会影响演示实验的效果，距离太小，在操作上会带来一些不便。弹簧秤另一头用手拉住，在实验过程中要控制杠杆始终保持平衡。

b. 利用磁性"同性相斥"原理的实验装置。

如图 21 所示，把实验思路改为"同性相斥"：取一枚钮扣状磁铁和一截木棍，把磁铁的磁极与通电螺线管磁极相反的一面固定在木棍底部，这样就造成磁铁的磁极与通电螺线管磁极相同的面相向，把此实验装置放入量筒内，注入水，量筒用铁架台固定。

用此实验装置还有一关键之处：木棍与磁铁的平均密度要略大于水的密度（目的是当磁铁受到斥力时较容易浮起）

③操作步骤及现象：

利用杠杆原理的实验。

a. 按图 20 所示组装好实验装置。弹簧秤读数为 F_1。

b. 合上电键，由于通电螺线管产生的磁场，弹簧秤读数为 F_2，$F_2 > F_1$。

c. 线圈匝数增加后，再合上电键，弹簧秤读数为 F_3，$F_3 > F_2 > F_1$。

d. 利用滑线变阻器逐步加大电流，弹簧秤读数为 F_4，$F_4 > F_3 > F_2 > F_1$。

e. 在通电螺线管内插入铁芯之后，弹簧秤读数为 F_5，$F_5 > F_4 > F_3 > F_2 > F_1$。

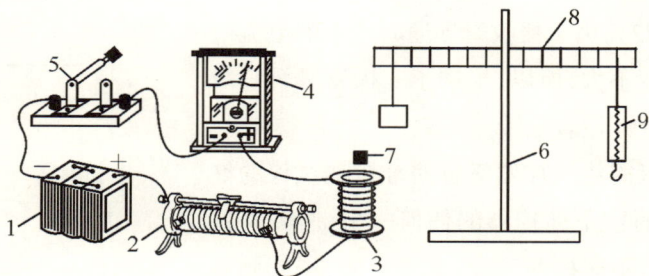

图 20

磁性"同名磁极相互排斥"原理的实验。

a.按图 21 所示组装好实验装置。

b.合上电键，由于通电螺线管产生的磁场的磁极和它相同的磁铁的磁极相同，造成同性相斥，使得试管内的木棍浮起一定高度。

c.线圈匝数增加后，再合上电键，结果发现试管内的木棍浮得更高。

d.利用滑动变阻器逐步加大电流，结果发现试管内的木棍随着电流的增加又缓缓上升。

e.在通电螺线管内插入铁芯之后，发现试管内的木棍进一步明显升高。

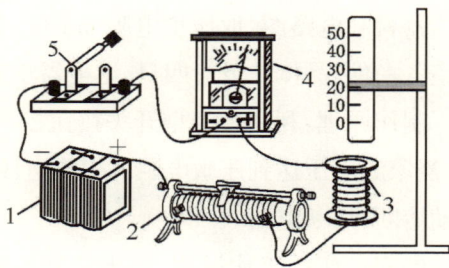

图 21

三、引导学生制作或改装实验器材，充分挖掘学生的创新潜能

在物理探究活动中，通过不断的实践、分析和概括总结，从而揭示出物理现象的规律，实现认识上的飞跃，再根据认识的规律制成相应的仪器，并应用到实践活动中，这是物理探究过程中常常闪耀出的智慧的火花，它不仅能激活学生的思维，还能培养学生的创新能力。现介绍两例探究过程，与同仁共同探讨。

(一)遥控器简易测试仪

随着电子技术的迅猛发展，遥控设备逐步进入千家万户。但遥控器的好坏如何简易测试，成为广大用户亟待解决的问题。下面谈谈遥控器简易测试仪的制作与使用。

制作原理：发射机的控制作用是利用红外线发射管与接收管导通时，有电流通过的原理。

制作方法：红外接收管、10千欧的电阻、3DGC晶体三极管与灵敏电流表、1.5伏的电源串联即可(图22)。由于接收管导通时产生的电流很弱、指针偏转角度不大，所以，采用了三极管进行一级放大，使电流表指针显著偏转。

演示说明：只需将遥控器靠近对准该测试仪的红外线接收管，同时按下遥控器的任何一个键，测试仪指针若明显偏转，则遥控器正常。若指针不偏转，则遥控器出现异常情况，需检查、修复。遥控器简易测试仪，制作简单，使用方便，实用于各种遥控器的测试。

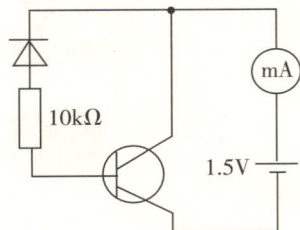

图22

(二)保安插座的制作与说明

家庭电路一旦停电，未及时或忘记关掉用电器，又突然来电，或电站错相将380伏的电压输入家庭电路，用电器受强电流冲击而易烧毁，给用户造成很大的经济损失。保安插座可以帮你排忧解难。

器材和电路图：取压敏电阻MY31、变压器、保护电阻R、常开开关AN、管式保险丝和插座各一件、晶体二极管四只、继电器J、J-1组成如图22所示的电路。

制作原理：利用常开型开关按钮控制变压器初级工作状态，从而图23控制继电器自锁。当家庭电压达到压敏电阻的工作电压时，用电器因短路，超过保险丝中电流的规定值，自动熔断，切断电路。

保安插座的工作过程：按下常开按钮AN，变压器初级线圈有电，次级线圈获得感应电压。当交流输入电压为正时，电流由输入的一边，经过整流器、电阻、继电器、再经过另一个整流器，流至输入的另一边。当交流输入电压为负半周时，电流流经另一对整流器、继电

器和电阻。在输入电压正和负半周时,经过继电器 J 的电流方向相同。所以在继电器上产生脉冲直流电压,继电器得电工作完成一次吸合,即 J-1 闭合,即使松开 AN,插座上也能得电,给用电器供电。停电时,J 释放,J-1 断开,再来电插座无电,用电器不工作,需要重新按下常开按钮 AN,插座方能供电。

此插座解决了易停电、易错相地区、易损坏用电器的缺陷,保护了用电器。延长了用电器的使用寿命,是一件容科学性、先进性、实用性于一体的好插座。

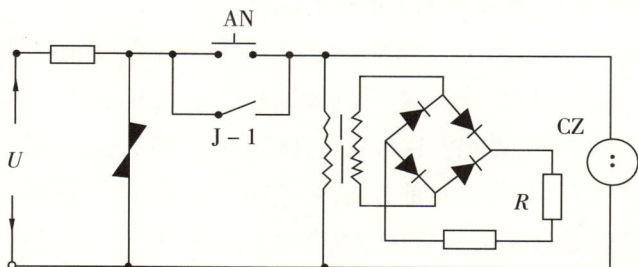

图 23

(三)转换开关的制作及功能

串、并联电路的识别、转换,电源或用电器短路,以及决定电灯亮度的因素均属初中电学教学的重点、难点,为了增强直观教学,让学生看得见、摸得着,达到预期的教学效果,下面谈谈转换开关的制作与功能。

制作方法:将单刀双掷开关的三个接线柱取下,装上同样型号单刀双掷开关的金属片,E、F 用一根导线直接接通, 如图 24 所示,然后按图 25 接好电路,其中 L_1、L_2 分别为"12V 12W""12V 6W"的灯泡,G 为保险丝。

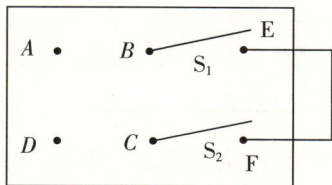

图 24

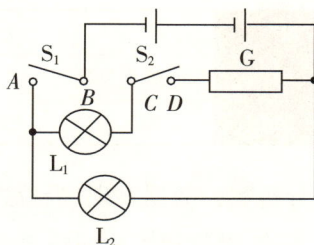

图 25

演示功能:

1. 演示开路和通路。接通 AB、断开 S_2,L_2 灯亮,L_1 灯不亮。

2. 演示短路现象:①电源短路:接通 B、C 和 C、D,保险丝熔断,说明电源短路电流过大;②用电器短路:接通 A、B 和 B、C,L_2 亮,L_1 因短路而不亮。

3. 演示串、并联电路的转换。先将两个单刀开关拨至右边，即 B、C 两点连接，这时 L_1、L_2 串联；将开关同时拨至左边，即 A 和 B、C 和 D 相连，这时 L_1、L_2 并联。

4. 演示决定灯泡亮度的因素。在演示 3 中我们看到串联时 L_1 比 L_2 亮些，说明：①额定电压相同的电灯串联时，额定功率越大的灯泡反而越暗；②额定电压相同的电灯并联时，额定功率越大的灯泡越亮。转换开关制作简单，功能齐全，不论是新授课还是复习课，习题课还是实验课，学生受益均非浅。

（四）橡皮筋到弹簧秤，弹簧秤到密度秤的探究

杨阳同学在物理探究活动中了解到，力作用在物体上能使物体发生形变，她又联想到，用力拉橡皮筋，橡皮筋伸长；橡皮筋受到的拉力越大，橡皮筋伸长得越长。橡皮筋的伸长跟拉力之间有什么样的关系呢？这激发了她想揭示其中奥秘的欲望。

她发现弹簧的弹性性能比橡皮筋好得多，于是她找来弹簧、钩码、直尺、指针等器材。首先测出弹簧的长度 $L_0=10cm$，然后在弹簧下端挂上不同的钩码，测出弹簧的长度 L，算出其伸长量 ΔL（$\Delta L=L-L_0$），并将测得的数据填在下表中：

拉力 F/N	0	1	2	3	4	5	6	7	8
长度 L/cm	10.0	11.0	12.0	13.0	14.0	15.0	16.0	17.0	18.0
伸长量 $\Delta L/cm$	0.0	1.0	2.0	3.0	4.0	5.0	6.0	7.0	8.0

她通过分析表中的数据，发现了弹簧受到的拉力 F 和弹簧伸长 ΔL 的关系。你发现了其中的规律吗？

这时杨阳同学的妈妈看到这个现象，提醒杨阳：你如果继续实验，还有什么发现？于是杨阳同学继续实验并将测得的数据记录在下表中：

拉力 F/N	7	8	9	10	11	12
长度 L/cm	17.0	18.0	19.1	20.4	21.9	22..5
伸长量 $\Delta L/cm$	7.0	8.0	9.1	10.4	11.9	12.6

她通过分析实验数据发现，当拉力达到 9N 时，拉力和弹簧伸长的关系就改变了。她又通过多次实验，都发现了相同的规律。因此她得出的结论：在一定的测量范围内，弹簧的伸长跟受到的拉力成正比。

评：通过现象，发现规律。

善于动脑筋的杨阳同学猜想，既然在一定的测量范围，弹簧的伸长跟受到的拉力成正比，那么，在弹簧指针两侧的刻度板上分别标上弹簧伸长的长度和对应拉力的大小，不就可以用来测量力的大小吗？这不就是简单的弹簧测力计吗？

想到这里,杨阳同学立即动手进行制作,换用一根相同的弹簧,在弹簧下端安上挂钩,即在弹簧伸长长度为零的指针位置上标上对应的力0N,在弹簧伸长长度为8cm的指针位置上标上对应的力8N,在0～8N之间分成8大等份,每一大等份为1N,在每一大等份之间分成五小等份,每一小等份为0.2N,这样一个测量力的测力计就制成了,如图26所示。

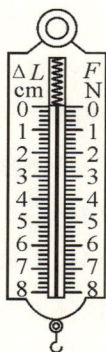

评:利用规律,制成仪器。

在学科科研成果展览会上,杨阳同学成功的成果展示得到了评委的一致好评。

图26

课外兴趣小组的李明同学用杨阳同学的测力计去测量液体的密度,她在塑料小桶中分别装满已知密度的四种不同液体后,用弹簧测力计称它们的重力,将实验测得的数据记录在下表中:

液体密度 ρ / (g/cm³)	1.0	2.0	3.0	4.0
弹簧测力计的示数 F / N	3.0	4.0	5.0	6.0

李明同学通过分析此表,绘制了液体密度与弹簧测力计示数之间的关系图象。如图27所示的图中能正确反映这一规律的图象是_____。

通过分析表中的数据规律和图象规律,你发现液体密度 ρ 与弹簧测力计示数 F 之间的定量关系为_____,若小桶中盛满密度未知的某种液体时弹簧测力计的示数为2.8N,李明同学推算出了该液体的密度是_____kg/m³。

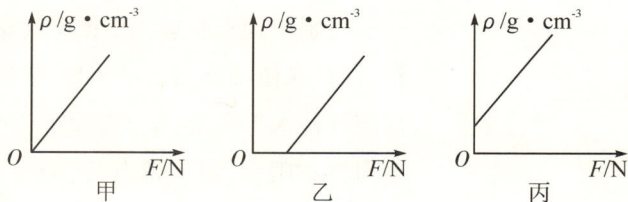

图27

丁宁同学根据李明同学发现的规律,发现实验时所用的弹簧测力计和小桶组装起来,可以制成一个液体密度计。使用时,只需将小桶中装满待测液体,就可从弹簧测力计指针指示的位置直接读出液体的密度。你能制造出这样的密度计吗?请你帮他将图1中的弹簧测力计改装成液体密度计,并把液体密度计的零刻度线和最大值刻度线向右延长,并标出相应的刻度值。

丁宁同学分析表中的数据规律和图象规律，发现液体密度的增加量与弹簧测力计示数的增大量相同，即弹簧测力计的示数 F 与液体的密度之间满足一次函数的关系，即 $F=2.0+\rho$

当液体密度最小 $\rho=0g/cm^3$ 时，

由 $F=2.0+\rho$ 得，拉力最小 $F=2.0N$。

当拉力最大 $F=8.0N$ 时，由 $F=0.8+\rho$ 得，

液体密度最大 $=6.0\ g/cm^3$。

这样丁宁同学就成功地将弹簧测力计和小桶组装起来，制成了一个液体密度计，如图 28 所示。

评：利用规律，迁移创新。

探究 2：五一期间，小娟和妈妈去公园玩耍，看到在草地的跷跷板上，大人被小孩跷起，如图 29 所示；当大人向后移动一些距离时，小孩又被大人跷起，这引起了小娟的思考，为什么一会儿大人被小孩跷起，一会儿大人又将小孩跷起？

图 28

图 29

小娟通过查阅资料了解到，跷跷板相当于一个杠杆，如图 30 所示，人坐在跷跷板上对跷跷板施加了一个向下的压力，跷跷板的转动轴相当于一个支点，从支点到力的作用线的距离叫做力臂，大人和小孩谁被跷起，跟人对跷跷板的压力和支点到力的作用线的距离即力臂有关，人坐在跷跷板上上升或下降跟压力和压力的力臂有什么关系呢？

小娟回到实验室，根据平时所掌握的知识了解到：杠杆在使用前与天平一样，也要通过调节平衡螺母使杠杆水平平衡；又了解到杠杆是否平衡跟动力、动力臂和阻力、阻力臂有关，为了弄清动力、动力臂和阻力、阻力臂之间的关系，她采用了控制变量法来研究它们之间的关系。

图 30

下表是小娟同学在实验过程记录的数据：

表 1

实验次数	动力 F_1/N	动力臂 L_1/cm	动力×动力臂 /N·cm	阻力 F_2/N	阻力臂 L_2/cm	阻力×阻力臂 /N·cm
1	3	10		1.5	20	
2	1.5	20		1.5	20	
3	1	30		1.5	2	

表2

实验次数	动力 F_1/N	动力臂 L_1/cm	动力×动力臂 /N·cm	阻力 F_2/N	阻力臂 L_2/cm	阻力×阻力臂 /N·cm
1	4.0	10		2	20	
2	2.0	15		3	10	
3	2.0	25		5	10	

　　小娟分析表中的数据,发现了动力、动力臂和阻力、阻力臂之间的关系。她又通过多次实验均得出了相同的结论。你发现它们之间是什么关系?

　　小娟经过思考,知道了跷跷板的奥秘:

　　当大人的压力和力臂的乘积大于小孩的压力和力臂的乘积时,小孩被跷起;

　　当大人的压力和力臂的乘积小于小孩的压力和力臂的乘积时,大人就被跷起。

　　小娟得出杠杆平衡的条件:动力乘以动力臂等于阻力乘以阻力臂。

　　表达式为:$F_1 \cdot L_1 = F_2 \cdot L_2$,再对表中的数据继续进行分析,又发现当 $L_1 < L_2$ 时,$F_1 > F_2$;

　　当 $L_1 = L_2$ 时,$F_1 = F_2$;

　　当 $L_1 > L_2$ 时,$F_1 < F_2$,

　　即当动力臂小于阻力臂时,动力大于阻力;

　　当动力臂等于阻力臂时,动力小于阻力。老师适当时提醒小娟,这一发现是否可以应用到实践中呢?

　　评:通过现象,发现规律。

　　小娟想:能否用杠杆来称量物体的质量呢? 小娟根据控制变量研究问题的方法,保持阻力臂和动力大小不变,改变物体质量的大小即改变物体对杠杆阻力的大小,再改变动力臂的大小即改变钩码距支点的位置,将测得的数据记录在下表中:

实验次数	阻力 F_2/N	阻力臂 L_2/cm	动力 F_1/N	动力臂 L_2/cm
1	1	5	1	5
2	2	5	1	10
3	4	5	1	20

　　分析上表数据可以看出,当阻力臂和动力大小不变时,动力臂和阻力大小成正比。

　　根据杠杆平衡的条件 $F_1 \cdot L_1 = F_2 \cdot L_2$ 和 $F = G = mg$,得到,$m_1 g L_1 = m_2 g L$,即被测物体的质量与动力臂成正比 $m_2 = \dfrac{m_1}{L_2} L_1$,在杠杆距支点左侧一定距离挂上不同质量的物体,在杠杆距支点右侧相应长度的位置标上相应的质量数,杠杆就成为了可以测量质量的杆秤的工作原理。

评:利用规律,制成仪器。

小娟通过多次实验,证实了自己的想法。老师表扬了小娟善于动手、动脑的好品质,然后又提出一个问题,怎样用杆秤称量液体的密度呢?

回家后,小娟想到,测定物质密度的原理是$\rho=\dfrac{m}{V}$,只要测出物质的质量和物质的体积,再利用公式即可求得,于是找来一只量程为200g,每次在烧杯中倒入500mL的不同液体,用杆秤称出烧杯和液体的相应质量,实验过程测得的数据如下表:

液体和烧杯的总质量 m_2/g	200	600	700	800	1200
空烧杯的质量 m_1/g	200				
液体的质量 m/g	0	400	500	600	1000
液体的体积 V/cm³	500				
液体的密度 ρ/cm³	0	0.8	1.0	1.2	1.8

小敏同学根据小娟测得的数据,发现用杆秤和烧杯组合起来可以制造出一杆能测出液体密度的密度秤。你想可能吗?

根据上面数据的规律,可以看出,在这秤上200g的位置上标上对应的密度值为"1",在"0~1"之间均分成10等份,每一等份就是0.1g/cm³,依次类推,可以扩大到杆秤最大量程的范围。这样就制成了一杆简单而实用的液体密度秤,如图31所示。

评:利用规律,迁移创新。

四、学生积极参与研究性学习,养成良好的创新习惯

探究武汉中心城区形成热岛效应的原因和对策

【探究背景】

2003年的盛夏,世界各地纷纷创造高温记录。在印度,已有1500多人被热死;全国三大"火炉"之一的武汉中心城区已接连刷新武汉百年高温纪录,气温连续9天突破40℃,造成每天有近300人中暑。全球变暖给人类带来的危害并不亚于核武器等大规模杀伤性武器。造成这种后果的重要原因之一就是热岛效应。

今天,我们对"探究武汉中心城区形成热岛效应的原因与对策"课题进行评价和总结。

【探究计划】

1. 本课题探究的目的与意义

知识与技能：

(1)知道热岛效应和热岛效应带来的危害。

(2)学会探究人为造成热岛效应的原因与对策，并作简单解释。

过程与方法：

(1)学会利用控制变量法设计实验，寻求减弱热岛效应的途径。

(2)经历探究过程，培养学生的社交能力；初步的分析、概括能力和应用物理知识解决实际问题的能力。

情感态度价值观：

(1)通过本课题的探究，我们要树立信心，人类现有的科学技术可以遏制或减轻热岛效应对人类的危害。提出用科学的方法加快城市的建设、交通的发展重要性，增强学生的环保意识。

(2)通过学生积极参与社会实践行活动，培养学生的创新精神和实践能力，增强学生社会责任感，培养学生参与社会决策的意识，形成可持续发展的观念，实现物理教育和人文教育的有机结合。

2. 设计理念

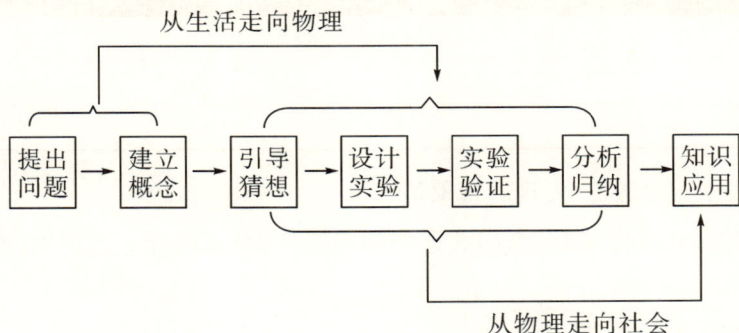

3. 本课题研究的基本内容

热岛效应的界定和危害。

气象学家们把气象分布图上气温高呈岛状的部分，称为"热岛"。

热岛效应：大城市气温比周边地区高，导致气候变化异常和能源消费增大。热岛效应的危害有哪些呢？

(1)热污染制造酷热的天气，给我们的生活和工作带来不便，甚至中暑。

(2)热污染和大气污染相结合，将城市烟尘罩在下面流散开，形成对人体有害的烟尘污染,导致呼吸道疾病。

(3)城市热污染还会造成局部水灾。城市产生的热气流与潮湿的海洋气流相遇,使水蒸发后又液化成小水珠或凝华成小冰晶,会在局部地区上空堆积成厚厚的云层,引发水灾,造成山体滑坡、泥石流和道路塌陷等。

热岛效应对人类造成了威胁,我们作为中学生有责任通过实验,探究热岛效应形成的原因与对策。下面请看课题汇报:

探究的子课题:＿＿＿＿＿＿＿＿＿＿＿＿＿＿

(1)猜想与假设:＿＿＿＿＿＿＿＿＿＿＿＿＿

(2)社会实践行活动汇报:

①在武汉中心城区选定三个采点处:

a.＿＿＿＿＿＿＿＿＿＿,特点:＿＿＿＿＿＿＿＿＿＿

b.＿＿＿＿＿＿＿＿＿＿,特点:＿＿＿＿＿＿＿＿＿＿

c.＿＿＿＿＿＿＿＿＿＿,特点:＿＿＿＿＿＿＿＿＿＿

②气温高的中午,每组分别派两名成员到三个不同地方测量各点地表的温度和气温,并填入下表:

内容 地点	时间					
	气温 /℃	地表温度 水温 /℃	气温 /℃	地表温度 水温 /℃	气温 /℃	地表温度 水温 /℃
1						
2						
3						

(3)通过表格记录数据,发现的现象是＿＿＿＿＿＿＿＿＿＿＿＿。

(4)设计实验并进行实验(画出装置图和口述步骤)或解释上述现象(原因、分析、结论)。

(5)分析与论证:总结得出结论:＿＿＿＿＿＿＿＿＿＿＿＿。

提出减弱热岛效应的对策:＿＿＿＿＿＿＿＿＿＿＿＿。

(6)评估:对实验改进的建议和解释的补充:＿＿＿＿＿＿＿＿＿。

探究武汉中心城区形成热岛效应的原因与对策

为了减弱热岛效应,广大科学工作者一直在孜孜不倦地努力探究。

(1)展示:武汉市地面热场彩色遥感图

区域平均温度的分布由高到低为:旧工业区—老城区—新型工业区—新城区—郊区。

(2)形成热岛效应的原因：

①散热器：工厂、机动车、密集人口、空调等排出大量热气和废气，形成温室效应，导致气温高(课件模拟)。

②吸热箱：高大的建筑物和刷黑路面面积大，给人们生活带来方便和舒适，同时又产生一些负面效应，吸热多、温度高。

(3)减弱热岛效应，要从大力优化生态环境做起。

①扩大城市绿化面积，将武汉建成林中之城。

②扩大湖水面积，将武汉建成山水园林城市。

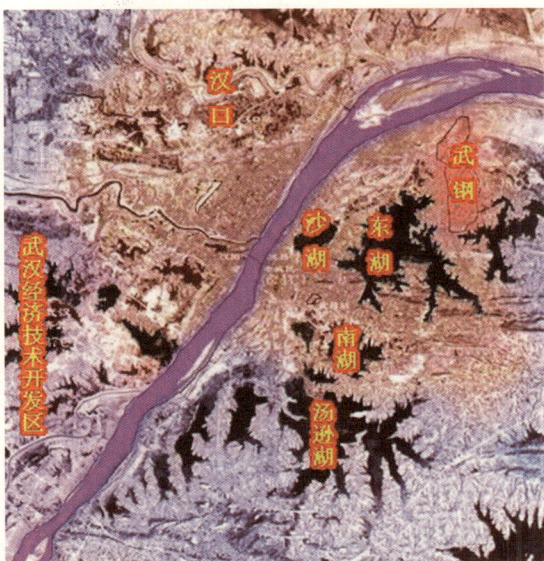

图31

③对传统工业结构进行改造。尽量减少人为的热量排放，工厂要有效回收排放的内能，提高能源消耗机器的效率。

④高大建筑不宜太密集，以加强通风，同时铺设专用通道，用循环流动的冷水来给城市降温。(创新点)。

美丽的武汉我的家

通过本课题的探究，我们要树立信心，人类现有的科学技术可以减弱热岛效应带来的危害，用科学的方法加速城市建设和交通发展，增强环保意识，使我们的家园武汉变得更加美好。

画面展示：美丽的山水园林城市——武汉

作业

请大家来当一次技术人员：提出对"百步亭社区建同温园"的建议，并作简要的解释。

科学探究既是学生的学习目标，又是重要的教学方式之一。科学探究能将学习重心从过分强调知识的传承和积累向知识的探究过程转化，从学生被动接受知识向主动获取知识转化，从而培养学生的科学探究能力、实事求是的科学态度和勇于创新的探索精神。

突破初中物理实验器材关

初中物理教材不仅设计了学生自己动手、动脑探究科学规律,体会科学研究方法的探究分组实验, 还提供了由教师向学生展示一些物理现象的演示实验和课堂中一些学习活动中的想想做做。要想学生学好物理,上课时,教师不仅要认真做好每一个实验,还要创造条件改进和增加实验,给学生提供动手的机会,让学生敢于实验、勤于观察、善于动脑,突破物理实验方法关、实验设计关和实验器材关。

选择实验器材时,要考虑实验器材的性能和操作要求,保证器材的安全,减小误差等。对初中生来说,应该让学生在制订计划时领悟选择器材的思路,尝试自己选择器材,会使用常用器材是顺利完成实验的关键。常用仪器分两类:

一、带有刻度的仪器

带有刻度的仪器有温度计、电流表、电压表、天平、量筒和量杯、刻度尺、弹簧测力计、压强计等。使用前都要观察量程、分度值和零刻线。它们的刻度都是均匀的,但由于量杯口大底小,故其刻度特点是上密下疏。

(一)温度计

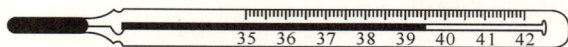

1. 使用方法

(1)估:在测量之前要先估计被测物体的温度。

(2)选:根据估计的温度选用量程合适的温度计。

(3)浸:玻璃泡要浸没在被测液体中,但不要接触容器底或容器壁。

(4)稳:稍候一会儿,等到它的示数稳定后再读数。

(5)留:读数时,玻璃泡仍应留在被测液体中,且视线要与温度计中液柱的上表面相平。

2. 难点突破

常用液体温度计是利用液体热胀冷缩的性质制成的,用液柱的长短表示温度的高低,故温度计采用转换法来研究问题。学生读数时的难点是分不清液面在零刻线以上还是零刻线以下,解决方法是先找到零刻度线,再找液柱的位置,然后读数。

（二）电流表

1. 使用方法(两"要"两"不")

(1)要串联;

(2)正、负接线柱的接法要正确;

(3)不要超过量程;

(4)不允许把电流表直接连到电源的两极上。

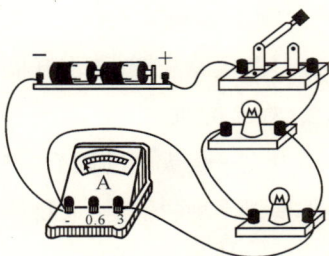

2. 难点突破

电流表本身的电阻很小,通常将电流表看成一根导线,即将电流表看成短路,电流表两端的电压忽略不计。电流表和电压表的示数是利用指针偏转的角度显示出来的,故电流表和电压表都用到转换法和放大法。

例如:如图所示,闭合开关S,会发生什么现象?只要将电流表移到电灯的正下方,就可以知道灯短路和电源短路。

（三）电压表

1. 使用方法(两"要"一"不")

(1)要并联;(2)正、负接线柱的接法要正确;(3)不要超过量程。

2. 难点突破

电压表本身的电阻很大,故分析电路时通常将电压表看成断路。

例如:下列电路图中电源电压 U 保持不变,小灯泡的额定电压为 U_0,且 $U>U_0$,定值电阻的阻值为 R。在不改变电路连接的情况下,能测出小灯泡额定功率的是(   )

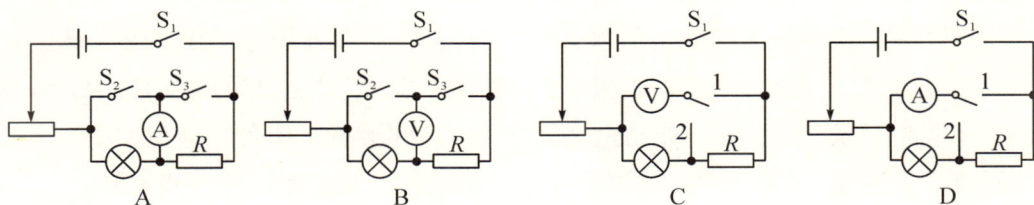

（四）天平

1. 使用方法

(1)放:把天平放在水平台上;

(2)移:把游码移至标尺左端零刻线处;

(3)调:调节横梁的平衡螺母,使指针指在分度盘中线处,或在中线两边摆动幅度大致相同;

(4)测:物体放在左盘,砝码放在右盘,调节游码,使天平横梁平衡,测出物体的质量;

(5)读:$m_物=m_砝+m_游$;

(6)理:实验完毕,整理好器材。

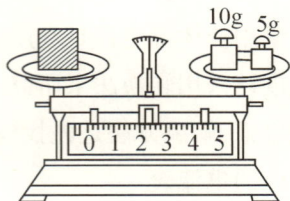

2. 难点突破

难点之一是天平的调节。托盘中没有放物体时,应调节平衡螺母(调节力臂的长短),使天平横梁平衡;托盘中放物体后,应通过增减砝码,且调节游码(同时调节力的大小和力臂的长短),使天平横梁平衡。

例如:利用杠杆的平衡条件,推导 $m_物=m_砝+m_游$,从而得出移动游码等效于往右盘加了等质量的砝码(等质量法)。

难点之二是天平右盘放上砝码后,指针偏向中线左边;往右盘中增加一个最小的砝码后,指针偏向中线的右边。为了称出物体的质量,下一步操作是取下最小砝码,并调节游码。

(五)量筒和量杯

1. 使用方法

(1)放:将量筒或量杯放在水平台上;

(2)观:使用前观察其量程和分度值;

(3)读:读数时视线应跟液面的凹形底部相平。

2. 难点突破

量筒可以直接测液体的体积, 也能间接测不溶于水、不吸水的固体的体积。量取液体时需根据要求选择合适的量筒。如何"合适"是考查的难点,即要尽量一次测量,还要分度值越小越好,目的是为了减小误差;考查的另一难点是测固体(不溶于水、不吸水)的体积时,量筒中的液体要"适量"。"适量"的意义是什么?与烧杯中的液体要"适量",有没有区别? 固体"浸没"在水中的目的是什么? (等体积法)

例如:利用量筒、石块、细线和水测量石蜡的体积,需要几步完成?(两步完成)

(六)刻度尺

1. 使用方法

(1)会选:根据测量对象所需精确度及长短选择分度值和量程合适的刻度尺;

(2)会放:尺要对正被测物体,刻度要贴近被测物体;

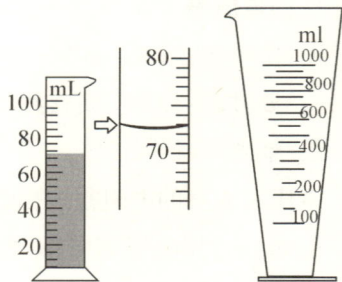

（3）会看：读数时，视线应与尺面垂直；

（4）会读：既要读出准确值，又要估读到分度值的下一位；

（5）会记：测量值=准确值+估计值。

2. 难点突破

读数时，看错了分度值，忘了加一位估读数字，记数时忘了带单位。尤其是测滑轮组和斜面的机械效率实验中，测距离时没有估读的现象较为普遍。

（七）弹簧测力计

1. 使用方法

测力计，先调零，量程分度要看清；手握提环来测力，大小不能超量程；平视指针来读数，俯视仰视都不行。

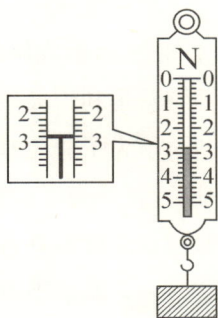

2. 难点突破

弹簧测力计是根据在弹性限度内，弹簧的伸长跟所受的拉力成正比来工作的，故弹簧测力计用到了转换法。其难点之一是读数时看错了分度值，特别是从较大的数向上读，如图中易读成 3.2N；之二是用弹簧测力计测拉力时，拉力在水平（竖直）方向，就必须在水平（竖直）方向上调零。尤其是弹簧测力计倒挂测力，其读数不等于拉力的大小。只有当弹簧测力计静止或匀速直线运动时，其示数就等于秤钩所受的拉力大小。

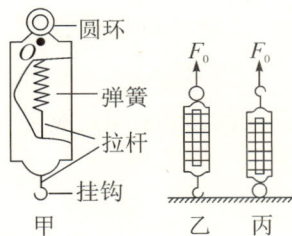

例如：甲、乙两个相同的弹簧测力计，外壳重为 $G_壳$，拉力分别为 F_1 和 F_2，则弹簧测力计的示数 $F_乙=\underline{\qquad}$，

$F_丙=\underline{\qquad}$。

（八）压强计

1. 使用方法

当压强计的探头浸入液体中，U 形管两边液面出现高度差，两边高度差表示压强的大小，故压强计用到了转换法。

2. 难点突破

压强计是测液体压强的仪器。难点之一是使用前要检查装置的气密性；难点之二是金属盒上橡皮膜形变时要抵消一部分压强，故 U 形管液柱高度差产生的压强小于橡皮膜所受液体的压强。

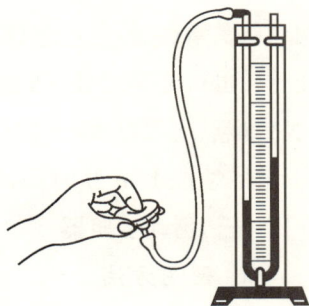

二、不带刻度的仪器

不带刻度的仪器有平面镜、凸透镜、滑动变阻器、电能表、测电笔等。

(一)平面镜

1. 使用方法

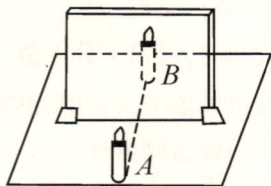

要想在平面镜中看见物体清晰的像，平面镜应放在适当的位置，并且照亮物体，而不是照亮平面镜。

2. 难点突破

探究平面镜成像的特点实验中，选用玻璃板而不用平面镜，是利用玻璃板能够透光的特点便于观察和确定像的位置。选用较薄的玻璃板进行实验，是为了避免厚玻璃板的两个表面两次反射成像不重合。实验应在光线比较暗的环境中进行，是为了方便在平面镜中观察到蜡烛的像。实验过程中玻璃板如果不与桌面垂直，像和桌面就不垂直，无法确定比较物像的大小。取两只大小相同的蜡烛，镜前一只蜡烛点燃，另一只蜡烛不点燃，是为了用等效替代法来比较物像大小是否相同。

(二)凸透镜

1. 使用方法

(1)当$2f<u$时，成倒立缩小的实像——照相机；

(2)当$f<u<2f$时，成倒立放大的实像——投影仪；

(3)当$f>u$时，成正立放大的虚像——放大镜。

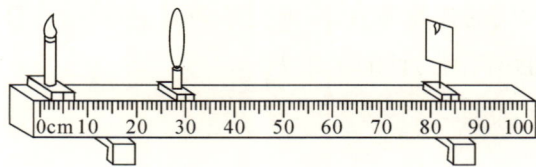

2. 难点突破

探究凸透镜成像实验中，难点之一是将蜡烛、凸透镜、光屏从左到右依次放在光具座上，点燃蜡烛后，无论怎样移动光屏都不能在光屏上成像，其原因可能是蜡烛位于$u\leqslant f$的位置，也可能是蜡烛、凸透镜和光屏三者的中心不在同一高度处(注意"高度"不能写成直线)；难点之二是放幻灯时，光屏上的像跟幻灯片是左右、上下颠倒的(实物展示)；难点之三是蜡烛位于$u=2f$时，$u+v=4f$，当$u+v>4f$时，来判断物像运动速度的快慢。

(三)滑动变阻器

1. 使用方法

滑动变阻器接线柱正确接入电路的方法"一上一下"或"一上二下"。若"两上"接入电路,滑动变阻器短路;若"两下"接入电路,滑动变阻器相当于定值电阻接入电路。

2. 难点突破

滑动变阻器的原理是通过改变接入电路线圈的长度来改变电阻,从而改变电路中的电流,所以滑动变阻器并联在电路,就不能改变与其并联用电器的电流。例如:可调亮度的台灯电路图甲和乙,闭合开关,两图均能调节台灯的亮度,但甲不一定能使台灯熄灭,乙图中,滑片移至右端,台灯因短路熄灭。

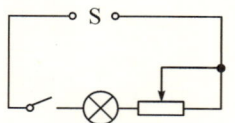

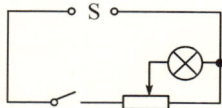

(四)电能表

1. 使用方法

电能表应串联在用户干路上。

2. 难点突破

电能表的作用测量用户消耗的电能。难点之一是表盘数字最后一位数是十分位,单位是 kW·h;难点之二是铭牌的意义,如"10(20)A"是说这个电能表的标定电流为 10 安,额定最大电流为 20A;"50Hz"是说这个电能表在 50 赫的交流电路中使用。

(五)测电笔

1. 使用方法

手接触尾部金属体,电线接触笔尖金属体。

2. 难点突破

检查故障时,插座的两个孔都能使氖管发光,则零线断路。

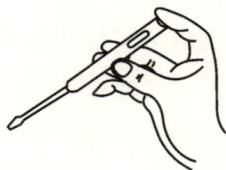

例如:如图是某居民家中的部分电路,开始时各部分工作正常,将电饭煲的插头插入三孔插座后,正在烧水的电热壶突然不能工作,但电灯仍正常工作,拔出电饭煲的插头,电热壶仍不能工作,把测电笔分别插入插座的左、右插孔,氖管均能发光,若电路中仅有一处故障,则(　　　　　)

A. 电热壶所在电路的 B、D 两点间断路

B. 插座的接线断路

C. 插座左、右插孔短路

D. 电路的 C、D 两点间导线断路

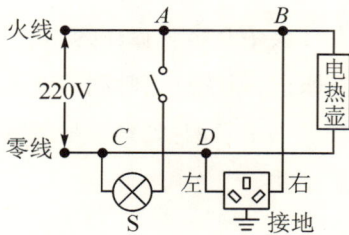

总之,实验教学是整个物理教学活动的关键,教师应该注意把握几个重要的环节,才能使自己在物理实验教学中做到得心应手,运用自如,使学生从中获得相应的物理知识,同时也能对物理产生兴趣,从而使物理实验教学起到良好的效果。

突破初中物理实验方法关

科学探究可以使用观察和实验等方法。观察是获取自然存在的有关信息的方法，实验是通过人为的办法制造某一情境和条件从中获取信息的方法。不同的探究课题，所需要的信息特点不同，其信息来源当然也不同，因而需要选择不同的实验方法。

初中物理实验中经常用到的方法有很多，如观察法、控制变量法、转换法、等效替代法、实验推理法、渐近法、归纳法、积累法等。

一、观察法

人的眼睛在大脑的指导下进行有意识、有目的的感知活动叫观察法。

例题1 "探究水的沸腾"实验中，在使用温度计前，观察温度计的量程和零刻度，认清分度值。实验时观察"白气"在哪个时刻最浓，气泡上升时体积变化和温度计的示数变化。如果再仔细观察，会发现水沸腾前分子运动呈"混沌"状态，水沸腾时分子运动呈"有序"状态，且移去酒精灯后一会儿水仍在沸腾。通过这个实验观察说明，不同观察者在同一实验中获取自然存在的信息可能不同，只有细心观察，用心观察，才能发现现象，探究实验，揭示规律。

难点突破：给水加热前，从宏观上来看，水是静止的。水快烧开而没开时，称为"混沌"状态；再继续加热一会儿到开水不响时，分子"自组织"起来后形成一种耗散结构状态。这个规律告诉我们，外部变化后形成新的压力，并使系统发生类似分子这样的自组织现象，在社会中是客观存在的。如：我们在学习中遇到困难时，只要咬紧牙关度过高原期，希望就在眼前，就快到达胜利的彼岸。

书中实例：观察法是最基本、最直接的研究方法。声、光、热、电、力的实验一般要用到观察法。

二、控制变量法

在设计实验时，当一个物理量与多个因素有关，为了确定这个物理量与某个因素间的关系，就需要控制其他因素不变，只改变这个因素，看所研究的物理量与这个因素之间的变化关系,这种方法就叫做控制变量法。

例题 2 物理考试涂答题卡时应该使用 2B 铅笔,而软硬程度不同的铅笔其用途是不同的。如:写字用软硬适中的 HB 铅笔,制图用 6H 硬铅笔。课堂上我们通过实验已知铅笔芯是导体,那么铅笔芯的导电性能与其软硬度有什么关系?请你设计一个实验对这个问题进行探究。

难点突破:任何一种铅笔芯的主要成分都是石墨,其实铅笔的笔芯是用石墨和黏土按一定比例混合制成的。如"H"的词头代表黏土,用以表示铅笔芯的硬度,前面的数字越大,铅笔芯就越硬。"B"的词头代表石墨,以"6B"为最软,字迹最黑,常用以绘画,普通铅笔标号则一般为"HB"。铅笔中导电的成分是石墨,所以越软的铅笔芯,导电性能越好。导体的导电性能与导体的材料、长度、横截面积和温度有关,为了探究铅笔芯的导电性能(电阻)与其软硬度(材料)的关系,应控制铅笔芯的长度、横截面积和温度不变。

书中实例:探究琴弦发声的音调除与弦有关外,与哪些因素有关;探究液体蒸发的快慢跟哪些因素有关;探究电阻上的电流跟电压、电阻的关系;探究通电导体在磁场中的受力方向跟哪些因素有关;探究影响力的作用效果跟哪些因素有关;探究压力的作用效果与哪些因素有关等。

三、转换法

通过直接感知的现象,推测无法直接感知的事实,这种方法叫转换法。转换法的思想是在我们研究一些比较抽象的、看不见、摸不着物质的现象和一些不易直接观察的现象时,由于不易观察,我们就把它转化为看得见、摸得着的现象来认识它们。

例题 3 如图所示,某同学将两个相同的斜面并排放在水平桌面上,利用它们探究动能或重力势能与哪些因素有关。

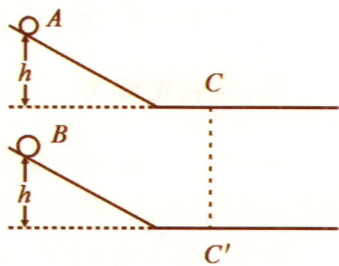

分别在水平桌面上的 C、C′处放置相同的木块,将 A、B 两球($m_A < m_B$)分别从两斜面的相同高度处由静止同时释放,观察到＿＿＿球将木块撞得更远。由此可得出结论:①＿＿＿;②＿＿＿。再将质量相等的两球分别从两斜面的不同高度处由静止同时释放,观察到＿＿＿球将木块撞得更远。由此可得出结论:①＿＿＿;②＿＿＿。

难点突破:本题用相同的实验器材能完成两个实验,都用控制变量法和转换法设计实验。利用木块在水平面上移动的距离的长短表示动能或重力势能的大小,即能量的多少转换成距离的长短。在探究动能跟质量关系时,控制小球的速度一定,让小球从相同高度处由静止释放,其目的是使小球运动到斜面底端的速度相同,而不是控制小球的高度一定。

书中实例：用乒乓球被弹开的幅度证明响度的大小；用月食现象可证明月亮不是光源；雾的出现可证明空气中含有水蒸气；用电热的多少转换成液柱上升的高度；奥斯特实验可证明电流周围存在磁场；物体发生形变或运动状态改变可证明物体受到力的作用；马德堡半球实验可证明大气压的存在等。

四、等效替代法

在保证某种效果、特性和关系相同的前提下，将实际的、复杂的物理问题和物理过程转化为等效的、简单的、易于研究的物理问题和物理过程来研究和处理的方法叫等效替代法。

例题4　曹冲称象：国王赏给曹冲一头大象，大象到底有多重呢？有的人拿秤称，有的人说将大象分成一块块再称，七嘴八舌争论不休。最终曹冲想出了妙法，把大象赶到一艘船上，看船身沉入多少，在船身的水面处做上一个记号。然后把大象赶回岸上，把一筐筐的石头搬上船去，直到船下沉到刚刚画的那一条线为止。接着把船上的石头逐一称量，石头的总重就是大象的重量。

难点突破：题目要研究的问题是测量大象的重力，因当时条件限制，没能直接用秤测出大象的重。曹冲借助大象赶上船船稳定后，船增加的浮力就等于大象的重力，也等于石头的总重力，从而得到大象的重力等于石头的总重力。

书中实例：在研究合力时，一个力使弹簧发生的形变与两个力使弹簧发生的形变等效，那么这一个力就替代了这两个力；在研究串、并联电路的总电阻时，一个电阻与几个串联或并联的电阻等效，那么这个电阻就替代了那几个电阻；我们测曲线的长短时用细棉线的长度替代曲线的长度；在探究滑动摩擦力大小跟哪些因素有关时，用弹簧测力计拉力的大小替代滑动摩擦力的大小等。

五、实验推理法

一些物理现象，由于受实验条件所限，无法直接验证，需要我们先进行实验，再进行合理严谨推理得出正确结论，达到认识事物本质的目的，这种方法叫实验推理法。

例题5　在探究阻力对物体运动影响的实验中，实验时水平面由毛巾到棉布再到木块越来越光滑，小车运动的距离越来越远。假设水平面绝对光滑，我们通过推理得出，一切物体在没有受到外力作用的时候，物体将保持静止状态或匀速直线运动状态，这就是牛顿第一定律。

难点突破：此实验中用到了控制变量法、转换法和实验推理法。让同一小车从同一高度处静止滚下，其目的是让小车在水平面上开始运动的速度相同；让小车在逐渐变光滑的水平面上滚动，其目的是使小车所受的阻力逐渐变小；使用小车而不用小球做实验的目的是减小摩擦。这种从实际逐渐趋近于理想,但永远达不到理想,就需要用实验推理法。

书中实例:在做真空不能传声的实验时,当我们发现玻璃罩内的空气越来越少,传出的声音就越来越弱,通过推理得出,真空不能传声。如果只有动能和势能相互转化,机械能的总量不变,就能总结出机械能转化和守恒定律。

六、渐近法

为了测量或计算某一个物理量,让其程度或数量逐步增减,直至逼近准确解。

例题6 某同学利用图所示的电路测量小灯泡的额定功率。已知小灯泡 L 的额定电压为 2.5V,定值电阻 R_0 的阻值为 20Ω,电源电压 U 保持不变。请你写出实验步骤和计算方法。

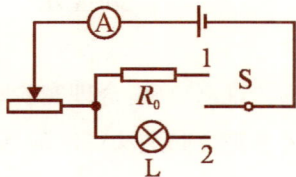

1.当开关 S 接"1"时,将滑片移至最右端,读出电流表的示数为 I_1,则电源的电压 $U=20I_1$;再移动滑片,读出电流表的示数为 I_2,则滑动变阻器接入电路的阻值 $R=20(I_1-I_2)/I_2$;

2.保持滑片的位置不变,当开关 S 接"2"时,读出电流表的示数为 I_3,则灯 L 两端的电压 $U_L=20I_1-20(I_1-I_2)I_3/I_2$;

3.如果 $U_L>2.5V$,则滑片向左滑动;如果 $U_L<2.5V$,则滑片向右滑动;如果 $U_L=2.5V$,则小灯泡正常发光,灯的额定功率 $P_额=2.5I_3$。

难点突破:当滑片移到某一位置时,计算出灯两端的电压后,再跟灯的额定电压作比较,从而逐步缩小滑片的移动范围,直至电压表的示数逼近灯的额定电压。

书中实例:用天平测量物体的质量时,逐渐移动游码使天平横梁平衡;在测量小灯泡的额定功率时,移动滑片,使电压表的示数为小灯泡的额定电压;测液体体积时,用滴管增减液体,使液体的体积逼近整数值等。

七、归纳法

从个别性知识,引出一般性知识的推理,是由已知真的前提,引出可能真的结论,这种研究问题的方法叫归纳法。实验结果的呈现方式一般为文字表述、公式表述,表格表述和图象表述。

例题7 为了探究浸在液体中的物体所受的浮力跟它排开液体所受的重力的关系,某同学进行了下图所示的实验:

(1)你觉得合理的实验顺序是＿＿＿＿＿＿＿＿＿＿＿。

(2)选用其他液体,多次实验后,可得出结论:浸在液体中的物体所受的浮力,大小＿＿＿＿＿＿＿＿＿＿＿。

(3)图乙中,浸没在水中的合金块匀速向下运动的过程中,合金块所受的浮力_____

_____(选填"变大"、"不变"或"变小")。

(4)合金块的密度是_____。

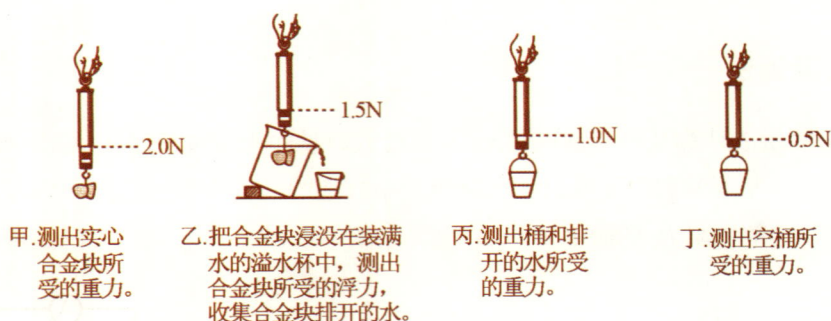

甲.测出实心合金块所受的重力。　乙.把合金块浸没在装满水的溢水杯中,测出合金块所受的浮力,收集合金块排开的水。　丙.测出桶和排开的水所受的重力。　丁.测出空桶所受的重力。

难点突破:合理实验顺序的标准是既要减小误差,又要使实验便于操作、流畅。本题利用不完全归纳法得出阿基米德原理和浸没在液体中的物体所受浮力跟物体浸没的深度无关。

书中实例:距离一定,振幅越大,响度越大;电流和通电时间一定,电流产生的热量跟电阻成正比;斜面越光滑,斜面的倾角越大,斜面的机械效率越高等。

八、积累法

在测量微小量的时候,我们常常将相同的微小的量积累成一个比较大的量,即由小到大、由少到多、由薄到厚的方法叫积累法。

例题8 一卷无木轴的细铜线,在不能把铜导线全部拉开,更不能把导线截断的情况下,怎样做能方便地知道它的长度?

难点突破:根据 $L=V/S=4m/\rho\pi d^2$,用量筒和水可以直接测出细铜丝的体积,也可以用天平测出细铜丝的质量 m,再根据 $V=m/\rho$ 求出体积,还可以用弹簧测力计测出细铜丝的重力 G,再根据 $m=G/g$ 求出质量,然后根据 $V=m/\rho$。细铜丝的直径可以用千分尺或游标卡尺测量,也可以用积累法利用刻度尺和圆柱体进行测量。

书中实例:测量一枚大头针的质量,只要测出 n 枚大头针的质量 m,就可以求出一枚大头针的质量 $m_1=m/n$;测量一张纸的厚度和头发的直径等都要用到积累法。

物理课程是一门重要的科学课程,让学生动手动脑,攻克实验方法关,掌握进行科学探究的基本技能,包括观察、实验、推理方面的技能,以及收集信息、处理信息、传递信息的技能,帮助学生学习基本概念和基本规律,激发学生独立思考、勇于实践、敢于创新的科学精神,逐步形成科学态度和科学的价值观。

第二篇

潜心升华 追求物理理想 使教育变得有张力

【关键词】 教学教研模式 科研课题 教学管理

王国维曾用三句诗来形容治学的三种境界：第一种境界是"昨夜西风凋碧树，独上高楼，望断天涯路"；第二个境界是"衣带渐宽终不悔，为伊消得人憔悴"；第三个境界是"众里寻她千百度，蓦然回首，那人却在灯火阑珊处"。而歌德说：风格是艺术家所取得的最高境界。法国作家雨果说：没有风格你可能也会成功，但是你的成功是一时的，你有了自己的风格，你才可以永远成功。风格是通向未来的一把钥匙，你要走得更高，走得更远、更好，你手中得有一把叫做"风格"的钥匙。

在多年教育实践中，我逐渐认识到，教育不应停留在直觉的把握、经验的感悟上，而应从理清结构、把握关系的角度，运用理论对实践的现象进行分析，透过现象看本质，从理论上思考教育教学问题，始终保持敏锐的学术意识。我希望成为一名智慧型教师、专家型教师，为学生的智慧人生奠基，带出一批批充满智慧、富有创造力的学生。

教学—实践—反思—研究是教师专业发展的必由之路，实践可以给我们的教研提供依据，而当我们找到教学规律时，这一规律又进一步促进了我们的教学活动，使我们能站在更高的角度来掌控我们的教学，从而又产生了新的领悟。就这样，以学促教，以教促研，以研督教，我们的教育教学才能常干常新，不断创造，达到教学的更高境界。所以在教学中研究、在探索中感悟、在实践中反思、在思考中生成智慧。

我希望用一生的精力，去追寻充满智慧的教育，去追逐智慧教育之梦。

教学教研模式

"四四五"生态课堂教学模式

一、生态课堂教育理念

（一）理论依据

新课程改革背景下的课堂教学不再是教师忠实执行教学计划，学生被动接受知识的活动。《基础教育课程改革纲要（试行）》要求，"教师在教学过程中应与学生积极互动、共同发展，要处理好传授知识与培养能力的关系，注重培养学生的独立性和自主性，引导学生质疑、调查、探究，在实践中学习，促进学生在教师指导下主动地、富有个性地学习。教师应尊重学生的人格，关注个体差异，满足不同学生的学习需要，创设能引导学生主动参与的教育环境，激发学生的学习积极性，培养学生掌握和运用知识的态度和能力，使每个学生都能得到充分的发展"。教育的本质关键在于培养人的精神。

《礼记·学记》中说："学然后知不足，教然后知困。知不足，然后能自反也，知困，然后能自强也。故曰：教学相长也。"

苏联苏霍姆林斯基说过："教会学生自己教育自己，这是一种最高级的教育技巧和艺术"。我国当代著名教育家郭思乐提出"生本教育"的核心理念，一切为了学生，高度尊重学生，全面依靠学生。

（二）基本内涵

我校的生态教育的理念是"以人为本"，对于"人"的理解，既指学生，也指教师。譬如学生是禾苗，教师营造禾苗成长的生态环境，改良土壤，提供空气、阳光和雨露，促进禾苗苗壮成长。

"四四五"生态课堂模式是以生命为教育的起点，以发展生命为教育的终点，充分发掘和调动生命个体应有的灵性，不断开发人的多元智慧，构建一种自然、和谐、开放、鲜活的课堂教学模式。

在生态课堂中，培养学生全面性、差异性、开放性、协调性、平衡性的意识，创设有生机、有生力、有生气、有生成、有生命价值的课堂情境，以理解、交往、互动等为教学路径，师生成为民主的对话者和探索者，生生成为自主学习的合作者。在学习中，促进学生健康成长，促进教师专业发展，彰显师生的生命价值。

综上所述："四四五"课堂教学模式是基于师生共同发展为中心,坚持素质教育,坚持教为学服务为基本点的生态课堂教学模式。

二、"四四五"生态课堂教学模式

1. 四个特征:自由地呼吸、坚韧地探索、健康地成长、快乐地绽放

(1)自由地呼吸。自由是智力生活中最为关键的要素,如鱼得水,如鸟入林。美好的课堂在于营造一种自由的气氛,只有自由自在、无拘无束的课堂,才能滋育出健康阳光、蓬勃向上的生命气象,使师生形体自然、身心自在、心灵自由。

(2)坚韧地探索。坚韧是坚持而不放弃的忍受力,遇到困难时的耐受力,更是积极向上的爆发力。课堂是一种灵魂的探险,人生的探讨,科学的探索。美好的课堂应该是"杂花生树、群莺飞舞、山鸣谷应、音韵和谐"不齐之齐的美感,正如费孝通所说的:"各美其美,美人之美,美美与共,天下大同"和谐之美的境界。

(3)健康地成长。健康是指一个人在身体、精神和社会等方面都处于良好的状态。课堂的最高境界就是点化和润泽生命,促进师生精神成长。爱护童心、守护童年、张扬童趣、彰显童真,在各自千差万别的生命相遇中不断地走向生命相融和生命相生。

(4)快乐地绽放。快乐是生命的亮色,也是课堂的底色,更是教学成果的重要标志与体现。开心才能"心"开,当一个人开心时,他的心窍就自然而然地打开了,聪明和灵感就汩汩涌流,使师生在教与学中有所思、有所悟、有所得、有所长、有所乐、有所为。

2. 四个层面:生本、生活、生动、生命

(1)生本是指教学观念先进化。生本是指以生命为本的教育,它既是一种方式,也是一种理念。生本理念是心中有爱、心中有道、心中有术、心中有行。教育就是围绕珍爱人的生命、增长人的智慧、培养人的信仰而展开的。做到以学为本、以学论教、少教多学、先学后教、学者也教、教者也学、教为不教、教学相长。

(2)生活是指教学内容情境化。生活是指教学内容和科学、技术、社会紧密结合,让学生学会观察生活,思考生活,快乐生活,把学到的知识运用到实际生活中去,真正做到学以致用,培养学生科学素养、人文素养和艺术素养。

(3)生动是指教学方法多样化。生动指有活力,起积极作用,增加正能量。改革课堂教学评价标准,改变课堂教学方式,组建学习小组,创建帮扶模式,构建核心课型模式,启用校本课程,采用自主合作探究的方法,利用故事、魔术、实验、多媒体等现代化教学手段,让学生主动、互动、生动地学习。

(4)生命是指教学过程人性化。生命是指生物所具有的活动能力。生命教学指走向关注师生生命价值的教学,即传授知识、开启智慧、润泽生命。课堂既满足学生知识、技能、方

法和品德的发展,又立足于学生当下的身心发展规律,充满生命活力,实现师生共同发展及科学精神与人文精神的有机结合。

3. 五个步骤:导疑、引探、释疑、启思、精练

(1)导疑——情境导入,提出疑问(3分钟)。精心设计情境,巧妙导入课题。教师亲切大方,富有感染力,能激发学习兴趣,拉动学生思维,引导学生积极质疑,能从多个角度鼓励学生提出问题,及时、正确地评价学生的回答,对所有学生表达尊重和赞赏的情感,激发学生自尊、自信,使学生乐于学习。

(2)引探——自主学习,探究问题(12分钟)。导入课题后,教师能精准学习目标。在导疑这个环节中,学生明确学习本课的三维目标后,教师再出示基础题。各个层面学生积极学习本课内容,集中精力完成基础题。教师巡视,发现问题,个别指导,搜集普遍问题。同学们互相提问,通过小组合作探究,归纳出共性的问题。利用课堂生成资源,进行后续学习。在引探这个环节中,培养学生自主学习的主动程度,协作交流的参与程度,活动体验的踊跃程度。让学生学会倾听,师生、生生之间能彼此交流合作,自由分享见解,把学生的困难、问题和经验当作课堂教学的生长点。

(3)释疑——主动展示,阐释疑点(10分钟)。基于基础题的解答,教师构建学习平台,注重学习方式的多样性与主体性、协作性与交流性、体验性与感悟性。学生开展丰富多彩的展示活动,充分利用教学资源,采取灵活的学习方式,紧扣凸显学习目标的共性问题展开探究活动,让学生讨论共性问题,鼓励学生阐释问题,教师适当点拨。在释疑这个环节中,学生获得新知识时能积极主动跟进、共鸣、投入,改变了学习方法,增强了求知欲,能独立思考,发现问题,提出问题,坚韧探索,尝试解决问题。实现学生自我管理、自愿参与、自主学习,学习有困难时得到帮助,成功时得到鼓励。

(4)启思——归纳总结,提炼方法(5分钟)。针对教学出现的问题,教师注重思维方向的引导、思维路线的点拨、知识元素的内化,注重问题的主题性与逻辑性、主体性与循序性、启迪性与开放性。同学们主动思考,积极发表自己的见解,进行批判性地学习,教师对知能、技法进行精辟的归纳,实施有效突出重点、突破难点的教学策略。在启思这个环节中,启发学生自我总结学习方法,体验学习方法,掌握学习方法,激励学生不懈努力,激发学生创新热情。

(5)精练——当堂训练,提升能力(10分钟)。科学设计课堂达标练习,突出本课重点难点,凸显分层推进,切实提高学生的学习能力。针对学习目标,精心设计课堂训练,学生独立作业,教师及时发现问题,当堂纠正,强化方法。在精练这个环节,教师成为知识与技能的把握程度,过程与方法的掌握程度,情感态度与价值观的发现程度的推手。通过学习,使学生掌握新知识并能融会贯通,学习技能并得以训练或提高,促进学生自我评价。

"导学探索　自主创新"教学模式

"导学探索、自主创新"是新课程理念下的教学模式。它是一个以学习者为中心,以学生的主体实践活动为基础,以学生探究为主体,在教师指导下的观察、实验、分析、归纳、创新为主要途径,把知识与技能,过程与方法,情感态度与价值观三维目标有机结合,以学生素质整体发展为目标的教学过程。

一、"导学探索、自主创新"教学模式的特点

"导学探索、自主创新"的教学模式对于教师和学生来说,都是一个"学会学习"、"学会创造"的过程。它的主旨是让学生发现问题、提出问题,探索求解,注重在实践活动中学物理,树立学习物理信心,培养学生创新精神和创新能力。教师的"导"体现在为学生创造一个好的问题情境,激发学生的探索欲望,最终由学生自主、合作解决面临的问题,并将获取的知识加以延伸和应用,形成新的问题环境和学习过程的循环。其特点如下:

1. 它是营造学生主动、积极、创新学习的教学模式

"导学探索、自主创新"教学模式,能充分发挥学生的主体作用,把学生看成是发展的主体,是素质教育和个性发展教育的核心。其教学过程是学生主动探究事物由来和发现其间关系的活动,是一个开放的人文环境,开放的时空环境和开放的知识系统。

教师从培养学生自学能力、探索能力和创新精神出发组织教学,知识本身不再是教师"批发"来的"货物"。课堂的主活动不是教师的讲授,而是学生自学、合作探索和创新。教师平等地参与和学生的探索、创新的活动,教师不只是"讲演者",不应总是"正确的指导者",而是不时扮演"拨乱反正"的模特,提供可参考信息的参谋,故作不知,问原因、找漏洞的询问者,评判学生工作及成果价值的鉴赏者。

2. 它是探究性学习的教学模式

此模式从根本上改变那种死记硬背物理规律和"各种类型习题"解法以及模仿式的学习方法。它通过创设情境,从平常的、已经习惯的事件中,让学生发现问题,提出问题,然后进行猜想和假设,对解决问题的方案做一定预见性的思考。制订计划与设计实验,就是从操作的角度把探究的猜想与假设具体化、程序化, 让学生经历制订计划与设计实验的过

程。在进行实验与收集数据时，由于种种原因造成收集、数据失真或部分失真，而致使探索者对这一错误结论反倒信以为真，所以分析与论证，评估、交流与合作显得尤为重要，使学生注意到假设与探究结果间的差异，从而改进探究方案；能注重在探究过程中解决矛盾，从而发现新问题；能在评估中吸取经验教训，从而增强学生合作意识和团队精神。

3. 它是体现实施物理教学与 STS 相结合的模式

此模式以《中国教育改革发展纲要》为指导，以"三个面向"为方向，使他们想创新、会创新、乐创造，从而早成才，快成才，成为好人才。此模式以初中物理课程标准为准绳，以初中物理教科书为依据，使学生得法于课堂，受益于课外。引导学生在一个更大的天地中去学习物理，了解物理学在高科技、国民经济、日常生活中的重大作用，扩大视野，启迪思维，激发学习兴趣改进学习方法，培养创新精神，开发智力，进而形成学科学、爱科学、重创新的良好风尚，促进学生在德、智、体诸方面生动活泼主动地得到发展。

二、"导学探索、自主创新"教学模式的实施过程

"导学探索、自主创新"教学模式可以有许多表现形式，我在教学实践中结合学生的特点，尝试下列模式：

A	B	C	D	E
激趣质疑	导学探疑	合作释疑	归纳反馈	自主创新

更高阶段的学习

（以"焦耳定律"为例，说明这种模式实施的要点）

1. 激趣质疑

运用典故、趣闻轶事或生活现象的提问，运用实验、挂图、多媒体、趣味性的问题及国内外最新研究成果，物理学家的故事，生活中常见的物理现象等创新情境激发学生的学习兴趣，让学生发现问题、提出问题，然后进行猜想和假设。如电功、电功率一章中的"焦耳定律"这样激趣质疑：①演示灯泡接入电路，感受灯泡和电线的温度。②演示"家庭电路中使用大功率用电器可能引起火灾"的实验。这现象充分调动了学生的积极性，学生的"胃口"大增。解释上述现象，要利用电流的热效应或者防止它造成的危害，就需要研究电流通过导体产生的热量跟哪些因素有关。

2. 导学探疑

教师按自己的探索设计，巧设问题，诱导学生思维，同时向学生交待探索的方式方法，通过实验、对比、观察、联想、归纳、化归形成引入探索，有希望成立的设想，或分解成更小、

更具体、更可操作、更熟悉、更清晰地表现出递进层次的问题。我设计了如下问题:电流产生热量的多少如何显示出来?(受比热实验的启发,用液柱的高低作比较),用什么液体做实验效果更明显些?(比热小的液体)需要哪些实验器材?实验原理是什么?画出电路图,说明操作步骤,记录数据,然后进行分析和论证,交流本实验不足之处,如何改进,写成小论文在活动课中交流。

3. 合作释疑

学生探疑后,对有些自己搞不清楚的问题,组织小组展开讨论。"多边互学,互帮互学"是以小组合作活动为主的各科互助学习活动,通过教师的积极介入,使学生完全掌握,其间通过教师与学生、组内、小组与小组间的三重信息反馈,把握信息的巩固情况,发挥小组长的功能,培养合作、竞争技能。上"焦耳定律"时,合作释疑:①电灯接入电路热得发光,导线却看不出有什么变化,为什么?②家庭电路中使用大功率用电器可能引起火灾的原因是什么?③辩论题:熔断的利弊。

4. 归纳反馈

在合作释疑的基础上,总结出焦耳定律,学生自主地小结本课内容,对已有知识的整理和改组,对未知知识的探究和发现,独立完成作业。

5. 自主创新

教师根据获取的信息对存在突出问题,集中点拨矫正,引导学生变维、变式发散性地提出新问题,将问题链引向课外或后继课程,激励学生积极参与"小制作、小发明、小创造、小论文"活动。例如在上"焦耳定律"时,我布置这样一道讨论题,按课本上的实验,在 R、t 一定时,Q 与 I^2 成正比的关系,实验并不明显,比较费时,怎样才能做到省时、效果好?在活动课中,同学们积极讨论,踊跃发言,提出了以下几种改进方案,并制成学具。①将两个不同阻值的金属丝缠绕在两支相同温度计的玻璃泡上,据温度计的示数,可表明 Q 与 I^2 的关系。②在课本装置的基础上,只注入少许煤油,让气体膨胀,实验省时。③在②的基础上用温度计取代小玻璃管,效果好,省时,能演示出 Q 与 I^2 成正比的关系。"焦耳定律"这节教学,在教师的指导下,学生学会学习,学会创新。

三、"导学探究、自主创新"模式的实施,取得了可喜的成绩

"导学探索、自主创新"教学模式的实施,全面提高了全体学生的科学素质,处理好了"大众教育"与"精典教育"的关系。今年中考物理实验操作,我校合格率为100%,中考人均分全区第一,合格率100%。近三年全国应用物理知识竞赛,我们班的学生获国家级奖近百人,其中获国家级一等奖20人,每年获市级以上奖占全班人数的70%左右,名列全市第一。2002年创下武汉赛区一校获双金杯的记录。学生科技作品"保安插座"、"遥

控器简易测试仪"、"可视开关"等十多件获"亿利达"比赛奖,省级、市级"两小"比赛奖。其中论文"小发明三则"获国家级一等奖。

此模式的实施,不仅使学生巩固了双基,还体现了学生参与教学的全过程,掌握了解决问题的方法,更重要的是发挥了"情感态度和价值观"方面的教育功能。

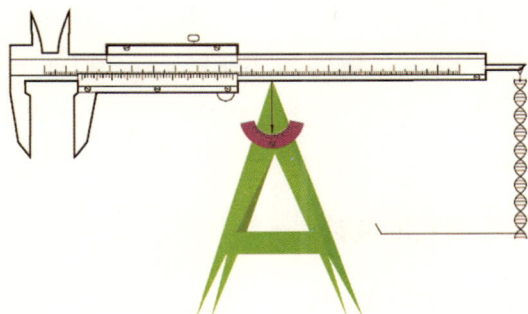

"3+2"校本研修模式

一、"3+2"校本研修模式的提出

实施校本研修,打造高效课堂,提高教学质量,已成为新一轮课改的核心内容。近年来,我校通过深入剖析课堂,反思教学行为,寻找课堂效率不太高的原因。最终发现问题在于:对教师如何教研究得多,对学生如何学研究得少;教师讲授时间多,留给学生的时间少。

为解决以上的问题,我校掀起了一场"把方法教给学生,把时间留给学生"的头脑风暴。在反复听课、研讨、座谈、评价、论证的基础上,我们提出了"3+2"校本研修模式。通过一年多不断地实践——改进——总结,我校形成了"3+2"校本研修模式,并取得了一定成效,在省、市、区推广,赢得了各级领导和专家的好评。

二、"3+2"校本研修模式的阐述

(一)"3+2"校本研修模式的内涵

"3+2"校本教研模式是指为高质量地完成某一节课或某一单元的教学内容,采取教研、科研和教学实践相结合的方法,实现将知识内容结构转化为学生的认知结构、能力结构的过程,让教师获得内在秩序感的研修模式。"3+2"校本研修模式的"3"即指传承"说课、上课、听课"这三个环节,"2"是指加上"现场辩论和课例研究"两个环节。这一模式凸显了三个特色:一是将教研、科研与教学紧密结合。以教促研,以研促教,做到理论联系实际,为教师成长"加油";二是教学研究过程体现了教师全员参与、全员互动和全员共赢,优化了学生的学习结构,促进教师专业发展;三是让教师的自我研修富有秩序感。教师懂得通过专注于当下的教学,来获得创造力和自由感,会接纳并顺从生命和生活的一切。

(二)"3+2"校本研修模式实施的流程

第一环节:说课。本环节在备课后、授课前。

新学期,我们准备在各年级各学科组推行共案和个案相结合的备课模式。第二天各备课组集体备课时,就开始分配任务,分到任务的要负责相关教案、课件、练习,然后交组长把关,并在今后的教学实践中来不断改进完善,以电子稿的形式保存下来,形成我校的校本资源。这种备课模式给"3+2"的研修的实施提供了更适宜的土壤。

说课时要求做到:

(1)说教材。包含说教材在学生该学段学习中的知识、能力、情感价值观的承前启后上的作用,或者说是衔接上的作用;说教学目标:包含知识与能力目标、过程与方法目标、情感态度价值观目标;说教学重、难点和易错点;说教学资源等。

(2)说学情。包含说起点能力、生活概念、认知方式三个方面。通过分析,指出学生具备哪些学习的能力,还需要具备哪些能力;在认知事物上有哪些习惯和好的做法,需要改进哪些做法等。这三个方面的具体分析将为教学实际预设出相应的问题及对策,它是教学策略选择和教学设计的重要依据。

(3)说教法。首先说出这一节课选择哪一种或几种方法为基本方法,理由是什么。其次说出在哪些教学内容或教学环节上将采用哪些具体教学方法。

(4)说学法。教给学生什么样的学习方法,即学法指导。如怎样指导学生进行阅读、分析、筛选、计算、自学、思维、记忆、背诵等方法。根据本节课的教学内容,说出其中一至两种指导学生的方法。

(5)说教学设计。这一环节要求具有概括性,并运用现代教育理论阐释教学行为,具有分析性。

(6)说板书。说明板书设计上的科学性、系统性、适时性、简洁性与准确性。

第二环节:上课。

本环节是将说课内容付诸实施的过程,要求教师能在40分钟的时间内完成预定的教学内容,达成预设的教学目标。教学过程应该按照教学设计的流程进行,并且能根据课堂教学生成资源及时进行调整,运用现代教育技术手段、实验等引导学生循序渐进地展开独学、对学和群学活动。

现在我校提出生态课堂的理念,每个老师都可以思考,如何才能使我们的课堂既让学生学得快乐又让老师教得幸福,如何使我们的课堂氛围有盎然生气,课堂资源不断生成,学生有勃勃生机,形成我们七一的特色,这将是我们今后要在课堂上践行的话题。

第三环节:听课。

听课要专心、虚心、诚心。听课者要获得理想的听课效果,必须保持注意力高度集中,全身心地听、看、想,即课堂观察,既要有宏观的把握,也要有微观即细节的关注。

(1)听:一听教师是不是讲到点子上了,重点是否突出,详略是否得当;二听教师讲的是否清楚明白,学生能否听懂,教学语言如何;三听教师启发引导是否得当;四听学生的讨论和答题;五听课后学生的反馈。

（2）看：一看教师的导演作用。看教师的精神是否饱满,教态是否自然亲切,板书是否合理,运用教具是否熟练,教法的选择是否得当,指导学生学习是否得法,实验的安排及操作,对学生出现问题的处理是否巧妙,师生对话是否生态和谐……二看学生主体作用。看整个课堂气氛,是静坐呆听,死记硬背,还是情绪饱满,精神振奋;看学生参与教学活动;看学生对教材的感知;看学生注意力是否集中,思维是否活跃;看学生的练习、板演、作业情况;看学生举手发言、思考问题的情况;看学生活动的时间是否得当;看各类学生特别是后进生的积极性是否调动起来;看学生与教师情感是否交融;看学生分析问题、解决问题的能力如何……

（3）记：听课记录包括两个主要方面:一是教学实录;二是教学评点。而在记录本上的体现,一边是实录,一边是评点。

（4）想：不仅要边听、边看,还要边想。因为对课堂教学水平的分析不能仅停留在表面现象的观察上,更要做出正确的判断,有时需要透过现象去分析它的实质。上得好的课,应该看得出学生是怎样从不懂到懂,从不会到会,从不熟练到比较熟练的过程。在课堂上,学生答错了,答得不完整,答得结结巴巴,这是正常现象,正因为这样他才要学习。老师的功夫也就是在学生答错时,能加以引导,答得不完整时,能加以启发。所以听课,一定要注意看实际效果,看学生怎么学,看教师怎样教学生学的。听课者还要想自己会如何处理相关的环节,二者效果上会有什么差异,各有什么理论依据,什么教法和学法更符合生态高效理念,为下一个环节做准备。

第四环节：现场辩论。

这一环节类似于我们原来的评课。原来评课主要是看:评教学目标是否全面、具体、适时和达成;评教材处理是否有针对性、导向性,重点难点是否准确,过程是否突出重点;评教学程序是否符合教学内容实际和学生实际;评教学方法和手段要看教学方法和手段是否量体裁衣;评教师教学基本功;评学法指导。要看学法指导的目的要求是否明确;学法指导的内容是否熟悉并付诸实施。评教学效果。要看教学效率是否高,学生思维是否活跃,学生受益面是否广泛,不同层次的学生在原有基础上是否有进步。要求是很具体,但是评课时往往趋于静态,流于赞歌式的一团和气或批判式的硝烟弥漫,却没有注重动态及发展性,没有实现多重信息的交流和碰撞。

现场辩论就可以解决这个问题。现场辩论是指围绕新课标和高效课堂的实施精神,在说课上课听课结束之后,由同备课组教师针对课堂教学中的有关问题展开的辩论。这一步骤的主要目的是通过教师之间的辩论,发现授课教师在教学中没有考虑到或考虑周全的问题,提出改进和完善的建议及理论依据;通过辩论,激发教师研究教学的能动性和积极性,让教师在思维的碰撞中交换思想、开拓思路、取长补短、求同存异,达到集思广益、人人参与研究的目的,为教学的实施创造生机,提高课堂教学效率。具体来说操作步骤如下:

(1)授课教师简要陈述自己的教学设计意图和教学流程,并解说所运用到的教学理论和策略。

(2)听课教师(也包括未听课老师)针对授课教师不合理的教学片断,依据相关教学理论和策略指出该片断为什么不合理,自己会如何设计或处理这个片断,同时要求辩论者能对比指出自己这样设计或处理的优势在哪里,以及说明这样处理所依据的教学理论和策略。

(3)听课教师和未听课教师之间的辩论。未参与听课的老师可以针对听课老师的陈述,按照:指出不合理教学设计片断——理论分析不合理原因——呈现个人教学设计思路——比较分析自我设计的优势这四个步骤来进行辩论性陈述。

在进行现场辩论过程中,备课组长要做好辩论的组织和评价工作,要强调陈述个人观点时应该有新课标和高效课堂的理论支撑。

辩论中,应该没有敷衍、没有保留,有的应该是彼此欣赏、热忱帮助和真诚建议,这是一种可贵的文化,也正是因为这种文化的存在而最终打造了我们健康高效的学习共同体!

这种交流,是真实交流,不是相互控制,而是激发和被激发,向他人学习并把自己的知识奉献给他人,改变自己观念的同时也影响他人的观念。主体思想的自由表达和集体智慧的共同尽享,从促使信息共享发展到思想共享、情感共享、生命历程共享,从而产生新的教研文化,即民主、平等、对话、协商、合作的新文化。

现在我们有了微格教室,有代表性的课可在微格教室进行,课程内容可以重现,更有利于我们深入剖析。

第五环节:课例研究。

课例研究是指由教师个人或教师团体立足真实的课堂教学情境,对具体的课例进行讲授、观摩、评价、反思和提炼的一种教学行动研究,是专业引领下教师联合起来计划、观察、分析和提炼真实课堂教学的过程,是校本教研的一种有效形式。

从对教师的作用而言,"课例研究"是以研究的姿态面对教学问题,并付诸于改进的行动,是在特定时间段内、研究过程中聚焦于一个小问题深入研究,是同学科教师一起分析学科教学内容,获得学科教学知识,是广泛汲取主题相关资料,使用一些获得过程性资料的方法,是自己动手撰写课例,定主题、裁情节、描关键、寻证据、下结论、做提炼的研究过程。从对校教研活动质量提升而言,"课例研究"试图有主题、有目标、有方法、有积淀地研究一堂课如何改进,而且这个改进过程对于我们改进一类课有所启发,是传统教研活动的精致化研究。通过课例研究,能促进教师专业化水平的提升,提高学校教学质量,最终促进学生的发展。

一般来说,课例研究的操作步骤为:

(1)通过过去的课堂教学实践确定研究的主题(问题)。可以从感到困惑的、存在冲突和难以解决的教学事实中发现教学的问题,提炼出研究的主题。

(2)拟定研究的方案(设计)。主要围绕课型的选择、解决问题的方法和过程展开设计。

(3)上课和听课。按照预先的设计,实施教学,并配合以教学过程的观察,便于及时发现教学实施中存在的问题。

(4)教学行为的反思。围绕研究的主题,分析具体的教学行为,找出优缺点及改进的方向和措施,总结经验并进行理论提升,发现新的问题。

(5)形成研究成果报告。用报告的形式来总结研究的过程,形成有可操作性的实施方案,并在教研组推广实施。

(6)课例研究的撰写:①背景与主题(常见问题、困扰难点、核心理念);②情境与描述(环绕主题、裁减情节、引人入胜);③问题与讨论(提出问题、引发讨论、放飞思维);④诠释与研究(理性解读、提炼观点、超越经验)。

对我校即将实施的集体备课与个性化备课相结合的备课形式来讲,一是有了更多的时间对已知的教学内容进行剖析;二是有机会将自己的教学思想和他人进行比较,找到差异。三是每次的教学实践及集体备课后的讨论,其实都可以作为课例研究的素材,只要稍加整理,就是最好的微研究。

三、"3+2"校本研修模式效果

一年多来,我校在不断的研究、论证、实践中,积极贯彻落实这一模式的实际运用,用它来引导教师的课堂教学,取得了一定的成效。

(1)"3+2"校本研修模式和我校"五精五细"的教学管理模式结合,使我们的课堂教学更加重细节、重过程、重落实、重深入、重质量。我校2012年中考取得历史性突破,总分均分、语文、理化均分居江岸区第一,高分人数及考入重点名校的人数也取得重大突破,我校被选为首批"十二五"中国教育学会江岸区教改实验区"教改实验学校"。这些成绩的取得很大程度上得益于"3+2"校本研修模式的确立和实施。

(2)促进了教师个人专业化成长,提升了教师教育教学的境界。"3+2"校本研修模式是解决问题的源泉,是教师专业成长的阶梯,是理论生长的故乡。这一点在2012年效果尤为显著。2012年3月,我校刘俊老师参加全国中学物理名师赛湖北省选拔赛获全省第一名,并于2012年9月作为唯一一名选手代表湖北省参加第三届全国中学物理名师赛,获得国家级一等奖;2012年11月但洁老师参加中南六省区美术教育交流协作会优质课比赛获得一等奖;2012 年 10 月郭徽老师参加湖北省第九届初中学英语优质课暨说课比赛,获得说课一等奖。还有我校的电教优质课比赛中的每一个选手,回顾他们拿出来的那一堂堂精彩纷呈的课,无一不经过了说课、上课、听课、辩论、改进的层层打磨,最后展现在我们面前,如果能把这些过程写下来,就成了案例研究了。这些成果其实就是 3+2 集体备课的模式的成果,在这个过程中,不仅是授课教师获益,参与其中的每一个人都可以找到自己的收益点。

老师们也许觉得每一堂课都这样精心打造,不太现实,但是现在我们如果转换思路,转变集体备课个人备课的模式,将每一次的集体备课的功能务实扎实地开展到位,那么,我们的每堂课都是精品课。当然,备课组长的责任更重大,组织重要了。

(3)学生综合素能大力提升。我校常年开展艺体、科技活动课,培养特长,彰显个性。为高一级学校输送多名艺体特长合格生;有 15 名学生的作品获"武汉市创新素质实践行"一、二等奖,获中考加分奖励。学校田径队、合唱队更是捷报频传。学校也因此被评为"武汉市艺术教育先进单位"、"武汉市创新素质实践行先进单位"。

如今学校之所以推行"3+2",是因为这种校本教研模式回归了教学研究的本质。实践证明指向解决教师日常教学生活中实际问题的研究更能激发教师的研究激情,回归教师研究的主体地位,使得科学研究真正为教育教学服务,使我们每一个教师充分体验到研究主体"我思故我在"、"我研故我在"的尊严和欢乐。

"3+2"校本教研模式涵育了新型的教研文化。使教师由专业孤独走向专业互助,在这样的团队文化浸染中,我们在专业上有了强烈的成就感,情感上有了温暖的归属感,行动上有了高度的效能感。能爱学习、善研究,真正地享受着富氧的精神呼吸、愉悦的精神体验和卓越的精神成长,赋予教育生活的诗意与幸福。

四、"3+2"校本研修模式实践反思——实施"3+2"校本研修模式应注意的问题

(1)"3+2"校本研修模式是我校推进高效课堂教学、深化课堂改进行动研究的一个基本模式,但并不是唯一的模式,每个学科、每节课教师都要按照该模式的理念实施有效课堂教学, 具体到每个学科和每节课,可以根据实际情况对模式中的某个环节进行灵活处理。各个环节在实施过程中,形式不应该是单一、固定的,应该有多种形式去实践。如开展课例研究时,可以采用一课多上、多课一题、同课异构、同课循环等方式进行,最大限度地发掘研究的内容、拓展研究的范围,从而为切实提高课堂教学效益创造条件。

(2)"3+2"模式的实施应该有一个初步的计划,每一环节的实施要根据具体情况作出安排。通常情况下备课组长要扮演好活动的组织者和引导者。"3+2"研修模式的实施周期

一般在三周左右，实施周期略显漫长，而且其中的五个环节的实施都要事先做出安排。较长的实施周期和各环节的提前安排必然会牵涉教学进度的推进以及教学内容的及时落实，因此，在实施这一模式的过程中，我们应该提前规划好要研究的课题任务，各个环节的实施要采取专人负责或轮值负责的方式进行。

（3）每一位教师都是该模式的实际实施者，每一位教师都要参与到这一模式的实施过程中。要充分利用集体备课时间，充分发挥集体智慧，认真研究教学的每一个环节、每一个问题，将教学过程做精做细。某一项研究内容的实践需要同组多名老师参与，因为教师工作内容和时间的差异性，无法保证每次研修都是全员参与，也就无法保证每次研修的实际效果，所以要发挥这一模式的最大效能，单靠一周一次的集体备课时间是远远不够的，要把这一过程分解到平时的日常教学研实践中来完成。

（4）在说课阶段，要突出对教学重难点、学情、教法和学法的阐述，它们直接关系到实际课堂教学的导向和效果；在辩论阶段，听课者要依据相关的教学理论来具体、客观、务实评价授课者的教学行为和效果，同时要在自我和对方的理论、策略比较中进行深入的纵向的思考展示。

（5）要注意现场辩论和评课之间的区别。现场辩论的实质是议课，它是围绕听课所收集的课堂信息提出问题、发表意见。它以"改进、发展"为主要课的取向，不但不怕出现问题，而且鼓励讲课教师主动暴露问题以获得帮助，求得发展。议课强调集中话题，超越现象，深入对话，促进理解和教师自主选择，是要把教师培养成具有批判精神的思想者和行动者，帮助他们实现自身的解放。要超越谁说了算的争论，改变授课教师在评课活动中"被评"的地位和失语的状态。议课教师与授课教师是在平等地交流，更多的是这样的语言："我观察到某某现象，请问你是怎么考虑的，我的做法是怎样的……"

（6）进行课例研究时，必须以问题解决为中心，围绕新课标要求，揭示和解决课堂教学中的问题。作为研究教师，必须有一定的理论基础，具备教学研究的基本素养、改革探索的勇气和研究的自觉性，敢于吸纳教育中的新思想和新主张，敢于在实践中尝试各种新理念和新方法，敢于接受新的挑战。同时，教师要用团队精神，形成一个课例研究的共同体，备课组要营造浓厚氛围、建立良性机制，促进教师参与研究，互帮互助，共同提高。

"3+2"校本研修模式是我校集体智慧的结晶，虽然在实际的运用过程中取得了一定的成效，但依然存在不够周全、不够成熟的地方，还需要我们在教育教学实践中不断发现问题，摸索解决问题的方法，总结研修过程中的经验，努力丰富该模式的内涵，让其发挥更多更好的作用。希望在我们共同努力下，在新的一年里，七一中学的生态课堂，课堂的生态，在3+2模式的引领下，能早日实践，祝愿我们的幸福，学生的快乐，打造每个家庭希望的梦想，在新的一年能得以实现！

初中物理与信息技术课程整合的实践

学科与信息技术课程整合是创新育人模式、深化教学改革、推动特色发展、实施素质教育、提升学校品质的基本途径。

在全国教育改革浪潮中，信息技术与课程整合已经成为 21 世纪最热门的话题。教育部在《基础教育课程改革纲要(试行)》中提出："大力推进信息技术在教学过程中的普遍应用，促进信息技术与学科课程的整合，逐步实现教学内容的呈现方式、学生的学习方式、教师的教学方式和师生互动方式的变革，充分发挥信息技术的优势，为学生的学习和发展提供丰富多彩的教育环境和有力的学习工具。"

信息技术与课程整合的理念提出后，各个地方都在积极地进行探索与实验。武汉市七一中学早在 1994 年便已经成湖北省电化教育试点学校，现在所有的教室和功能室均安装了交互式电子白板，创建了教育云和智慧校园，硬件达到了前所未有的高度。迄今已经推行了 20 届校内青年教师五项技能比赛，以及 18 届电教优质课比赛，全校教师的信息与学科整合水平得到长足发展。

下面，从五个方面来谈谈我对初中物理与信息技术课程整合的理解。

一、初中物理与信息技术课程整合的目标

物理与信息技术课程整合的目标在于"激发、促进、辅助、突破、提升"这 5 个关键词。

1. 激发学生学习的兴趣和求知的欲望

在教学中运用多媒体技术，生动地展示一些物理现象和规律，能够将抽象的物理概念转化为形象生动的画面，降低了认知的难度，激发了学生学习物理的兴趣。

例如：在讲解日食、月食形成时，用挂图讲解没有立体感，用实物演示不好理解。若用 Flash 软件把太阳、地球、月亮三者用动画播放，他们的运动关系，既形象、生动，又加深了学生的现象的理解。

2. 促进学生自主、合作、探究学习

在物理教学与信息技术整合中，为了促进学生自主、合作、探究学习，适时使用信息技术是关键。

例如:在探究凸透镜成像规律的活动中,让学生先做实验,得出凸透镜成像的初步规律。但是,有部分同学还是不理解,我就把凸透镜成像的动画发送到每一台电脑中,让他们再做虚拟实验,从而总结凸透镜成像规律:一倍焦距分虚实,二倍焦距分大小,物近焦点像越大,像距越大像越大。

3. 辅助物理实验教学

有的实验无法进行,有的因实验器材等多种原因,造成实验效果不明显,很有可能打消学生学生的积极性和主动性。因此,借助计算机网络制作相关的课件展示实验现象,能达到理想的效果。

例如:"固态、液态、气态的微观模型"、"分子热运动"、"扩散现象"、"电荷的定向移动形成电流"、"物体振动发声"等,这些难以观察到的现象,利用课件来"放大""缩小""慢镜头""快镜头",把宏观缩小,微观的放大,长时间的缩短,太快的放慢,起到事半功倍的奇效。

4. 突破教学中的重、难点

在物理教学中,有些难以理解的内容,在黑板上或纸面上讲解费时难懂。如果用多媒体来辅助,就容易多了。

例如:为了让学生能更好地理解"电路图与实物图的互画"、"复杂电路图的识别",我从网上下载了一个"中学电学虚拟实验"的软件,学生既可以进行虚拟实验,又能拖动元件识别电路,还能使多档位电路变得简单明了。

5. 提升学生精神境界

物理教学不仅要教给学生知能,还要教给学生方法,更要促进学生精神成长。

例如:讲到牛顿第一定律时,要求学生从网上查找伽利略、牛顿等科学家的简介,了解他们追求真理的精神。讲多彩的物质世界时,从网上查找宇宙的奥秘,了解人类探索宇宙的历程,了解中国航天的发展,并进行爱国主义教育。

二、初中物理与信息技术课程整合的原则

要想达成上述目标,物理与信息技术课程整合要遵循六个原则:必要性原则、互补性原则、渐进性原则、整体性原则、创造性原则、平衡性原则。

1. 必要性原则

发挥信息技术相对传统教学手段无可比拟的优势和不可替代的作用,做过去想做而无法做或不容易做的事情,把本来要做的事情做得更有效率和效果,从而更好地引导学生学习。

例如:我们很难在现场观看"火箭发射"、"蛟龙号"和"辽宁号航母"等,但通过现场直播能扬我国威、壮我军威。

2. 互补性原则

传统教学模式有其不可替代的地方,整合并不可能也不应该彻底抛弃传统的教学方

式,而是为了使它们完美地融合在一起,以实现教学过程最优化。

例如:在《生活用电》教学中,制作如图所示的电路板,既能演示家庭电路组成和各元件的作用,又能演示电路断路和短路等故障,还能利用电子电路图分析故障产生的原因。

3. 渐进性原则

目前,物理与信息技术课程整合的实践还处于初级阶段。一方面,学生可能很早就接触计算机和网络,但实际的信息技术应用能力不高。另一方面,整合还必须考虑到学校及教师的实际,如果学校条件不具备,或是教师本身的信息技术水平、整合的理念有问题,则待情况改观后再为之。整合毕竟不是一朝一夕之功、一蹴而就的想法。因此,我们必须认识到整合的渐进性,变要我用为教我用,变教我用为我要用。

4. 整体性原则

整体性原则是指将物理与信息技术课程组成一个功能统一的整体。具体来讲,要从系统的角度整合目标、原则、模式、案例和注意事项,从而保证整合的和谐性;看这些要素是否能促进学生的物理学习能力和信息素养的整体提高,从而有效地提高教学质量。

5. 创造性原则

创造性原则是指整合的实践中,应该发挥自己的创造性,努力进行符合教学实际的有针对性的整合。诚然,信息技术与物理课程的整合在理论探讨和实践探索两方面都取得了可喜的成绩,出现了大量成功的案例,对于这些案例,我们应该采取学习的态度,切不可生搬硬套,同时也应该防止过多的借鉴。我们的标准是:掌握信息技术与课程整合的方法和途径,实现符合本校实际和学实际的有效的成功的整合。

例如:在《光现象》中,通过探讨能射中靶心的方法来复习光的直线传播、光的反射、平面镜成像和光的折射,学生们终身难忘。

6. 平衡性原则

信息技术与物理教学整合要实现效率、效果、效益的平衡,即在追求效率的同时,更要注重效果和效益。

例如:利用翻转课堂,学生可根据自己的步调随时与师生在线交流,研究性地学习知识与技能,增强创新精神,提高实践能力,提升了课堂效率,获得了良好的效果,有益于学生的持续发展。

三、初中物理与信息技术课程整合的模式

为了充分用发挥信息技术的作用,提高教育教学质量,七一中学的物理教师经过大量教学实践,通过信息化教学设计,合理利用信息化教学环境,在理论研究的基础上,探索了行之有效的信息技术与初中物理教学整合下的教学和教研模式。

1. 课内整合:"四四五"生态课堂教学模式

"四四五"生态课堂模式是以生命为教育的起点,以发展生命为教育的终点,充分发掘和调动生命个体的灵性,不断开发人的多元智慧,构建自然、和谐、开放、鲜活的课堂教学模式。要求课堂要体现四个特征、四个层面和五个步骤。

四个特征:让学生自由地呼吸、坚韧地探索、健康地成长、快乐地绽放。

四个层面:生本、生活、生动、生命。

五个步骤:

(1)导疑——情境导入,提出疑问。

(2)引探——自主学习,探究问题。

(3)释疑——主动展示,阐释疑点。

(4)启思——归纳总结,提炼方法。

(5)精练——当堂训练,提升能力。

这种多媒体环境下的初中物理"四四五"生态课堂教学模式,以学生的自主思考主动探究为核心,教师只是起引导支持和帮助的作用。学生通过自主思考、主动探究的过程,认识和理解物理现象,掌握物理知识,学生在已有知识结构基础上进行意义建构,对知识的理解掌握更加牢固。同时,学生的学习兴趣和动机被极大地激发出来,学生的自主探究能力、表达能力、协助能力都能不断得到培养和提高。与传统教学模式相比,这种模式最显著的特点就是信息技术尤其是多媒体技术在教学中发挥了不可或缺的重要作用。如果仅仅依靠传统教学手段,很多实验现象和物理情境的展示都受到极大限制。而采用了现代信息技术整合的教学模式后,课堂教学情境和实验现象的展示能够得到极好的处理,体现出信息技术与课程整合的巨大优势,深化了教学改革。

2. 课外整合:网络环境下"自主学习—讨论"模式

所谓网络环境下"自主学习—讨论"模式,是指学生在课外自主学习时,碰到即时的问题或者想法,自己无法很好地解决,可以通过网络将问题提交给老师和其他同学,让大家思考、讨论,从而顺利地解决问题。在此,教师既要创造宽松的氛围让学生积极讨论,又要防止讨论过于偏离学习话题、学习内容。在这种模式下,教师的辅导既能达到个别化,也能实现"大众化",教师对学生学习情况的了解更加及时和丰富,教师对课堂教学的反馈和监控也就多了一个不错的渠道。另外,对学生而言,学生的自主学习得到充分的"后援"保障,他们学习中遇到的问题也及时得到解决,使学生自主学习的信心和能力都能得到提高。此外,在这种网络环境"自主学习—辅导讨论"模式下,师生之间是类似网状的师生关系,可以实现师生之间、生生之间的良好的交流、沟通,创新了育人模式。

自主学习教材,理出疑惑——观看微视频,交流讨论——完成导学案,查漏补缺——

订正答案,写出错因——整理错题集。

3. 校本研修:"3+2"校本研修模式

模式:"说课、上课、听课"+"现场辩论、课例研究"。

内容:做好"删、降、减、精、变、用"六字。

本学年教研和教学的重点是做好"删、降、减、精、变、用"的工作,强化课前预习的导向作用,突出课堂教学的主题地位,灵活运用多种教学手段,来提高课堂效率、效益和效果。

(1)删:删掉《导学案》和《新资源》上有争议试题和与中考相关度不高的试题。在遵照新课标的前提下,弱化边缘知识,强化重点知识,优化课堂结构。

(2)降:适当降低标高。针对学生实际和教学内容的要求准确把握标高。切忌上新课时难度太大,否则,一快一难导致学生畏缩不前,过早分化。

(3)减:减少统考频度。我们提倡用小试卷,小测验来反馈学生学习情况。挤出更多的时间上好新授课和复习课,尤其注意新授课与复习课的区别。

(4)精:精选教学内容和练习题。师生要讲学生不懂或似懂非懂的问题和学生最需要的内容,可讲可不讲的坚决不讲,不求知识的全面性和完整性。

(5)变:精编例题时做到源于课本、活于课本、高于课本,力求低起点、缓坡度、拉差距,一题多问,一题多变。即由教材上试题变成中考题,再变成拔尖题。这样能使优生更优、差生不差。

(6)用:运用多媒体进行教学和监控学生有效学习。利用微视频破解学生学习中的难题,利用多媒体、实验、故事和魔术等激发学生学习兴趣和动机,引导学生深度学习。利用网络平台发动家长管理学生,利用 QQ 群发作业答案,让学生养成作业 "三部曲"和阅读"三边"的良好习惯。

总之,"删、降、减"就是做好教学内容的整合工作。即打通使用教材,该删的删、该降的降、该减的减,将几节课内容变为一节,减少教学内容,做好教学内容的融合。"精、变、用"就是做好教学内容结构与学生认知结构技术转化工作。即教学内容通俗易懂、教学语言深入浅出、教学片段零而不乱、教学过程讲练结合、教学效果豁然开朗。

步骤:精编导学案——骨干教师上展示课——现场辩论——其他教师跟进上研究课——撰写课例研究

四、初中物理与信息技术课程整合的案例(《浮力》复习课)

1. 导疑——情境导入,提出疑问

在《浮力的复习》试教中,我截取舰载机在辽宁舰上起飞、降落的一段视频作为引入,以为能够吸引学生眼球,结果学生反映很平淡,没有达到预期效果;后来改为实验引入,学生兴趣大增。

塑料瓶中有一个乒乓球,你有没有办法可以不碰塑料瓶就可以拿到乒乓球?

2. 引探:自主学习,探究问题

复习课不是简单的回顾,而是要对知识构建网络,对知识整合、升华,首先确定好复习目标,然后抓住重点作为主线来展开教学,本节课以探究探究浮力大小与排开的液体所受重力关系的实验过程为主线,设置五个层层深入的开放性的问题,引导学生发散思维,激发思维,达到高效的目的;设计的第一个问题是怎样测量浮力?要求学生选择图中器材在电子白板上完成。

怎样测量浮力,学生不难回答,但使用电子白板进行拖动、组合还是给学生带来极大的兴趣;紧接着抛出第二个问题:怎样测量物体排开的液体所受重力?学生操作起来很顺利了,由这两次实验可以得到什么结论呢?这样就自然的过渡到第三个问题:怎样使实验结论更具有普遍性?引导学生思考讨论,很快学生们想到应该多次实验,这样结论才可靠,才具有普遍性;老师追问:是将刚才的实验重做几次还是改变条件再做呢?有学生提出:改变条件,比如将物体从浸在水里改浸在其他液体里;也有学生提出:换另外的物体,比如用金属块代替石块等,学生的思维活跃起来了,有学生提出用木块更有说服力,还给出理由:石块、金属块浸在水里都会下沉,而木块在水中静止时会漂浮;学生讨论到这里,这也是老师预设的情景,要求学生使用电子白板演示实验过程,其他同学思考这次的实验跟刚才的有何不同,这次的实验结果跟刚才的有没有不同,经过多次实验后再总结出阿基米德原理。

3. 释疑:主动展示,阐释疑点

学生的积极性和参与热情都高涨起来了,老师要做的事就是趁热打铁,再次将问题引向深入:哪些不当的操作会影响实验?老师根据学生的回答在电子白板上拖动隐藏的预设的几种情形。如:溢水杯中没有装满水做实验,会得出什么结论;金属块碰到容器底时浮力变不变。在活动过程中老师穿插做些实验进行验证。接着抛出最后一个开放性问题:利用图中的装置还能做哪些实验?培养学生发散思维能力。

4. 启思——归纳总结,提炼方法

《浮力》这一章学习了:

一个原理:阿基米德原理。

两个条件:浮沉条件、漂浮(悬浮)条件。

三个应用:轮船、潜水艇、飞艇。

四个方法:弹簧秤法、压力差法、原理法、平衡法。

5. 精练:当堂训练,提升能力

教师精选精编针对强的电子版作业,学生当堂完成,及时检测评价。

五、初中物理与信息技术整合应注意的问题

1. 目的明确

教学课件制作的根本目的是为了使学生更好地学习知识，要特别注意科学性、实用性，要符合学生年龄特征。

2. 取长补短

在大力推进信息技术与物理学科课程整合的同时，决不应该丢弃传统教学中一些行之有效的方法，合理选择和应用传统的与现代的教学手段，使两者有机结合，各展所长，互为补充，最终实现物理教学方式和目标的共同多元化。并不是每一节物理课、每部分内容都适合使用信息技术，有用则用，无用则弃。

3. 角色定位

教师无论采用什么样的教学手段，学生主体，教师主导，这一点是不变的。如果信息技术的演示代替了学生的主动思考，这正是教学的大忌。信息技术的运用，决不能替代教师的作用。必须清醒地认识到教师始终是教学过程的设计者、调控者，因此在教学中决不能因为信息技术的应用而削弱教师的作用。

4. 容量节奏

信息技术与物理教学的整合能极大地提高课堂教学容量这已是不争的事实，但是怎样的课堂容量和节奏最适合学生对知识的建构和领会，而不致增添学生的认知负担，这在目前阶段看来是一个需要教师认真考虑的重要问题，它直接关系到整合教学的质量。因此特别需要教师根据学生的年龄特点、层次以及教学的内容充分估计后做出合理安排并在教学过程中根据学生的反馈信息及时调整。

信息技术与课程整合是一项庞大的工程，不可能一蹴而就。另一方面，我们强调信息技术与课程整合不是一种固定的模式，而应该倡导一种观念。引用台湾学者徐新逸教授的一段话作为结束语："信息科技可以是一个工具、一位助手，却不能取代教师的地位而成为教学的全部。只要教师能抓住课程内容的重点，以最适当最有效的方式传达出来，其实最简单常见的 Word 和 PPT，就可以做出很有效的教材，达到所需的学习效果。戏法人人会变，各有巧妙不同。同样的教材，不同背景和特质的教师与学生，从不同的角度切入与互动，就可以赋予教学与学习不同的生命力，产生不同的学习效果。这也是教育可称为一门创造性艺术的迷人之处。"

利用物理课堂践行"四四五"生态课堂教学模式

——以《凸透镜成像的规律》为例

武汉市七一中学　刘　俊

一、生态课堂教育理念

生态教育的理念是"以人为本",对于"人"的理解,既指学生,也指教师。譬如学生是禾苗,教师创设禾苗良好的生态环境,改良土壤,提供空气、阳光和雨露,促进禾苗苗壮成长。

生态课堂是以生命为教育的起点,以发展生命为教育的终点,充分发掘和调动生命个体应有的灵性,不断开发人的多元智慧,构建一种自然、和谐、开放、鲜活的课堂教学模式。

在生态课堂中,培养学生全面性、差异性、开放性、协调性、平衡性的意识,创设有生机、有生力、有生气、有生成、有生命价值的课堂情境,以理解、交往、互动等为教学路径,师生成为民主的对话者和探索者,生生成为自主学习的合作者。在学习中,促进学生健康成长,促进教师专业发展,彰显师生的生命价值。

综上所述:生态课堂教学是以师生共同发展为中心,以坚持素质教育、坚持教为学服务为基本点。

二、生态课堂"四四五"教学模式

(一)四个特征:自由地呼吸、坚韧地探索、健康地成长、快乐地绽放

自由地呼吸。自由是智力生活中最为关键的要素,如鱼得水,如鸟入林。美好的课堂在于营造一种自由的气氛,只有自由自在、无拘无束的课堂,才能滋育出健康阳光、蓬勃向上的生命气象,使师生形体自然、身心自在、心灵自由。

坚韧地探索。坚韧是坚持而不放弃的忍受力,遇到困难时的耐受力,更是积极向上的爆发力。课堂是一种灵魂的探险,人生的探讨,心灵的探索。美好的课堂应该是"杂花生树、群莺飞舞、山鸣谷应、音韵和谐"不齐之齐的美感,正如费孝通所说的和谐之美的境

界:"各美其美,美人之美,美美与共,天下大同。"

健康地成长。健康是指一个人在身体、精神和社会等方面都处于良好的状态。课堂的最高境界就是点化和润泽生命,促进师生精神成长,在关爱中学会关爱,在宽容中学会宽容,在民主中学会民主……在各自千差万别的生命相遇中不断地走向生命相融和生命相生。

快乐地绽放。快乐是生命的亮色,也是课堂的底色,更是教学成果的重要标志与体现。开心才能"心"开,当一个人开心时,他的心窍就自然而然地打开了,聪明和灵感就汩汩涌流,使师生在教与学中有所思、有所悟、有所得、有所长、有所乐。

(二)四个层面:生本、生活、生动、生命

生本是指教学理念先进化。生本是指以生命为本的教育,它既是一种方式,也是一种理念。生本理念是心中有爱、心中有道、心中有术、心中有行。教育就是围绕珍爱人的生命、增长人的智慧、培养人的信仰而展开的。做到以学为本、以学论教、少教多学、先学后教、学者也教、教者也学、教为不教、教学相长。

生活是指教学内容情境化。生活是指教学内容和科学、技术、社会紧密结合,让学生学会观察生活,思考生活,快乐生活,把学到的知识运用到实际生活中去,真正做到学以致用,培养学生科学素养、人文素养和艺术素养。

生动是指教学方法多样化。生动指有活力,起积极作用,增加正能量。改革课堂教学评价标准,改变课堂教学方式,组建学习小组,创建帮扶模式,构建核心课型模式,启用校本课程,采用自主合作探究的方法,利用故事、魔术、实验、多媒体等现代化教学手段,让学生主动、互动、生动地学习。

生命是指教学效果优质化。生命是指生物所具有的活动能力。生命教学指走向关注师生生命价值的教学,即传授知识、开启智慧、润泽生命。课堂既满足学生知识、技能、方法和品德的发展,又立足于学生当下的身心发展规律,充满生命活力,实现师生共同发展及科学精神与人文精神的有机结合。

(三)五个步骤:导疑、引探、释疑、启思、精练

1. 导疑——情境导入,提出疑问

精心设计情境,巧妙导入课题。教师亲切大方,富有感染力,能激发学习兴趣,拉动学生思维,引导学生积极质疑,能从多个角度鼓励学生提出问题,及时、正确地评价学生的回答,对所有学生表达尊重和赞赏的情感,激发学生自尊、自信,使学生乐于学习。导入课题后,教师能准确定位知识与技能,渗透过程与方法,关注情感、态度与价值观。在导疑这个环节中,学生明确学习本课的三维目标后,教师再出示基础题。

具体程序:情境导入——明确目标——出示问题(3分钟)

导疑的方式可以通过一个小故事、一段录像、一个小活动、一个生活实例、一个演示实验、或者回顾上节课所学知识等，根据这些实例或现象设置问题，创设学习情境，使学生产生质疑，激发学生求知欲望，学生很想弄明白到底是怎么回事，使学生的注意力在很短的时间内回到课堂上来。

比如我在上《凸透镜成像的规律》时就是通过一个小活动来激趣导疑的。

活动一：用凸透镜先看远处屏幕上的字，再看近处学案上的字，看到什么样的像？同一个凸透镜为什么成像情况不同呢？它们之间有什么规律呢？今天我们一起探究凸透镜成像的规律。(引入课题)，接着教师继续提问：同一个凸透镜成像不同，可能与什么因素有关系呢？引发学生猜想，要想验证猜想是否正确，就必须实验。接着教师介绍物距、像距以及实验器材：光具座、LED 光源、凸透镜、光屏。

此环节的设计意图是：通过学生活动用凸透镜先看远处屏幕上的字，再看近处学案上的字，引发思维冲突，让学生在创设的情景中，提出所要探究的问题并进行大胆的、有效的猜想，亲身感触到凸透镜成放大的像，还是缩小的像与物体到凸透镜的距离有关，引发对凸透镜成像规律的猜想。这种引入既体现了从生活走向物理的理念，又起到水到渠成、应运而生的作用。

2. 引探——自主学习，探究问题

各个层面学生积极学习本课内容，集中精力完成基础题。教师巡视，发现问题，个别指导，搜集普遍问题。同学们互相提问，通过小组合作探究，归纳出共性的问题。利用课堂生成资源，进行后续学习。在引探这个环节中，培养学生自主学习的主动程度，协作交流的参与程度，活动体验的踊跃程度。让学生学会倾听，师生、生生之间能彼此交流合作，自由分享见解，把学生的困难、问题和经验当作课堂教学的生长点。

具体程序：自主学习——合作探究——生成疑问(12分钟)

教师将每节课的学习目标分解为一个个的任务，将教学内容贯穿于若干任务，要求学生在规定的时间，按要求通过完成任务自主探究，学习新知，充分体现了"以任务为主线，以教师为主导，以学生为主体"的教学思想。任务要有层次性，这里的"层次"主要是指课堂教学内容被细化融合到若干个相对独立的任务，给不同层面的学生留出相应的自学空间，更让学生带着完成前一个任务的成就感继续学习，激发学生向更高层次挑战。老师的任务则由讲述变为指导学生自学，自学指导一定要具体，让学生达到四个明确：自学的内容、自学的方法、自学的时间、自学的要求。

比如我在上《凸透镜成像的规律》时就是通过学生自主学习课本，通过老师提供的器材小组合作探究问题。

活动二：

a. 学生动手实验，体会什么样的像是最清晰的。

b. 在光具座上从左到右依次放置好 LED 灯、凸透镜、光屏，调节它们的高度，使 LED 光源、凸透镜、光屏三者的中心_____，目的是_____。

c. 将光源由远处向凸透镜靠近，调整光屏到凸透镜的距离，使光源在光屏上呈现最清晰的像。观察像的性质并记录像距 v 的大小。

d. 将光源继续靠近凸透镜，你有什么新的发现呢？

通过学生活动让学生利用器材试着在光屏上找一个清晰的像。引导学生观察光源、透镜不动，光屏前后移动时，光屏上所成像会变模糊，通过观察，学生体验到光源、凸透镜不变时，清晰像的位置是一定的，为学生完成后面的实验做好铺垫。

接着让学生检查像是否成在光屏的中央？如果不在，该如何调节呢？让学生动手体验，最后得出三者的中心大致在同一高度，目的是使像成在光屏的中央。学生实验，记录数据，教师巡视，指出学生实验过程中的不妥之处，辅导学生实验，并提醒学生边实验、边记录实验数据。

此环节的设计意图是：培养学生的观察能力和实验能力，养成积极思维的意识和团队合作的精神。突出了凸透镜成像规律的探究过程的重点，突破了如何找到清晰像的难点。

3. 释疑——主动展示，阐释疑点

基于基础题的解答，教师构建学习平台，注重学习方式的多样性与主体性、协作性与交流性、体验性与感悟性。学生开展丰富多彩展示活动，充分利用教学资源，采取灵活学习方式，紧扣凸显学习目标的共性问题展开探究活动，让学生讨论共性问题，鼓励学生阐释问题，教师适当点拨。在释疑这个环节中，学生获得新知识时能积极主动跟进、共鸣、投入，改变了学习方法，增强了求知欲，能独立思考，发现问题，提出问题，坚韧探索，尝试解决问题。实现学生自我管理、自愿参与、自主学习，学习有困难时得到帮助，成功时得到鼓励。

具体程序：自我释疑——合作答疑——形成共识（5分钟）

按照事先分好的学习小组，每小组 4～5 人，充分发挥学生的主体作用，使学生真正做到动脑、动口、动手。通过小组共同讨论达成共识后，选出一人向全班同学讲解问题的答案。每个小组选派的学生按问题顺序讲解答案，教师必须注意学生思维信息的反馈，善于运用启发性原则针，对学生讲解时出现的错误或不妥之处，及时准确地更正，对于学生不能解决的问题，教师要亲自讲解，讲解时根据学生的认识规律，利用"引导——发现"的教学模式，把握住"示范性、重过程、激励性"原则，让学生的思想水到渠成。待一个问题讲解结束后让学生再讨论，从而达到"生生互动"、"师生互动"，让每个人都成为交流者，最后教师进行画龙点睛式的总结。

比如我在上《凸透镜成像的规律》时，把学习的主动权充分交给学生，由各小组成员通力合作完成实验表格。

凸透镜成像的规律 （凸透镜的焦距$f=10$cm）

物距 u/cm	像的性质			像的位置	
	正立或倒立	放大或缩小	实像或虚像	像距 v/cm	像与物在凸透镜同侧或异侧

实验完毕，各组展示实验数据，然后进行分析和论证。学生将实验数据输入表格，进行多组数据的处理，同学们发现：照相机和投影仪的原理。接着继续将光源靠近凸透镜，同学们有新的发现：光屏上不再成像，教师继续询问，此时物体是不是不能成像呢？引导学生寻找虚像并观察像的性质。

此环节的设计意图是：培养学生分析归纳的能力，让学生体验科学探究的成就与快乐。突出了凸透镜成像规律的分析过程的重点，突破了分析数据，归纳总结得出规律的难点。

4. 启思——归纳总结，提炼方法

针对教学出现的问题，教师注重思维方向的引导、思维路线的点拨、知识元素的内化，注重问题的主题性与逻辑性、主体性与循序性、启迪性与开放性。同学们主动思考，积极发表自已的见解，进行批判性地学习，教师对知能、技法进行精辟的归纳，实施有效突出重点、突破难点的教学策略。在启思这个环节中，启发学生自我总结学习方法，体验学习方法、掌握学习方法，激励学生不懈努力，激发学生创新热情。

具体程序：自我总结——交流共享——提炼方法（10分钟）

课堂小结是物理教学中既重要又容易被人忽视的环节。完美的小结，可以使知识得以概括、深化；可以使整个课堂教学结构严谨，浑然一体，显示出课堂教学的和谐和完美；可以诱发学生积极思维，进行深入探究，从而余音缭绕，余味无穷。归纳总结的方式多种多样，比如：①总结概括式：为了使学生对课堂所学习的内容有一个完整而深刻的印象，在一节课要结束时，教师可以用简单明了、准确简练的语言和图表等方法，对整堂课的内容进行归纳总结，概括出知识的脉络与主线，深化主题，强化重点，明确关键性知识，对所学知识的认识形成条理，起到突出主题的作用。②分析比较式：为了使学生对课堂所学内容的本质特征有一个明确的认识，一个知识点到结尾处，教师可采取总结、提问、列表等方法，将新学知识的各个部分以及新知识与原有知识进行比较分析，明确它们的内在联系或找出它们各自的相同或不同的特点，以起到更准确、更深刻理解知识的作用。③练习巩固式：这种形式的小结一般适用于由于学生容易对某些概念、规律发生误解的情况。④架设悬念式：这种小结方式一般用于讲授和学生日常生活密切相关或具有突出承上启下作用的知识内容的教学，使学生能在既有物理知识的理论，又有生活经验的实践中去积极思考，努力探索，从而活跃他们的思维。⑤预习引导式：物理的章节之间联系很大，老师在让学生掌握本节知识的同时，对新课的预习要给予必要的指导。教师在设计这样的小结时，要全盘考虑，根据下一次课目要学习的重难点编制预习提纲，让学生在预习时有目的地去学习，避免走弯路。⑥首尾照应式：有些老师喜欢在开始上课以提出问题，设置悬念的方式引入新课，用以激发学生强烈的求知欲望和学习兴趣。对于这种情况，在课堂小结时，就不要忘记引导学生用本节课所学到的物理知识，分析解决上课时所提出的问题，消除一开始上课时老师所设置的悬念。这种小结方式既能巩固本节课所学到的物理知识，又照应了开头，从而使一节课成为一个完美的整体。

比如我在上《凸透镜成像的规律》时就同时用到了几种方法进行归纳总结。

凸透镜成像的规律

物距 u 与焦距 f 的关系	像的性质			像距 v 与焦距 f 的关系	应用
	倒/正	大/小	实/虚		

(1)像的虚实：

凸透镜成实像的条件是_____，凸透镜成虚像的条件是_____。

(2)像的正倒：

凸透镜成倒立像的条件是_____，凸透镜成正立像的条件是_____。

(3)像的大小：

凸透镜成缩小像的条件是_____，凸透镜成放大像的条件是_____。

你还有哪些新发现？

用凸透镜成像动画向学生展示凸透镜成像的连续变化规律，形成深刻的印象。总结当物距连续变化，引起像和像距的变化规律，让学生观察总结出二倍焦距和一倍焦距的特殊意义。

最后总结出规律巧记：

一倍焦距分虚实，两倍焦距分大小；

越近焦点像越大，像距变大像也大。

此环节的设计意图是：培养学生在开放的问题中处理信息的能力，做到一表多用，一表深用，层层下探，意味深长；归纳精练，易懂、易记、易唱，不易忘。

5. 精练——当堂训练，提升能力

科学设计课堂达标练习，突出本课重点难点，凸显分层推进，切实提高学生的学习能力。针对学习目标，精心设计课堂训练，学生独立作业，教师及时发现问题，当堂纠正，强化方法。在精练这个环节，教师成为知识与技能的把握程度，过程与方法的掌握程度，情感态度与价值观的发现程度的推手。通过学习，使学生掌握新知识并能融会贯通，学习技能并得以训练或提高，促进学生自我评价。

具体程序：当堂训练——独立完成——方法强化（10分钟）

比如我在上《凸透镜成像的规律》时为了达到既巩固又提高的目的，我精心设计了如下精练。

(1)如图是小明同学到黄鹤楼游玩时所摄的照片，小明同学也想拍摄一张黄鹤楼的全景照片，请同学们给小明提些建议？

(2)如图所示，保持凸透镜的位置不变，先后把烛焰放在各点，并分别调整光屏的位置。

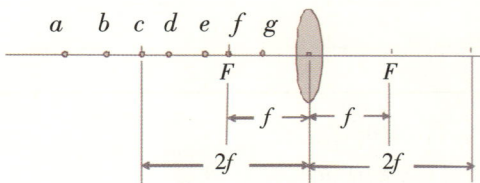

① 把烛焰放在_____点，屏上出现的像最大；把烛焰放在_____点，屏上出现的像最小。

② 成实像的点是_____；成虚像的点是_____。

③ 成放大的像点是_____；成缩小的像点是_____。

设计两道当堂训练题的意图是：巩固凸透镜成像规律，体现物理与科学、技术、社会的联系，做到学以致用。

科研课题

"初中减负增效课堂教学策略研究"课题研究报告

一、研究课题提出的背景

随着我国改革开放的不断深入和社会主义市场经济的逐步发展与完善，未来社会对人才的要求越来越高；高新科技领域的竞争日趋激烈，社会上家长望子成龙的愿望更为迫切，加之有的学校、部分干部、教师对素质教育的思想观念尚未透彻理解，于是违背学生身心发展规律，大搞强化训练、题海战术等"片追"现象时有发生，过重的课业负担对学生生理和心理造成巨大的压力。当这种压力由量的积累而至质的爆发时，在一部分学生身上，许多触目惊心的"反叛"行为令人难以置信：厌学、辍学、出走、自杀甚至违法犯罪，即使有的学生承受住了种种压力，也往往产生了孤僻、自私、偏执等不良心理，导致人格的分裂。显然，这与素质教育的目标是背道而驰的。同时，现代高质量、快节奏的社会生活也对课堂教学提出了效率的要求，即用较少的时间和较小强度的劳动来获取最大限度的效益。那种少、慢、差、费的满堂灌、机械重复等低效操作必须退出课堂。因此，减轻学生过重课业负担，提高课堂教学效率是改变当前不合理教育现状的刻不容缓的需要。

二、研究目标

通过本课题的研究，提高课堂效率，实现轻负高效。

三、研究内容

减负增效的策略研究。

四、研究的基本过程

自 2002 年承接此课题研究任务以来，我们确定了相关的研究人员和研究对象，在三个年级中开展了抽样调查，在此基础上，拟定了研究方案和实施计划，通过课题开题论证。在调查研究和专家论证意见的基础上，我们修改了研究方案，调整了研究计划，采取实验前与实验后两相对照的研究模式在全校开展研究。

首先，我们分别在各个年级选定相应的实验班和对比班，以实验班为点，初步开展了减负增效的研究——调整并优化课堂结构，实现以学生为中心的课堂教学结构在初级学习阶段和高级学习阶段两个层面上的构建；进行了减负增效基本策略的教学研究。然后由点到面，逐步推进。研究过程中，我们采取行动研究法并辅以调查研究法来展开减负增效的研究。经过近三年的研究，实验前和实验后学生的状态差异明显，表明研究取得了相当好的效果，而且课题研究在减负增效的内涵、课堂结构优化的内在机制、减负增效的基本策略等方面从理论建构到实践操作上都已经取得了相关的成果。

五、研究的结果与分析

（一）减负增效的内涵

我们认为，减负增效，就是要减轻学生过重的课业负担，提高课堂效率，实现轻负高效。其实质就是减少直到消除无效教学时间，减轻学生学习的强度，提高单位时间内的效率，真正做到"省时、启智、轻负、高效"。具体地说，就是"六减六增"：减少不必要的机械记忆负担，增加创造性思维的空间；减少硬性统一的时间，增加学生自主研讨的时间；减少学生的心理负担，增加乐学体验；减少接受性负担，增加合作研讨活动；减少苦学负担，增加善学经验；减少被动状态，增加主动发展。

因此，减负增效就必须使课堂教学具有这样几个特征：

1. 科学性

科学性是进行课堂教学的基础，指的是课堂教学要体现先进的科学的教育教学理论，按规律办事。包括教学内容、教学形式和评价机制的科学性。

2. 整合性

整合性是课堂教学的核心。整合性指的是课堂教学一个系统，是一个有机的整体。要发挥整体的最大功能，就必须整合各种因素，使之形成最优化的课堂结构。因此，减负增效课堂的整合性是以科学性为基础的，表现在实现以学生为中心的课堂各要素的整合上。

3. 创造性

创造性是课堂教学的发展和追求。创造性指的是课堂教学能够培养学生的创新精神，让学生体验创造性思维的基本规律，从而激发学生的创新欲望，进而产生创新行为，并在创新行为发生的过程中不断地形成创造能力。

（二）减负增效两个层面的研究

初级学习阶段

初级学习阶段，其主要目的以学生掌握和运用规则性知识为主。在此阶段中，基于案例的教学和基于问题的教学是主要的类型。

基于案例的教学

基于案例的教学，从教学方式上，指的是学生在教师的引导下，自主地通过对某一相对规则的范例的学习，把握知识的基本形式和主要内容，建立关于未知知识的基本模型；从思维方式上，指的基于已知知识与未知知识之间的相似性，学生在教师的引导下，自主地构建关于未知知识认识的基本模型。基于案例的教学，目的在于让学生建立关于未知知识的基本模型，使学生能从本质上把握知识的脉络，从而获得举一反三的能力。

基于案例的教学，核心在于让学生自主地把握知识的基本模型，并以此为基础，使学生能通过对基本模型的把握，探索并把握基本模型的变化形式。因此，基本案例的学习具有两个层面的意义：一是基本模型的构建；二是基本模型的变化形式的把握。

在教学中，针对学生尽管用了不少时间，费了很大精力，收效甚微——抓不住基本规律的现状，我们紧紧抓住基本模型的构建，使学生能从本质上把握知识的基本模型。

基于问题的教学

基于问题的教学，是从发现并提出问题开始，到解决问题并从中发现新的问题进而研讨解决新的问题的过程。在此过程中，学生在教师的引导下，自主地研讨问题，是以教学问题为主线而展开的。在这里，调动学生自主地解决他们所面临着的认知问题是教学的中心，学生的研讨始终围绕问题进行。因此，基于问题的课堂教学，一方面，教师通过精心的设计，巧妙地提出问题，引发学生的认知冲突，激发他们求知探索的热情，使他们参与对问题的研讨，形成自己的观点；另一方面，更重要的是，教师通过情境创设和引导活动，使学生能产生认知冲突，发现并提出问题，进而研讨解决问题。

教师在提出问题时，要考虑选择与设计问题，选择什么样的问题，在什么时候，以什么方式呈现出来，提出的问题与学生的认知结构、生活经验和最近发展区之间具有怎样的联系。要考虑提出的问题能有助于学生认知结构同化或顺应的过程的发生。只有这样，学生的认知冲突才可能真正地发生。

同时，教师更要深入地考虑创设情境，激发学生的认知热情，使学生在认知过程中能产生认知冲突，并因认知冲突而出现神经系统的紧张状态，进而促使学生为消除神经系统的紧张状态而产生相关的认知行为。这既是教师进行教学设计和教学任务分析时必须考虑的重要任务，又是教师教学思维设计过程中必须重视的。

因此，基于问题的学习，是以学生的认知结构、生活经验和最近发展区为基础的，是在此基础上发现并提出的问题，并且围绕着问题，充分调动学生的主体能动性，使学生在同伴研讨、师生互动的过程中，发现问题的本质，寻找问题解决的方法与途径，产生丰富的解决问题的过程体验，进而形成新的认知结构和办事能力，掌握新的解决问题的方法，获得新的生命体验。

高级学习阶段

低级学习阶段是以规则性知识为学习对象的，但是仅仅掌握一些规则性知识是远远不能满足未来社会对人才的需要的。未来的人才不光只是掌握了一些规则性的知识，还要善于运用这些规则的知识来解决实际问题。重要的是，生活实践中，人们所面临的问题并不仅仅只是规则的问题，而是大量的不规则的问题，这就需要人们在面临这些不规则问题时，能从规则性知识出发，调整自身的认知结构，顺应这些不规则的问题，探索解决不规则性问题的可能性，从而实现认知结构质的飞跃。因此，必须学以致用，学用相结合，即让学生面临生活中大量的不规则的问题，尝试运用所学知识来解决这些不规则的问题，使学生学到有用的知识。

在此阶段中，由于面临着实践的任务，需要学生完成实践的任务，因此，这种教学就是基于任务的教学。

基于任务的教学，就是让学生进入到实践情景中，面临一些不规则的问题，在实践情景中运用所掌握的知识来解决这些不规则的问题，从而实现认知结构在原有基础上质的飞跃，形成相应的实践能力和创新精神。因此，此阶段的学习是培养学生创新精神和实践能力的关键所在。

基于任务的教学，具有这样一些特点：

(1)任务的真实性。学生所面临的任务并不是凭空捏造的，而是生活实践中存在着的，是学生所熟悉的。

(2)学生的主体性。在此过程中，学生是任务的完成者，学生的成长无法替代，必须发挥其主观能动性，使其调动自身的精神、情感、意志和智慧，全身心地投入到任务完成的过程中，无论是查找资料、寻找工具和材料，还是设计方案，制订计划，都是学生自主完成的。而教师只是此过程中的协助者、引导者和辅助者。

(3)任务的不规则性。学生所面临的问题并不是书本上的规则性问题，而是不规则的问题，这就需要学生在完成任务的过程中必然地发生认知结构的顺应过程，调整只是储存了一些规则性知识的认知结构，大胆地对问题解决的可能性作出大胆的猜想和假设，并设计相关的实验来证明自己的猜想和假设，从而得出属于自己的结论，实现认知结构的顺应——质的飞跃，从而形成创新精神和实践能力。

(4)学习结果的创造性。吉尔福特认为，所谓创造，本质上就是在事物之间建立起崭新的联系。由于学生在面对现实情境的过程中，要解决一些不规则性的问题，这就必须要求学生认知结构顺应过程的发生。此过程的发生，要求学生根据现实情境的要求，对自身认知结构作出调整，使问题与认知结构之间建立起新的联系，从而使这种联系具有创造性的意义，因而使学习的结果具有创造性。

因此，无论是初级学习阶段，还是高级学习阶段，教学始终贯彻了以学生为中心的课堂教学结构的构建，学生的主体性精神得到了张扬，学生的学习效率得到了根本性的提升，而学习负担得到了本质性的减轻，实现了轻负高效，使课堂教学过程中体现了科学性、整合性和创造性。

（三）减负增效的基本策略研究

随着研究的深入，我们在实践中总结出了减负增效的一些基本策略。

指导学生学习的策略

指导学生学习的策略，指的是在初级学习和高级学习阶段中，注重学生对方法的把握，使学生能够掌握并运用正确而科学的方法来从事认知活动。

方法指导涉及两个方面的内容，一是学习策略的指导，二是思维方法的指导。

指导学生学习的策略，不仅仅只是学习方法的指导（如何阅读，如何做笔记，如何预习、复习，如何制订计划等），更包括学生对信息加工处理的方法的指导。尤其是学生对信息加工处理的方法的指导，涉及信息的编码、储存与提取的过程。

在教学过程中，要求掌握和运用的知识信息能否被学生加工处理并编码，整合为学生的认知结构，这是教学的关键。这取决于两方面的因素：一是知识信息呈现的形式要有利于学生进行加工处理并编码；二是要让学生把握信息加工处理并编码的方法。

思维方法的指导，指的是以培养学生创新精神与实践能力为核心，以基于任务的学习为基本方式，使学生在实践情境中体验解决问题的过程，从中提炼出思维的基本规律，掌握并运用创新的基本原理。

（1）体验创造性思维的基本规律。即在教学的过程中能引导学生体验运用加一加、减一减、换一换、联一联、变一变等创造性思维方式来解决学习中的问题。

（2）教师引导学生灵活地运用加一加、减一减、换一换、联一联、变一变等创造性思维方式和所掌握的知识来解决实践中的问题。

创新素质实践行的活动，让学生有了充分运用创造性思维方式的广阔舞台，使学生们能综合运用所学的知识来解决实际问题，在巩固所学知识的同时，增强了他们的创新精神与实践能力，为学生的可持续发展奠定了基础。

激发学习动机策略

动机是人的精神、情感处于紧张的状态，是个体行为内在的驱动力，只有唤起了个体的动机，个体的行为才具有指向性和可能性。

在教学过程中，学生的认知动机的产生是具有相应的基础的。我们认为，认知动机产生于情境之中，是在活动的过程中产生的，没有情境，没有活动，学生的动机就难以产生。因此，在教学过程中，激发学生的学习动机是非常重要的。在实践中，我们探索了这样两类动机激发的策略。

一类是设置情境,使学生在情境中形成学习的动机。

二类是通过活动,激发学生的学习动机。

引导学生主动学习策略

主动学习策略,指的是将学生学习的权利交还给学生,充分地尊重学生的主体地位,充分地相信学生的聪明才智,让学生发挥主观能动性,自主地学习,让学生成为课堂的主人。

(1)要让学生成为课堂的主人,就要创设让学生自主学习的环境,为学生自主学习提供时间、空间和相应的条件。

(2)注重学法指导和思路点拨,引导学生由"学会"向"会学"转化(见上文)。

(3)引导学生自主地发现问题,自主探究。

一是密切师生关系,使教师与学生关系的和谐统一,这样使学生处于民主、平等、和谐的环境中,心理安全感强,进而敢于提问。

二是密切教材与学生生活经验、生活实践、认知结构之间的关系,使两者处于和谐统一状态,这样,学生就容易进入问题情境,从而有问题可发现,有问题可探究。

三是要密切情境与学生之间的关系,使情境与学生之间和谐统一,教师创设的教学情境,必须充分地调动学生的感觉器官,使学生能顺利地进行感觉登录,从而结合原有的知识经验,形成知觉和心理表象。

四是要让学生学会发现问题的方法。发现问题的过程是逐渐的由浅入深的过程,因此,首先要鼓励学生提问,那怕是一些浅层次的问题;其次,要善于引导学生提问,要引导学生树立联系的观念,并运用联系的观念来发现问题。

指导学生合作研讨的策略

合作研讨,是以学生为中心的课堂所常用的一种学习方式。它既可以促进同伴关系的发展,培养学生的交际能力,更能在合作研讨的过程中,优势互补,相互启发,从而实现共同发展。

(1)个体学习与小组学习相结合,这是一种相当常见的合作研讨方式。

(2)通过小组与小组之间的研讨促进各小组学习目标的完成。

(3)注重年级之间的合作研讨。如语文学科组织了小记者团,开展丰富多彩的活动;数学学科举行跨班级跨年级的"生活中的数学"系列活动;英语学科开展的"英语角"活动;理化学科举办的"小制作、小发明、小论文"活动等,这些活动,使高年级的同学与低年级同学之间相互研讨,发挥各自优势智能,促进了学生学习方式的转变,促进了学生个性的发展、合作意识的增强和合作能力的提高。

(4)教师参与学生讨论,抛出新的问题,启发学生做深入的思考探究;在学生小组研讨、组与组之间研讨、年级之间研讨的过程中,教师的参与与引导显得相当重要。

(5)组织竞赛、辩论等研讨活动,强化知识的运用和能力的形成,丰富学生知识与能力的建构。

教师布置作业的基本策略

作业应该是训练学生自主性、创造性意识和能力的重要载体,也是切实地体现减负增效精神的重要载体。在实践中,我们认为,作业的布置要切实地体现科学性原则,不可盲目,切忌机械性的作业训练,切不可以量代质,大搞题海战术,要切实地体现减负增效的内涵。

(1)要有针对性。每次作业都要有明确的目标,要对症下药。

(2)注意减轻负担,每次作业量不能过多。

(3)抓住重点,不可面面俱到,对教材、资料上的习题要加以筛选,取其精华,要杜绝以整套试卷代替作业的做法。

(4)侧重基础,不布置偏题、难题、怪题。

(5)注重理解运用,先复习后做作业。

(6)要因人而异,不可千篇一律。作业对学生有没有吸引力,能否按时完成与老师的要求有关。

(7)注意联系实际,增加作业的趣味性。

减负增效课堂教学评价策略

评价具有导向、调控、反馈和激励的功能,是教学的风向标和指南针,是学生学习的试金石,因此,切实地落实减负增效的课堂评价体系,是减负增效的研究取得实效的关键之一。

我们认为,对学生进行评价的主要目的是促进学生学习,形成能力。在减负增效的课堂教学评价中,应该体现这样一些理念:

(1)不仅强调学生学到了什么,而且强调学生怎样学。

(2)评价方法要适合学习的要求,对学生提供指导,以适合学生需要。

(3)评价方法根据实际情况而变化,给学生提供机会,使学生充分实现自身发展;在一定程度上,更应该注重延缓评价,给学生提供使其充分实现自身发展的机会。

(4)评价对所有学生应是公平的。

(5)考虑不同层次学生的需要。

(6)提高学生自评、自我调整和确定自身目标的能力。

(7)用学生的作业或作品证明他们的学习效果。

这样一些理念,核心就是以学生为中心,以学生的发展为中心。

在实践过程中,针对我们提出的初级学习阶段和高级学习阶段两个层面的教学,经过反复的实践,我们提出了以减负增效为核心的课堂教学评价体系。

评价没有采用量化标准,是因为好多指标是无法量化的,而且量化的结果往往对于教师的主体性造成一定的伤害,因此,在对课堂教学的评价上,我们采取了等级评价的方法,从过程到结果进行模糊评价,以激发教师们的主观能动性。

在对学生的评价上,我们在提出一定的目标的同时,更注重学生的发展,尤其是学生的反思、调整与改进,以促进学生自我认识、自我评价和自我调控能力的形成与发展。

六、研究的效果

学生的课业负担在减轻,课堂教学结构在实现以学生为中心的过程中逐步优化,提高了教学效率。事实上,七一中学近年来的中考成绩和平时调考成绩都表明,减负增效的课堂教学研究取得了实效,使学生获得了发展。

学生竞赛成绩辉煌。2002—2004 年,七一中学在全国数学、物理、化学联赛中,获国家级一等奖人数年年居全省第一。近四年来,武汉市考入全国理科实验班的 5 名学生中有 4 名出自于七一中学。

学生创新素质实践行活动结硕果。三年来,学校汇编了三年中学生创新素质实践行作品集三本,近百名学生获得武汉市创新素质实践行活动一、二、三等奖。

课题研究促进教师专业化的发展,使一大批骨干教师脱颖而出。三年内,有五名教师被评为湖北省骨干教师,有三名教师被评为市管专家,有七名教师被评为市学科带头人和市优秀青年教师,有三名教师被评为区管专家,有三十五名教师被评为区学科带头人和区优秀青年教师。

社会反响良好。减负增效的研究使七一中学得到了广大家长的热烈欢迎,取得了良好的社会反响,使学校生源居高不下。同时,减负增效的研究发挥了相当好的辐射作用。

七、研究的结论与讨论

通过近三年的研究,我们在减负增效上取得了一些成果,初步得出了一些主要的结论。

(1)减负增效的前提在于优化了课堂教学结构,使课堂成为以学生为中心的课堂,尊重并张扬了学生主体地位,极大地调动学生学习的内在主动性。

(2)减负增效的基础在于教师要创造性地使用教材,让教学内容适应于学生的认知水平和生活经验。

(3)减负增效的核心在于强化教学的科学性:要让学生体验运用学习策略的快乐,并运用在学习生活中,从而学会学习,善于学习。

(4)减负增效的关键在于让学生学以致用,学用统一,使学生在用中学,在学中用,从而形成创新精神与实践能力。

(5)减负增效的研究促进了教师专业化的进程。减负增效的研究对教师提出了新的挑战。在"时间加汗水"成为过去的学习模式的背景下,如何减轻学生学习负担,切实地提高课堂效率就必然地成为教师们需要认真研究的课题。

(6)减负增效的研究促进了学生终身学习能力的形成和发展。学习力从本质上来说,就是个体加工处理信息的能力。减负增效所倡导的基于案例、基于问题、基于任务的学习方式,从初级学习阶段到高级学习阶段,让学生深刻地体验了如何学会学习,形成学习力。

在研究中,我们也遇到了一些困惑,特提出讨论:

问题一:既然要实现以学生为中心的课堂结构的构建,那么,在构建过程中,教师是以学生的发展为中心,还是以完成教学任务为中心? 如果以学生的发展为中心,那么常常导致教学任务的难以完成;如果以完成教学任务为中心,那么常常导致难以以学生的发展为中心。因为,教学任务完成不了,学生就难以面对考试,更难以面对升学考试。

问题二:当学校在研究并实施减负增效的时候,家教却异常地火爆起来。调查显示,当前,学生学习的主要压力来自于家庭,而非学校。如何解决这对矛盾,这将是下一步我们要面对的课题,也是我们减负增效课题研究的进一步的延伸。

问题三:在研究的过程中,我们在一定程度上应更关注师生关系这一变量。事实上,民主、平等、和谐的师生关系对减负增效具有重要的意义,它在一定程度上甚至影响着学生的学习动机、态度和情感状态。这需要我们在以后的研究中加以深化。

问题四:学生的心理健康教育应被提到议事日程。尽管在研究过程中,我们注重了《心理健康教育》读本的开发,但是,读本的科学性和实效性需要进一步完善。

在以后的研究中,我们将先在二年级推广减负增效的研究经验和研究成果,并结合校本课程的开发,完善《策略篇》、《创新篇》、《心理篇》等校本课程的开发,使所有的学生受益,并总结成果推广的经验与教训,进一步地完善研究成果;其次,在全校推广减负增效的研究成果,力争学校在科学化、现代化的道路上再上新台阶。

优化课堂 突破矛盾 完善策略

——《初中减负增效课堂教学策略研究》科研课题实际应用及推广报告

三年前,我们七一中学承接的武汉市科研专题项目——《初中减负增效课堂教学策略研究》成功结题。最终形成了近 60 万字的文字成果主附件,提炼出了"调查——分析总结——实验"科学研究方法,获得了数以百计的论文成果(其中公开发表百余篇,国家级奖项 50 余篇),更为重要的是课题研究产生的轰动性社会影响。三年来,我们继续秉承"以人为本、主体发展、依法治教、科研兴校"办学理念,运用"减负增效"理论成果,深化课题理论与实践的发展研究,并作广泛应用推广,现将其报告如下。

一、优化两种课堂

课题组对优化课堂结构的研究得出了五个结论:①从教育心理学和系统论角度比较分析得出了优化课堂结构的理论依据;②要真正利用其他因素来实现以学生为中心,教师要精心为学生搭建自主学习的平台,要创造性使用教材,使教材适应学生的生活经验和认知水平;③要让学生体验并把握学生策略,学会学习,打好自主学习的基础;④启动学生内在的主动性,激发学生自主探究的精神,增强自主学习的动力;⑤强调在实践中学习,实现学用一体。以上五点,既有理论的,也有实践的,既有方法的,也有过程的。课题组在后期的研究与应用中实现了以下几个突破:

第一,理论研究中实现"否定之否定"研究。无论对行为主义心理学、认知主义心理学还是建构主义心理学的研究,都对前期否定的部分再作比较分析,充分挖掘其积极方面,为进一步优化课堂结构提供理论先导,从而提高了决策的科学性。

第二,拓展策略研究范畴,既针对常规课堂,又针对实践课堂,提出了优化两种课堂研究。优化常规课堂除进一步强调突出学生主体地位以外,还创造性使用教材,让校本课程教材进入课堂,充实教材。

第三,优化实践课堂结构。进一步加大活动课开展力度,拓展学科范围,健全评价机制,把初三学生综合素质评价和创新素质实践行纳入学生三年一贯制评价。

第四，深入开展电教优质课。截至目前，我校青年教师电教优质课已成功举办 14 届，先后涌现了大量电教课高手，电化教学蔚然成风，已经形成电教课"校外获奖易，校内获奖难"的局面。尤其近两届电教优质课教学质量节节攀升。两名教师获全国一等奖。20 名教师获省、市级奖。现在，我们又推出了几项深入开展电教课的措施，进一步优化课堂，如：参加教师年龄由"35 岁以下"推至"45 岁以下"；参加学科由"中考学科"推至"所有学科"。实践证明，课堂教学中"采用多种手段"、"运用多种方式"对于激发学生学习动机和主动探究精神效果是显著的。

二、突破三组矛盾

马克思主义经典哲学告诉我们：世界是矛盾对立的，同时也是统一的。《初中减负增效课堂教学策略研究》课题组在前期研究中取得了卓有成效的成果，同时也产生了几个矛盾对立的问题：第一：构建以学生为中心的课堂结构，到底是以学生的发展为中心，还是以完成课堂教学任务为中心？结果往往是，以学生发展为中心，那么常常教学任务难以完成，以完成教学任务为中心，常常不能兼顾学生的全面发展。第二：民主平等和谐师生关系是否更利于课堂教学效果。第三：学校教育方面如火如荼开展减负增效，但家庭、社会却"家教"火爆，社会上家教中心、教育培优班如雨后春笋，双休日、节假日学生东奔西走，疲于奔命。这无疑给"减负增效"研究带来另一思考。

三年来，我们课题组也带着这一后续矛盾和困惑，继续坚持"调查——分析总结——实验"这一科研方法，针对以上三个问题，分阶段进行研究。

第一阶段：调查问题。采用问卷、走访和深入班级等方式。调查结果显示（摘取四个典型问题）：

(1)你认为课堂教学任务适当吗？

    A. 任务重 30%　　B. 适中 30%　　C. 任务轻 40%

(2)双休日、节假日你怎么过？

    A. 上网 20%　　B. 补课 30%　　C. 上兴趣班 28%

    D. 打球 15%　　E. 其他 7%

(3)你对本节课教学满意吗？

    A. 满意 40%　　B. 不满意 20%　　C. 基本满意 40%

(4)你更喜欢哪一类型的教师？

    A. 严厉型 20%　　B. 和蔼型 60%　　C. 既严厉又和蔼 20%

第二阶段：分析总结。课题组成员对收集的问题进行归类整理，然后组织学生座谈会、家长座谈会，并进行整合分析，得出了以下结论（摘取五个焦点矛盾）：

(1)课堂教学任务设置不科学。原因是没有充分考虑学生素质的参差不齐。

(2)对学生发展的目标定位不明确。原因是没有充分关注学生的动态发展与个性特长。

(3)课堂教学重结果轻过程。原因是片面追求升学质量。

(4)节假日学生补文化课多于上兴趣班。原因是升学压力大。

(5)和谐师生关系更利于教学效率提高。和蔼型教师教学效率不高原因是课堂张弛无度。

第三阶段:实验。基于以上分析结论,我们提出了一系列解决办法,力求统一部分矛盾,具体实行了下面几项措施:

(1)完善课堂评价体系,坚持并强化"分层不分班"教学模式。课堂教学以学生发展为中心这是教学的核心,任务是否完成是以"任务多少"、"什么任务"等问题为先导的。评价课堂效果以任务是否科学合理为评价前提的。只要教学任务适当,那么完成教学任务和学生发展的矛盾就会统一。

(2)对部分教师加强了课堂组织管理能力的引导教育,建立了"传帮带"机制,促使他们快速成长。分析结果表明:经验型、严厉型教师的教学效果十分突出,并不是他们时时处处都"严厉",而在课余和日常生活方面又十分和蔼,所以会赢得学生的敬畏、爱戴,而民主、平等型教师往往泛化了"和谐",张弛无度,所以导致课堂节奏的相对"松散",也影响着教学效率。

(3)组织多种形式的家长会,与家长建立广泛的联系,确保学生有一个充实又更有意义的节假日。诚然,上述矛盾要完全消除,尚需一个过程,有些也不是某一方面的问题,而有着深刻的社会背景,我们将进一步探讨、研究,相信会逐步得到统一。

三、完善四项策略

这里的四项策略指:"激发学习动机策略"、"指导学生学习策略"、"合理布置作业策略"和"课堂教学评价策略"。

(一)激发动机策略

课题组前期研究得出了两类激发学习动机策略,其一是设置情境(创设新的问题情境、趣味情境和多媒体刺激),其二是通过活动(教学实践活动和肯定鼓励)。诚然,这些策略是行之有效的,它们对于唤起个体学习动机,使个体学习行为更具指向性都具有现实意义。这几项策略我们在几年的实践中得到了广泛的应用,有些方面已达到了省市领先水平(如多媒体激趣策略),不仅如此,我们还不断地实践完善,使激发动机策略达到效果最大化,具体应用如下:

(1)多媒体教学突破了激趣功能,发展为学生学习的手段、方式。近几年,我校加大教学硬件建设,新增至三个多媒体教室,学生上课有充分的条件进行网上学习,而不再是被动地看一看、听一听,现在是亲手操作;在老师指导下,自主搜索、查找、解决问题。极大地提高了学习效率。

(2)开辟了多个教学实践基地。不仅充实完善教学实验室,还结合各学科特点,开辟实践课堂基地,如语文学科的《中华活页文库》小记者团,生物学科的植物园……

(二)指导学生学习策略

新课程标准明确要求教学过程应是指导学生自主学习、合作探究的过程,从这个意义上说五年前我们课题组的研究方向是超前的。结题三年来,我们在如何指导学生学习上创造性实践了以下几点:

(1)突出了课堂教学中学生提问环节,并将此环节纳入课堂效果评价项目之一。常规课堂中往往是教师提问(或教材设问)然后由学生思考答问,现在变为学生提问,合作探究学习,自然就提高了学生自主学习的针对性、目标性。

(2)突出课外拓展环节(包括教师的拓展和学生的拓展),密切教材与学生的关系,从而增强教学内容的现实意义和实践指导意义。

(3)突出合作探究环节。课堂学习不是单一的个体行为,而应该是多维的集体行为,同龄人之间的互补(知识互补、意识互补)远远大于两代人之间的互补,就情感认同而言,同龄人之间也大于隔代人之间的认同。

(三)合理布置作业策略

作业是训练学生自主性、创造性意识和创造性能力的重要载体,当然也不可少,但是布置作业往往也缺乏科学依据,量的多少和质的界定也往往模糊不清,"减负增效"课堂作业一定要求质和量的统一,达到"量"的最少与"质"的最高和谐统一,所以,这个方面的合理与否直接决定学生负担的轻重。实践中我们执行了几项硬指标(执行时以中等能力的学生完成情况为参照依据)。

①当堂作业不超过 10 分钟;②当天家庭作业每科不超过 30 分钟,全科不超过 120 分钟;③双休日作业不超过 4 小时;④寒暑假作业不超过 5 天。

另外,在完成作业内容的质量要求上也作了明确规定,即五不准:不准布置机械性作业;不准布置偏难、怪题作业;不准布置全班千篇一律的作业;不准布置整套教辅资料作业;不准布置超前作业(预习除外)。

(四)课堂教学评价策略

课堂评价坚持以学生为中心,以学生的发展为中心,评价依据有:数据、问卷调查(评教评学)、座谈、案例、作业等,具体操作方式为:

(1)每月抽查一次教案,对教师课堂教学目标、学情估计、教材使用、信息输入输出、教学反思与自我调整作为主要评价指标来评价。

（2）深入课堂听课，对照"基于案例的课堂评价表"作出相应的等级界定。

（3）进行问卷调查，每学期定期两次学生评教评学，对教师课堂教学执行情况作定性结论（包括目标完成、问题设置、任务落实等）。

（4）每学期开展两次作业检查，核实布置作业情况，利用获取的数据和作业内容，批改情况对照学生调查问卷，评定课堂作业执行情况。

总之，三年来，七一中学《初中减负增效课堂教学策略研究》课题组对该课题项目的发展研究是深入的，实际应用是广泛有效的，并获得了广泛的认同，产生了良好的社会反响，辐射了周边地区，自 2005 年至今，武汉二中、解放中学、四十一中、台北路中学、汉口铁中等先后应用本课题成果；不仅如此我们还吸引了来自北京朝阳区、河南锦源市、重庆市等外地教育考学团来校参观访问学习。今后，我们将继续深入研究，并进一步推广研究经验和成果，让我们"轻负高效"的课堂带着学生走向灿烂的明天。

减负增效　和谐发展

我们七一中学承接了武汉市科研专题项目——《初中减负增效课堂教学策略研究》，并成功结题，成果先后获武汉市教育科研成果奖、武汉市科技进步奖、国家教科研成果奖。更重要的是，现在我们七一人秉承"以人为本，和谐发展"的理念，充分运用减负增效理论成果，在深化课题理论实践的发展研究中，走得更远，这是落实科学发展观的具体体现，是"坚持以人为本"、"全面协调可持续发展"核心要求的最好注脚。

一、科学阐释"减负增效"内涵

"减负增效"的内涵概括地说八个字——"省时启智，轻负高效"；具体地说"六减六增"：减少不必要的机械记忆负担，增加创造性思维空间；减少硬性统一的时间，增加学生自主研讨的时间；减少学生的心理负担，增加乐学体验；减少接受性负担，增加合作研讨活动；减少苦学负担，增加善学经验；减少被动状态，增加主动发展。这样界定使课堂教学具有科学性、整合性、创造性特征。我们通过反复宣传，组织学习讨论，让这"六增六减"的内涵深入到每一个老师的大脑中，成为他们教学工作的指挥棒。

二、认真落实"六增六减"举措

为了真正落实"六增六减"，学校对一系列常规工作进行了适当调整。

（1）调整作息时间：按市教育局规定的中小学生在校时间进行，严格按照教育局的精神开足开齐各种课程。减少学生在校时间，增加学生自主时间，让学生在活动和实践中体验。

（2）调整作业量，控制考试次数：学校规定初一每天作业总量不得超过 1.5 小时，初二年级作业总量不得超过 2 小时，初三年级作业总量不得超过 3 小时。作业由原来的一刀切，变成硬性和弹性作业的有机结合。学校为了控制试卷量和考试次数，特规定各科印卷应由备课组长控制质和量，并签名才能誊印；学校不搞月考，每学期学校只组织期中、期末考试，考试成绩不排名次。

（3）调整师生心理状态：学生个性发展不平衡，中考激烈的竞争，家长希望自己的孩子升入重点高中，造成部分学生心理压力过大。由于教学评价体系的不完善，上级要求既要全面提升学生的素质,又要培养出面向世界、面向未来、面向现代化的人才,造成部分老师心理负担过重。为了解决这个问题,学校成立了"心理咨询处",为师生解开了"千千结"。

(4)调整研究人员的学习方式:请进来,走出去,虚心学习和积累减负增效经验。一年来,请省、市、区专家到我校指导工作多次,为了探索在新课程理念下减负增效的有效途径,推动教改的顺利进行,我们多次组织人员去上海广东江苏等地学习,交流新课程的做法,取回真经,指导我们的课题研究工作。

三、努力实践"减负增效"理论

通过研究,我们在减负增效理论与实践研究中取得令人瞩目的成绩。首先是课题组取得的五个结论:①从教育学心理学和系统论角度比较分析得出了优化课堂结构的理论依据;②要真正利用其他因素来实现以学生为中心,教师须精心为学生搭建自主学习的平台,创造性使用教材,使教材适应学生的生活经验和认知水平;③要让学生体验并把握学习策略,学会学习,打好自主学习的基础;④启动学生内在的主动性,激发学生自主探究的精神,增强自主学习的动力;⑤强调在实践中学习,实现学用一体。不仅如此,全体教师勇于创新,大胆实践,无论常规课堂,还是实践课堂,都运用与之相适应的教育教学策略。比如激趣策略,通过创设情境,开展活动等唤起学生学习动机,从而提高效率。如指导学习策略方面,突出设疑解问,课外拓展和合格探究环节;在合理布置作业策略方面,基本达到以最少的量与最大的质的和谐统一;在课堂评价策略方面,学校通过定期不定期的数据分析、调查问卷、座谈、案例、作业等依据,对课堂教学进行综合评价,以此督促大面积提高教育教学效率。

四、积极构建"减负增效"课堂

一是立足教师赛课,提升课堂效益。我校一直坚持开展校青年教师五项技能比赛和电教优质课比赛,去年以来,为了进一点提高比赛效果,我们依据规程对赛课程序进行了一系列的调整。在时间上,延长了比赛的周期,便于参赛教师和组内教师有充分的时间和空间进行学习与研究;在赛课评价上,把教学设计或课例分析纳入比赛最后得分。为了让参赛者发挥课堂最佳水平,允许教师自由选择课题、班级,甚至是上课时间;赛课完后我们及时统计数据,用数据说明教学的优缺点,促进信息交流反馈比较,及时反思。我们学校的赛课中的参赛教师非常辛苦,既要说、要上,还要写,不但有组上的预赛、学校的预赛,还有学校的决赛。老师说:累并快乐着,在赛课中,我真正地体会到了新课程理念,只有通过这样的正规形式,学习才成为了真正的开始。老师们孜孜不倦地探究轻负增效课堂教学策略,精心设计教学方案,优化着教学的全过程。

同时，我们还参加各级优质课比赛活动，尤其是区"五优"评比把活动推向了高潮，教师们把这次参赛策划成了一次学习过程、探索过程，经过层层选拔出来的教师，个个不敢掉以轻心，因为后面有教研组长的督促，全组的企盼，我们又组织了全校教育理念先进的教师进行了全方位的研究和听评。通过老师们的辛苦努力，一年来，我校共有 12 人次获国家级、省、市级优质课一等奖。

五、加强"减负增效"评价

为了使教师的教学行为符合我校的总体目标和价值取向，符合学生的要求和利益，为教师自身的发展提供帮助，体现出教师的工作价值，我们通过评估来促使教师形成精品意识，树立争先意识，增强质量意识。

（1）制订了六项原则，使评估有章可循。这六项原则是：过程性原则、目标性原则、激励性原则、公平性原则、民主性原则、可操作性原则。

（2）采取多种途径，做到随机与定期相结合。一方面采取学生座谈会、评教评学活动、听课、查阅（教案、听课笔记、导教制、作业本）及观察教师日常教学行为等途径进行随机评估，另一方面在学期结束时进行综合评估。这样的评估体现了过程性和终结性，能比较客观地反映教师的工作状况。

（3）关注师德和政治思想表现、教学能力和教学业绩等三项内容，体现评估的全面性。

（4）编制了《武汉市七一中学教师"减负增效"课堂考核评价内容及标准》评估表，使评估用数据说话，体现了评估的准确性。

通过这样科学、客观、全面、准确的评估，教师们进一步明确了自己的工作使命，自觉履行教师职责，尊重学生，理解学生，为学生尽心尽责，增强了责任意识，在工作中不断调整和改善教学方法，不断努力追求成功，教学水平得到了较大提高。

总之，我校在落实"减负增效"活动中，一方面努力创造有利于减负人才和增效新秀脱颖而出的环境，另一方面又注重培养树立先进典型，及时大力宣传先进典型的事迹，弘扬他们忠诚于党的教育事业，尽心尽责，扎实工作，为学校发展无私奉献的崇高品德，让全体教师学有榜样，赶有目标，形成你追我赶、不甘落后的良好局面。

《构建初中高效课堂的路径与方法研究》课题[①]结题研究报告

武汉市七一中学课题组

一、问题的提出

(一)课题提出的背景

我校是一所单设初中,创办于 1971 年。我校虽然历史并不悠久,但在全校师生的努力下,形成了优良的教风和学风,办学质量稳步提升,办学规模逐年扩大。在新世纪即将到来之际,就已经成为了在武汉市颇有影响力的初中大校、名校。近十几年来,学校教学质量也一直保持全市初中领先水平,学生和家长对学校教学水平和效果也一直有着较高的要求和期待。多年来,我校不断进行教育教学改革,力求达到高效高质的教学。在实际教学中,我们发现存在以下几个问题:①学生机械性学习,花费大量时间和精力,取得的实际效果有限;②部分老师沿袭传统教育方式,主宰课堂,学生的主体地位得不到落实,致使课堂效率低下;③教师在教学中,过于重视学习任务的落实,教学过程过于死板,课堂气氛沉闷;④在新课程实施中,自主、合作、探究流于形式,没有达到"内化"的效果,不能真正调动学生学习的积极性;⑤90 后的孩子,兴趣广泛,思想活跃,渴望展示自己,而我们的课堂没能够给孩子提供足够的展示自我的机会和平台,从而造成部分学生滋生厌学情绪。这些问题,无疑制约着我校课堂效率的提高,成为了制约我校办学质量在新时期可持续发展的瓶颈。此时,构建初中高效课堂成为我校克服发展中的困难、突破发展瓶颈、跃入新时期发展的快行线的迫切需要。此时,进行构建高效课堂的路径与方法的研究,是有着极大的必要性和深远的意义的。

---

① 该课题为中国教育学会"十二五"教育科研规划课题和武汉市教育学会"十二五"教育科研重点课题。

《国家中长期教育改革和发展规划纲要(2010—2020年)》要求坚持以人为本,全面实施素质教育。我校为进一步深化基础教育课程改革,决定将课堂作为改革的突破口,构建新课程背景下的高效课堂。新课程的核心理念是"一切为了学生的发展",高效课堂能在时间紧凑、知识量大的前提下实现"减负增效",有利于学生健康成长和发展,与新课程标准紧密相连。寻求构建初中高效课堂的路径与方法,是新课程改革在我校顺利实施的需要。《义务教育语文课程标准(2011版)》要求"充分发挥师生双方在教学中的主动性和创造性","激发学生的学习兴趣,培养学生自主学习的意识和习惯,引导学生掌握学习的方法,为学生创设有利于自主、合作、探究学习的环境。"武汉市中小学高效课堂建设工程五年总体工作与年度工作实施计划(武教基〔2011〕36号)要求"认真研究课堂教学问题,寻找解决的方法和策略,提高教师教学与学生学习的能力","认真研究课堂教学问题,寻找解决的方法和策略,提高教师教学与学生学习的能力","使课堂教学质量明显提高"。我校对于本课题的研究,正是切实落实《新课标》及高效课堂建设工程的目标和任务,科学、有序、深入、高效地推进高效课堂的有益探索、实践。

(二)课题提出的意义

1. 促进学生全面发展

"高效课堂"关注学生的进步和发展,本课题通过在实践研究中实施课堂的种种变革,让学生成为学习的主人,把学习变成人的主体性、能动性不断生成、发展、提升的过程,鼓励学生的求异思维与发散思维,有利于转变学生的学习方式,有利于提高学生的学习效率,培养学生自主探究的精神、团结协作的品格和自主意识、创新意识与动手能力,使学生获得全面的发展,适应未来社会发展的需要,为学生更长远的发展奠基。

2. 提高教师的专业发展水平

本课题的研究实践能深化教师对新课程和高效课堂教学的认识;能提升教师的教学理论水平和教学科研能力;能通过教学实践的总结反思和自我调适,优化教学行为,提高教学能力和效率;能促进教师课堂教学方式的转变,提升教师反思、总结课堂教学行为的能力。

3. 促进学校整体发展

本课题的研究实践,能培养一批观念新、业务素质高、实践操作能力强的教学骨干教师,同时能促进校本研修模式的全面升级,大幅度提升教研的效度,有效提升学校的教研能力;能促进课堂教学的重大改变,使我校迈入高效课堂构建的新时期,教学质量再上新台阶,学校获得突破性的发展。

二、课题核心概念的界定

"高效课堂"是一种教师在单位时间内使学生获得最大的发展效益,取得尽可能好的教学效果,实现特定的教学目标,以满足社会和个人的教育价值需求的教学形态。高效课堂所说的"高效",是指在有效课堂的基础上、完成教学任务和达成教学目标的效率较高、效果较好,并且取得教育教学的较高影响力和社会效益。也就是说,学生有无高效进步和发展是课堂教学有没有高效益的首要指标。"高效课堂"至少在教学时间、教学任务量、教学效果等三个要素方面有突破,概括为:轻负担,低消耗,全维度,高质量。

三、研究的依据、目标、内容、对象、方法简述

(一)研究依据

1. 理论依据

(1)人的全面发展理论:这一理论认为人在各个方面只有得到充分而自由的发展,才能适应社会发展的需要。这一理论揭示了学生在探索性、自主性、研究性学习中具有一定的潜力。

(2)人本主义教育理论:人本主义理论十分注重人的个性、重视理性和感性的统一,注重人的个性发展,它与新课改"以人为本,以学生的发展为本"的思想相统一。

(3)建构主义理论:建构主义学习理论提倡在教师指导下,以学习者为中心的学习,也就是说既强调学习者的认知主体作用,又不忽视教师的指导作用,教师是意义建构的帮助者、促进者,而不是知识传授者与灌输者;学生是信息加工的主体,是意义的主动建构者,而不是外部刺激的被动接受者和被灌输的对象,建构主义学习环境包含情境、协作、会话和意义建构等四大要素。这一阐述为本课题探索构建高效课堂的路径与方法提供了实质性理论支撑。

2. 政策依据

2001 年教育部颁布的《基础教育课程改革纲要》指出:"改变课程实施过于强调接受学习、死记硬背、机械训练的现状,倡导学生主动参与、乐于探究、勤于动手,培养学生搜集和处理信息的能力、获取新知识能力、分析和解决问题能力以及交流与合作能力";"尊重学生经验,倡导自主、合作与探究的学习方式,实现民主、平等的师生关系"。《国家中长期教育改革和发展规划纲要(2012—2020)》明确指出:"把提高质量作为教育改革发展的核心任务。树立科学的教育质量观,把促进人的全面发展,适应社会需要作为衡量教育质量的根本任务。建立以提高教育质量为导向的管理制度和工作机制,把教育资源配置和学校工作重点集中到强化教学环节,提高教育质量上来。"由此可见,全面提高教育质量,深化

基础教育课程改革,是当前基础教育领域里的一项重要任务,要完成这一光荣任务,就必须全面贯彻教育方针,树立"以人为本,全面发展"的现代教育思想,以十八大精神为指导,更新观念,积极进行课堂教学改革,科学构建高效课堂,提高课堂教学质量。

(二)研究目标

通过此课题的研究,探索新课程改革背景下高效课堂构建的路径与方法。本课题实验力求在以下几个方面取得成果:

(1)优化各学科的课堂教学,为各学科教师的教学提供一个基本的思路框架,使各学科教师的教学都有章法可循,使教学过程科学化,合理化。

(2)培养学生的学习能力,解决好"两率"(即"课堂精力流失率"和"提升高效学习率"),让学生通过高效课堂走向高效学习,从而实现全面发展,终身学习。

(3)建立高效课堂评价体系。

(4)促进学校的发展。

(三)研究内容

通过对国内外同一领域相关资料的调查研究,我们发现,当前对高效课堂的研究大多偏向理论研究方面,也没有形成完整的系统,即使提及"高效"也主要是强调教师的教法,实际运用和可操作性不强。针对这一现状,我校将研究方向确定为:理论研究和教学实践相结合,既注重教师的教法,同时也强调学生的学法。研究的创新点紧扣"两率",即"课堂精力流失率"和"提升高效学习率"。通过探索立足课堂、解决"两率"的途径与方法,找到能真正实现课堂教学高效的有力举措。内容具体包括:

(1)研究现有生情、师情、学情、教情。

(2)探索构建初中高效课堂的路径与方法,研究关于教与学的系列策略,研究初中高效课堂模式与研修模式。

(3)研究初中高效课堂的评价体系,力求在评价中突出对提升"两率"的要求。

(四)研究对象

我校七年级至九年级的课堂教学。

对象范围:全体学生,62个班级3500多名学生。在各年级设立实验班级:

七年级 1—20 班

八年级 1—20 班

九年级 1—22 班在读学生

(五)研究方法

(1)调查法。主要调查在本课题研究之初,课堂教学的现状、师生理解情况以及对研究过程中、研究之后的状况进行详细跟踪调查,为研究的顺利进行提供事实性依据。

（2）文献研究法。作为学习理论、收集信息的主要方法，其中信息资料主要来源于教育理论书籍、报刊杂志以及网络下载的相关资料等。

（3）案例分析法。在教与学的过程中，边实践，边探索，边检验，边完善，把研究与实践紧密地结合起来，边归纳，边总结，形成有鲜明个性的高效课堂个人案例。

（4）经验总结法。积极做好个人、子课题、总课题的理论、实践的经验总结，注重过程与结果的双翼齐飞。

（5）行动研究法。强调对课题的反思与研究，发现、分析存在的问题，采取改进措施，拟定改进计划。

四、研究的结果与分析

（一）通过调查与分析，明晰了我校在构建高效课堂上所具备的有利条件与不利因素

1. 分析学校文化（特别是办学宗旨及培养目标）对构建高效课堂的作用

十二五期间，学校进一步更新学校办学理念，提出"以人为本 生态发展"的办学理念，以生态哲学整体论的世界观和方法论为指导，从教育理论和教育实践两方面入手全面优化教育生态，着力打造"生态教育"特色学校。以"明德、乐学、尚美、创新"新校训为指导，大力弘扬"思变、笃行"的校园精神，实现"特色引领、多元发展、办优质教育"的目标。学校坚持"内外兼修，长短兼顾"的办学策略，大力倡导"民主、开放、勤勉、合作"的校风，"博学、善导、赏识、宽容"的教风和"勤学、善思、自信、乐观"的学风，进一步提升办学品位。而构建高效课堂正是体现学校办学宗旨、实现学校培养目标的有效手段。本课题的研究正是基于学校办学宗旨及培养目标的实践活动。

2. 分析学校办学条件对构建高效课堂的作用

从硬件上分析：校区占地面积 28 亩，建筑面积 19317 平方米。学校整体布局合理，建筑设计新颖。学校建筑错落有致、气势恢宏，教学、实验、运动、办公区域布局美观合理，环境优雅怡人。整个校园自然与人文相融。电子备课室 2 间，师生阅览室各 1 间，物理、化学、生物、实验室各 2 间，音乐活动室 1 间，微格教室 1 间，微机教室 2 间。常规教室 36 间，均配备有校园广播、电视系统，其中标准教室 4 间，均配备有电子白板多媒体系统。良好的育人环境和设施设备为构建高效课堂提供了较好的硬件资源。

师资力量上分析：我校有省特级教师 1 人、省级骨干教师 5 人，市区专家 6 人，市学科带头人 6 人，市优秀青年教师 2 人，区学科带头人 27 人，区优秀青年教师 5 人，教师队伍以中高级教师为主，学历 100% 达标，教师队伍结构合理。强大的师资力量，为构建高效课堂提供了过硬的智力保证。

3. 分析了我校课堂教学的现状,明确了影响高效课堂构建的因素

在我校开展本课题之初,就对师生进行了问卷调查,分析了学生课堂学习状态及需求,分析了教师课堂教学的状态及愿景。之后撰写调查报告,认清现状,寻找根源,找准解决问题的切入点,把握课题的重点和基础,选准研究的方向,突出课题研究的现实性和针对性,通过调查得出存在问题的根源是:①传统的教育教学观念更新不彻底;②教学实践活动缺乏理论指导;③没有指导教学实践的"高效教学模式"。④缺乏学法指导,学生欠缺自主学习意识。而令人欣喜的是,教师和学生都有着进一步提高课堂效率的愿望,这表明在课题的研究和实践中师生的相互配合是具有共同的思想基础的。

(二)探索出了构建初中高效课堂的教与学的系列策略

初中阶段,是学生思维非常活跃、好奇心非常强、自主独立性明显增强的阶段;而随着时代的发展,网络时代的初中生又有机会经常接受最新的信息,他们的审美情趣、知识见闻、观念取向时时在更新。而另一方面,他们又不够成熟,在良好学习习惯、方法上还有欠缺,容易受心态、情绪的影响。在实践中,我校抓住初中学生自主独立性急剧上升的这一契机,满足他们求新、求变、好奇的心理,探索出了一系列构建初中高效课堂的教与学的策略。

1. "360度兴趣激发"策略

各学科依据本学科特点,致力于突破学科课堂教学当中的重点、难点,针对作用于"课堂精力流失率"和"提高高效学习率"的因素,特别是最关键因素——学生的课堂学习投入状态,总结出了一系列致于力激发学生课堂学习兴趣、保持学生学习注意力的可操作性极强的方法。这些方法针对影响"两率"的不同因素,细化到了不同的环节,具体到了不同的课型、不同的知识版块,实现各学科课堂教学环节三百六十度无死角全覆盖。

(1)导入激趣法。

语文学科总结出16种课堂导入方法,分别为:地方民谣导入法,歌曲导入法,名言名句导入法,情境导入法,诗歌导入法,歌曲导入法,动画导入法,文体改编导入法,故事导入法,类比导入法,画面导入法,图片欣赏导入法,诗词导入法,视频导入法,联想导入法,互动导入法。

数学学科总结出了4种课堂导入方式,分别为:旧知类比导入,以生活中的数学问题导入,学生动手操作道具导入,数学故事导入。

(2)提问激趣法。

梅丽旻老师归纳出了提问激趣的五种手段:营造良好的提问氛围,以情促思;采用点穴提问法,整体生成;运用锁链式提问,引领探究;换位设计问题,尊重学情;多样化提问,激活课堂。

唐熙君老师在讲授"浮力"时,先提问:"乒乓球在水中都是漂浮的吗?"学生根据生活常识回答:"是。"然后,唐老师演示将一个无底无盖的饮料瓶瓶口朝下放置,在瓶内放一个乒乓球,当向瓶内注水时,乒乓球并没有浮起的实验。当学生发现他们的回答和实验的现象不一致时,产生了强烈的好奇心和探究兴趣。唐老师的这个问题设置,很好地体现了提问激趣策略的效果。

(3)化整为零法。

许多学生之所以对课堂学习不感兴趣,一个重要原因是觉得所学内容太难。如果教师能够将教学内容化整为零,则可以化难为易,增强学生学习的自信心,从而积极投入学习。

例如:姚洁敏老师在讲授初中语文写作指导课时总体运用"片段推进法"来进行作文课堂教学,分解作文学习中的难点,让学生在相当长的一段学习时间内,逐渐由不同类型的片段写作逐渐过渡到篇章写作。例如:学习写人的记叙文,先从人物的外貌描写片段开始训练,之后在此基础上逐步加入语言描写、动作描写、心理活动描写,再练习用议论、抒情句段抒发情感,表明态度。这样的作文教学,让每个学生都觉得自己可以写好作文,都喜欢上作文课。

(4)情境激趣法。

英语教研组归纳出了情境激趣的方式:以游戏创设,以实物创设,以简笔画创设,以小故事创设,以幽默创设,以 chant 创设。

肖慧萍老师在讲授规则动词过去式时,将一些动词词组设计成她自己上周刚做过的事,并将做这些事的情景配上图片、音乐,做成 flash,上课时把 flash 放给学生看两遍,提醒学生记住,然后跟同学、老师一起讨论老师上周在哪儿,做了些什么事情。通过师生的问与答,来引出这些活动中所涉及的规则动词过去式的表达。这样的设计很能吸引学生的注意力,因为据调查,学生对老师的"课余时间是怎样度过的"之类的私事是很感兴趣的。学生注意力集中了,兴趣浓了,学习起来自然就轻松了。

(5)道具激趣法。

实物道具是课堂教学中最直观的教具,采用实物教学能给学生留下深刻的印象,学得快,记得牢,能提高学生学习的兴趣,取得事半功倍的教学效果。

例如:祝捷老师讲授"经纬度"时,利用地球仪等直观的教具帮助学生逐步建立起空间概念;再利用橘子皮等物品让学生明白,由立体的球变成平面的地图会存在不同程度的变形而出现误差;接着让学生观察地球仪上不同的经纬网的形状,并在笔记上画出,从而建立立体与平面之间的联系。在教学过程中,道具让学生兴致勃勃,很好地起到了激趣的作用。

《武汉晚报》以《七一中学生态课让学生着迷》为题报道了我校教师成功运用激趣策略

的事迹:学校理科老师自制实验器材五百余件,自创小魔术三百多个,极大地丰富了教学手段,受到学生们的欢迎。对文科老师来说,找到学生感兴趣的话题,恰如其分导入到课堂中来,这是每天必做的功课,知识储备不够时,同事交流、看书读报、电脑查询下载都是老师自我充电的手段……文科老师是故事大王,理科老师是大魔术师,老师们给课堂带来的变化,学生感受最直接。"就拿文科来说,以前讲题多,现在联系实际多,情景剧、演讲、电视短片都会出现在课堂上,现在的课堂,对我们的吸引力增强了,开小差少了。"九年级赵常源说。

总之,以上种种着眼于"激趣"的策略,充分发挥了学生的主体作用,将学生学习的热情激发了出来,使"课堂精力流失率"得以不断降低,"提高高效学习率"得以不断提升,培养了学生合作、探究、创新的精神,提高了解决问题的能力,最大限度地调动了全体学生参与课堂学习的积极性,有效地促进了学生的长远发展,从而从根本上保证了课堂效益的最大化。

2."先学后教,自主探究"策略

新课改的目的就是要通过改变学生的学习方式,使课堂教学成为具有探索性、自主性、研究性的学习。在本课题的研究过程中,我校通过实施一系列提高课堂效益的举措,帮助学生逐渐掌握了自主学习的方法。

(1)直接提供给学生有效的学习资源——导学案。它是课堂教学中师生互动的文字载体,也是学生课前、课堂自主学习、研究学习的重要依据。在新课讲授之前,教师会把导学案发放给学生,要求学生先自学并记下疑难问题。这种做法改变了传统课堂教学中"先教后学"的方式,要求学生在老师教之前必须先学,培养了学生的自学习惯与自学能力。

(2)组建学习小组,明确小组成员分工,指导学生开展合作学习、探究学习。课堂上学习小组分组讨论在自学时所遇到的疑难问题,若通过小组讨论,还有问题解决不了,就由小组长汇报给全班,在教师的指导下,由全班同学一起来探究、解决。学习小组式的学习,引导学生通过对学、群学,学会合作学习,探究学习。

(3)教师自觉定位为学习的合作者、启发者、驱动者。课堂上,教师在各个小组间巡回听取讨论,并进行有针对性的启发、指导。对那些学生不易发现或易于忽略的问题给予启发;对学生经讨论仍未解决的问题,教师不作简单的回答,而是巧妙地启发,将学生的思维引向深入;或是有意设置对抗质疑环节,鼓励学生各抒己见,充分展示个人见解。使学生在探究到答案的同时,既学到了解决问题的方法,又获得展示自我的机会,从而增强探究学习的自信心。

(4)鼓励学生的求异思维与发散思维,培养学生的自主意识、创新意识与动手能力,为学生更长远的发展奠基。在教学环节的设置上,有意识地引导学生自己去寻找学习中的问题;通过教学组织形式和师生互动,给学生说出与教师或其他同学不一样的解决问题的方式的机会,及时鼓励学生小小的创新火花。例如尹红老师在教学《电动机模型》这一课时,先让学生自己动手分解模型的各个部件,再根据部件的作用和形状,让学生给自己部件起名字,然后通过认真的观察部件的结构形状,分组动手制作部件。这样的课堂设置,让学生在体验中加深了对电动机各个部件的认识,又让学生活跃的思维不断产生新的火花,切实地培养了学生的动手能力与创新精神。

(5)用"七一中学课堂达人评选"等方式来评价学生课堂表现,肯定学生在课堂教学上思维能力、接受能力、动手操作能力、学习兴趣、意志、情感上的正面表现,激励学生正向行为,巩固学生已掌握的学习方法、已具备的自主学习能力、已表现出的学习积极性,推动学生有更大的发展。

3."学练分层兼顾"策略

在教学中能照顾到不同学习水平的学生,实行分层教学,让各类学生都能参与到课堂教学中去;同时精心设计不同能力层次的精练内容,尤其注意保护困难学生的自尊心。从而让各类学生都能参与到课堂学习中,都能得到不同程度的提高。

例如:唐熙君老师在"阿基米德原理"的教学过程中,没有直接抛出"如何探究阿基米德原理?"这个难题,而是依次提了以下问题:①本实验要测量哪些物理量?②要用到哪些实验器材?③器材的使用方法及注意事项是什么?④本实验常用怎样的方法减小误差?这些问题由浅入深、由易到难,让不同层次的学生都能保持学习兴趣。

曾莉老师在进行听说课教学时,遵循单词——词组——短句——长句对话形式,让不同层次的学生都能参与进来。

4."互联网+"策略

在课题研究中,我校运用"互联网+"策略,全面推进信息化技术的运用,促进教师教学观念的整体改变,让科技手段成为高效课堂的助推器。推进电子白板教学,全校教师都能熟练地掌握电子白板技术特别是其交互的功能;教师们熟练掌握微课制作的方法,争相制作富有创意的微课,也让学生逐渐学会并习惯利用微课来进行自主学习;课堂教学的地点不单单是常规的标准教室,也常常是电脑室、电教室、微格教室、3D打印室;全校每个班级均建有班级QQ学习群、微信学习群,各学科老师将学科学习的资料(微课、PPT,文档等)作为群文件予以发布,并通过网络对学生的学习进行指导、督促、监控,实现网络教学互动与课堂教学的网络化延伸;进一步挖掘教育云平台的功能,加强教学资源库(教学课件、微课)等的建设,加大学科与信息整合的力度;建立百兆教育专线光纤为主干的校园局域网,全体教师全覆盖实名制无线上网。总之,通过"互联网+"策略,让教师感受到感受科技带来的方便快捷、资源丰盛、成果共享的幸福,让学生感受现代化课堂教学所带来的开放、灵动、高效的幸福。

例如严思茹老师在初中历史教学应用"互联网+"策略,取得了良好的课堂教学效益。在讲授《灿烂的宋元文化》时,她用从互联网上搜集到 2008 年北京奥运会开幕式上印刷术的小片段视频吸引学生的眼球,为后面讲解活字印刷术"活"在哪里做了铺垫;在讲授《宁为战死鬼,不做亡国奴》时,将卢沟桥事变的过程结合地图制作成微课发到了所授课班级的 QQ 群里供学生预习自学,为课堂上的研讨做了准备;在讲授《红军不怕远征难》时,她从网上下载了记录片《长征》的片段还原历史原貌,增强学生感性认识,课后师生意犹未尽,在班级群中对"长征"这一话题进行了进一步的互动探讨。在这几堂课之后,她又将授课时所用到的这些教学资源上传至教育云平台上,让资源通过共享实现效益最大化。

(三)探索并践行了生态课堂"四四五教学模式"

在课题深入研究的过程中,我校逐渐摸索出了一些还有待于更深入论证、检验的途径与方法。于是以课题组成员为核心分子,建立起了生态课堂"四四五教学模式",尝试以此模式为抓手,将这些途径与方法以课堂教学为依托进行实践验证,实施课堂展示;同时更进一步地探索构建初中高效课堂的有效途径与方法,将课题研究推向纵深。现将该模式内容及推行效果简述如下:

生态课堂是以生命为教育的起点,以发展生命为教育的重点,充分发掘和调动生命课题应有的灵性,不断开发人的多元智慧潜能,构建一种自然、和谐、开放、鲜活的课堂教学模式。

生态课堂具有四个特征:自由地呼吸,快乐地绽放,坚韧地探索,健康地成长。

生态课堂的教学理念分为四个层面:生本(教学理念先进化),生活(教学内容情境化),生动(教学方法多样化),生命(教学过程人性化)。

生态课堂"四四五教学模式"本着一个中心:以师生发展为中心;坚持两个基本点:坚持素质教育,坚持教为学服务;它以学生为主体,强调每一个学生的需求、欲望和意识,兼顾学生的个性发展,通过现代课堂教学手段,实现教学与学生发展的真正统一。

生态课堂的实施过程分为五个步骤:

(1)导疑——情境导入,提出疑问(3分钟)。教师精心设计情境,激发学习兴趣,拉动学生思维。同时明确学习目标。

(2)引探——自主学习、探究问题(12分钟)。教师出示基础题,学生自学本课内容,完成基础题。学生通过小组合作探究,归纳出共性的问题。教师巡视发现问题个别指导,搜集普遍问题。

(3)释疑——主动展示,诠释疑点(10分钟)。学生紧扣凸显学习目标的共性问题,进行探究展示,发现问题,提出问题,尝试解决问题。教师适当点拨。

(4)启思——归纳总结,提炼方法(5分钟)。教师对知识、技法进行精辟的归纳,实施有效突出重点、突破难点的教学策略,启发学生自我总结学习方法,体验学习方法,从而掌握学习方法。

（5）精练——当堂训练,提升能力(10分钟)。针对学习目标,精心设计课堂训练。学生独立作业。教师及时发现问题,当堂纠正,强化方法。

这五个步骤都必须在课堂上及对应的导学案中予以体现。

生态课堂"四四五教学模式"为各学科教师的教学提供了一个基本的思路框架,使各学科教师的教学都有章法可循,使教学过程更科学化、合理化,有效控制了"课堂精力流失率",保证了"提升高效学习率",提高了课堂效益。对这一模式的践行,不仅转变了师生的学习观念,促进了师生的发展,也推动我校整体的教学质量有了进一步的提升,让学校实现了从优质学校走向发展学校的目标。市教科院专家在考察我校这一课堂教学模式的成效后高度评价说:"七一中学管理主体、教师主体、学生主体在变革,七一中学课堂在变革,整个七一中学在华丽变身。"2013年度中小学高效课堂建设工程总结推进会上,武汉市七一中学"四四五"生态课堂教学模式被评为武汉市中小学高效课堂十佳教学模式,受到武汉市教育局表彰。

（四）探索并践行了"3+2"校本研修模式

在课题研究中,我校通过深入剖析课堂,反思教学教研行为,发现如下问题:对教师如何教研究得多,对学生如何学研究得少;教师课堂讲授时间多,留给学生自主的时间少;学校行政管理多,教师专业管理少。

为了解决以上问题,我校掀起了一场"把方法教给学生,把时间还给学生,把专业自主权留给教师"的头脑风暴。学校在反复调查研究、实践评价的基础上,形成了"3+2"校本研修模式。"3"指的是"说课、上课、听课","2"指的是"现场辩论、课例研究",后者是模式中最大的亮点与创新点。该模式将集体智慧和个人特色结合为一体,在"听、评、思"的过程中层层打磨,最后完美地展现,完成对一节课的精品打造。

"3+2"校本研修模式回归了教研的本质,也是对传统校本研修模式的全面升级。先由撰写教学设计的教师说课,再由其他教师交流改进意见,最后由每个教师结合本班学情进行二次备课,形成个案。这种方式好处多多:一是有了更多的时间对已知的教学内容进行剖析,减轻了教师的负担;二是有机会将自己的教学设计跟他人进行比较,体现教法的差异化与个性化;三是每次的教学实践及集体备课时的讨论,作为课例研究的素材,经整理提炼就成为最好的研究。校本研修活动的扎实开展,使得教研组、备课组的建设成效明显:集体备课规范有序,探讨深入热烈,大家不再说没用的好话、恭维话、场面话,而是直言不讳地说出不足和建设性的建议;大家不再点缀式地说上几句不足,而是深入地探讨、辩论升级课堂的方法。每个学科每周都有一个老师要上一节公开课,课后,就要进行现场辩论和课例研究,往往是一个人上课,十个人挑刺。上一节课,现场辩论和课例研究最少要花三节课。这种同行之间进行的有碰撞的切磋，让每个人都从中得到专业成长。2014年元月《武汉晚报》以《在炮火中成长》为题报道了我校"3+2校本研修模式"，文中写道："刘俊老师说，以前要指出同事教学中的不足，心里有顾虑，怕影响同事关系；同时指出自己的不足，有时也会有点小想法。经过一年多实践，大家慢慢习惯了，也尝到了甜头，大家都称这是'在炮火中成长'。也正是同事不留情面的不断'挑刺'，帮助我在第三届全国中学物理名师大赛中夺得一等奖。"

实践证明，"3+2"校本研修模式能提高教师教学教研的效率和水平，更能激发教师的研究热情，大幅度提升教研的效度，为实现课堂教学的高效益提供有力的智力保障。现在，这种校本研修模式已经在七一中学的联盟校中予以推广，更多的学校、教师从中受益。践行这一研修模式，实现了从个体研究走向合作研究，从专业孤独走向专业互助的目标。这种研修文化，小至能促进一个备课组的教师的均衡发展，乃至一个学校各个学科的均衡发展，大至能在联盟体的学校之间实现一种文化的传递，使得人人成为研究型教师，校校形成研究氛围，让追求并践行高效课堂的理念深入人心并转化为行动。

（五）建立了高效课堂评价体系

在课题研究过程中，我们越来越深刻地认识到：课堂能否高效的关键在于教师，在于教师指导下的学生自主学习。而教师的课堂教学行为，又在很大程度上受到课堂评价机制的影响。传统的课堂评价机制过分关注教师本人的表现，导致许多课堂哪怕学生冷冷清清、木木呆呆，只要教师本人"表演"精彩，也会被评价为是好课。这样的课堂评价机制起不到引导教师追求高效课堂的作用，必须改变。课题组成员会同各年级备课组，经过认真细致的研讨，制订了详尽完善的"七一中学高效课堂评价标准"，该评价标准见表1。

（1）基本理念：①从知识与技能、过程与方法、情感态度与价值观等三个方面培养学生，为学生终身发展奠基。②在课程内容上，体现时代性与基础性。③在课程实施上注重自主学习，提倡教学方式多样化。④在评价上，注意过程性评价，注意学生的个体差异，促进学生发展。

（2）基本原则：发展性、导向性、科学性、全面性、开放性。

（3）量化指标：优：100~85；良：84~75；中：74~60；差：60分以下。

（4）应用范围：①教师用于自评。②用于学校管理层面的教学检查、教学评比。

我校力求通过这项新的评价机制来引导、促进教师教学行为的转变，提高课堂教学的管理效能。实践证明，高效课堂评价标准逐渐深入人心，起到了很明显的导向作用，促使老师们逐渐树立了新的"好课观"，有越来越多的课能够在学校评比及市、区教育主管部门的视导中被评为"优"等，其中2015年江岸区联合视导中，我校被评为优课的比例高达90%，刷新了我校的历史记录。

表1　　　　　　　　　　　　　高效课堂评价体系表

一级指标	二级指标	三级指标	权重	赋分
教师教学行为	教学理念	能准确定位基本知识、基本技能、基本思想、基本经验。 能渗透过程与方法。 能关注情感、态度与价值观。	10	
	教学资源	把握教材的再创造与质疑。 把握实验实施策略与操作技能。 把握多媒体选择策略与操作技能。 把握教育学史运用策略与价值。 把握STS情景策略与呈现方式等。	10	
	教学策略	构建学习平台,注重学习方式的多样性与主体性、协作性与交流性、体验性与感悟性。 设计教学问题,注重问题的主题性与逻辑性、主体性与循序性、启迪性与开放性。 实施有效突出重点、突破难点的教学策略,注重思维方向的引导、思维路线的点拨、知识元素的内化。	10分	
	教学调控	能从多个角度鼓励学生提出问题,正确、及时地评价学生的回答。 对所有学生表现尊重和赞赏的情感,给学生自尊、自信,使学生乐于学习。 把学生的困难、问题和经验当作课堂教学的生长点。	5分	
	教学素养	教态亲切大方,有感染力。 普通话清晰流畅。 板书工整,概括性、条理性较强。 多媒体操作熟练准确。 演示实验规范,可视度高,分组实验指导语恰当,器材使用合理。	5分	
学生学习状态	参与状态	各个层面学生参与教学的各个环节,注意力集中。 学会倾听,师生、生生之间能彼此交流合作,自由分享见解。	10分	
	思维状态	学生能独立思考,能发现问题,提出问题,坚韧探索,尝试解决问题。 掌握新知识并能融会贯通。 学习技能得以训练或提高。 学习方法有变化,求知欲增强。	15分	
	达成状态	学生能自我管理、自愿参与、自主学习。 获得新知识时能积极主动跟进、共鸣、投入。 学习有困难时得到帮助,成功时得到鼓励,健康成长。 能进行自我评价。通过学习,喜爱学科。	15分	
教学效果	学生学习效果	课堂精力流失率: 1.自主学习的主动程度。 2.协作交流的参与程度。 3.活动体验的踊跃程度。	10分	
	目标达成效果	提升高效学习率: 1.知识、技能、思想、经验的把握程度。 2.过程与方法的掌握程度。 3.情感态度与价值观的发展程度。	10分	
综合描述			总分	
			等级	

五、研究的成效(包括成果与效果)

(一)深化了教师对新课程和高效课堂教学的认识

(1)正确认识了新课程,切实转变了教育思想,树立了以人为本的观念。

(2)认识到要构建高效课堂,就要着眼于学生在未来的学习方式,构建以学习为中心的课堂,做到以学定教,以教促学。

以学定教,就要把学生的学习需求作为实施课堂教学的依据,尊重学生在学习中的主体地位,把学生的学习收获作为评价课堂教学最重要的标准,促进全体学生在原有基础上都能得到最大限度的发展。

以教促学,就要以教师高效的教促进学生全面的发展,实现两个转变:即通过教师教学态度的转变促进学生学习态度的转变;通过教师教学方式的转变促进学生学习方式的转变。通过教师针对初中生各学段不同的学习特点,针对不同学科的教学目标、任务,创造性地有策略地教,顺应学情地教,促进学生自主、合作、探究等高效学习方式的形成。

(3)认识到要构建高效课堂,就应当遵循一定的教学原则。

课堂教学要高效,重中之重是学生的学习行为要高效。这就需要教师在组织课堂教学活动时,遵循教学原则,合理组合教材内容,选择有效的教学方法,通过课堂上教与学的双边活动,既发挥教师的主导作用,也充分地尊重学生的主体地位,促进学生主动参与、自主探究、合作交流,从而全面实现课堂教学的高效。

(二)促进了教师的专业发展

(1)通过课题研究,许多教师对所任学科教学的价值观和课堂教学的评价有了新的定位,对自身教学(尤其是课堂教学)中存在的问题有了深刻的反思。自开展本课题研究以来,全校教师们参与其中,除了开展常规的教学教研活动之外,学校还安排了一系列的外出学习、课题培训、课例研究和专题自学。实验研究的过程中,大家产生了很多的想法,也采取了许多做法,更产生了很多的体验、感受,同时还遇到很多新的问题和困惑。课题组全体成员及时进行反思并交流实验中的点点滴滴,认真反思并总结实验中的心得体会和得失收获,撰写了大量的优秀教学设计、反思案例、论文,这些内容既记录了课题实验研究工作一路走过的历程,也反映了课题实验研究工作所取得的成效。这些成果,每月都被刊登在学校《教科研》杂志上,既有利于教师们进行交流学习,也提升了学校的科研水平。参与课题的教师中,许多人产生了由工作型教师向学习型、科研型、专家型教师发展的愿景和行动。自本课题开题以来,全校教师共有两百余人次论文获奖或发表,其中本课题组成员获奖或发表的区以上教学论文达 53 篇。课题组成员秦训森老师还被评为区教育科研先进工作者。

(2)通过课题研究,教师的教学教研实力得以提升。课题的深入研究过程中,学校组织了多项教学比赛,并推荐教师们参加各级教育部门组织的教学教研比赛,力争在比赛过程中贯彻和实践高效课堂的理念,锻炼教师们的业务能力,激发教师们在教学上自我提升的积极性。如全国初中语文教师基本功竞赛、湖北省初中优质课比赛、武汉市初中优质课比赛、武汉市"一课一名师,一师一优课"课堂教学比赛、江岸区"五优"评比活动、校青年教师五项技能竞赛等,打造了一批研究型的骨干教师队伍,一大批中青年教师逐渐成长为我校教育教学的骨干力量,为学校教学质量的持续攀升提供了强有力的智力支持。2012 年,刘俊老师参加全国中学物理名师赛湖北省选拔赛,获全省第一名,并于同年九月作为唯一一名选手代表湖北省参加第三届全国中学物理名师赛获得国家级一等奖;同年 11 月,但洁老师参加中南六省区美术教育交流协会优质课比赛获得一等奖;10 月郭徽老师参加湖北省第九届初中英语优质课暨说课比赛获得说课一等奖;2013 年,梅丽旻老师获武汉市初中优质课比赛一等奖,湖北省初中优质课比赛二等奖;2015 年杜从英老师在全国中学语文教师基本功大赛活动中获说课比赛一等奖。2012 年 11 月,我校被评为江岸区"十二五"中国教育学会教改实验区"教改实验学校",并荣获"十一五教育科研先进单位"称号,见表2。

表2　　　　　　　　　　　　　教师获奖情况统计表

内容		2012—2013 学年	2013—2014 学年	2014—2015 学年
市区管专家	市区			
优秀教师	省			1
	市	1		
	区			
魅力教师	区			
优秀班主任	市	1		
	区			
全国物理教学名师赛	国	1		
教育科研先进个人	国	1		
	省	2		1
	市	1		
	区	2		
优质课获奖	国			1
	省	2	6	3
	市	1	8	6
	区	17	1	18

内容		2012—2013 学年	2013—2014 学年	2014—2015 学年
教学设计	国			
	省	9	12	
	市		5	11
	区		12	
论文获奖	国			4
	省	9	12	15
	市	1	42	8
	区	17	34	6

（三）促进了教师课堂教学方式的转变

为了使全体教师参与到课题研究中来，学校积极为老师们的研究搭建交流平台，开展了校内和校际间的以高效课堂为主题的教学研讨活动。同时规范了导学案个人拟写与集体研讨结合的编写要求，明确了导学案集体备课二次优化、课后修改重编机制，进一步引起教师对研究提高课堂效率途径与方法的高度重视。

这些措施，促使教师有意识地优化课堂教学方式并形成教学习惯。学校组织的每学期两次的各年级学生的评教评学的数据及其他信息，能明显地反映出学生们已经越来越强烈地感受到教师的课堂教学行为已逐步发生了很大的变化，主要体现在以下方面：①课前教师会发放导学案，方便学生自学；课中教师能合理地利用导学案来提高教学效果。②教师在讲授新课时能尊重学生主体，以学生对知识的探究和兴趣为学习的出发点，用"导疑、引探、释疑、启思、精练"这五个步骤，环环推进，让学生在课堂上进行自主的学习和研究时保有兴趣和热情。③课堂学习目标明确，课堂小结具有高度的概括性和清晰的条理性。④在课堂师生交往中，教师能利用和谐沟通策略，注意与学生的言语、体态交流，成为与学生共同探究问题的合作者。⑤教师具有较多的有关学习策略方面的专业知识，善于预判、调控、评价学生的学习过程，适时适度地根据学情来生成课堂学习，调整教学方法、课堂流程或活动方式，灵活地运用各种学习策略对学生进行学法指导。

（四）提高了学生的综合素质

教师们通过典型课例的行动探索，在课堂教学中注重转变学生的学习方式，注重创新能力和实践能力的培养，提高了学生的综合素质。

2013 年 11 月《武汉晚报》以《七一中学生态课让学生着迷》为题报道了我校在课堂变革后，学生们所呈现出的学有所乐、学有所得、学以致用的良好学习态势。文中写道：董才韬同学喜欢每月一次的课堂辩论，他说："辩论让我更大胆、更冷静地面对问题，这些东西书本上学不到。"

另外,学校层面也强力推进"把时间还给学生,把方法教给学生"的教学管理措施,加强校本研修中对学法(特别是自学方法)指导的研究。任何教师不得随意占用自习课作课堂教学使用。从初一年级开始每一位教师尤其是班主任教师要着力培养学生在校自己学习的习惯,将其作为养成教育的重要内容,教务处对此检查和反馈力度很大。

本课题开题以来,教师和学校层面的共同努力,有效培养了学生自学的能力,使学生的素质得以全面提升。无论是毕业年级还是非毕业年级,学校绝大多数学生在德智体美各方面都有显著进步,综合素质有了全面提高,见表3和表4。

表3 　　　　　　　　　2011—2014 年学生素质发展统计表

素质	指标		2011—2012 学年	2012—2013 学年	2013—2014 学年
思想道德	犯罪率%		0	0	0
	行为规范	合格率%	100	100	100
		优良率%	87.5	92.3	95.6
科学文化	语文	及格率%	87.1%	76.2%	88%
		优良率%	17.6%	6.4%	22.2%
	数学	及格率%	77.1%	83.3%	91.1%
		优良率%	22.4%	36.9%	40.6%
	英语	及格率%	73.3%	83.8%	87%
		优良率%	44.8%	50.2%	57.1%
	物理	及格率%	62.9%	75.5%	73.1%
		优良率%	23.3%	42.1%	30.6%
	化学	及格率%	62.9%	75.5%	73.1%
		优良率%	23.3%	42.1%	30.6%
	政史	及格率%	99.1%	98.6%	98.4%
		优良率%	91.4%	84.3%	88.8%
体质健康	合格率%		95.3	96.79	97.86
	优良率%		63.2	67	73.98
	近视率%		42.73	37.8	31.2
艺术特长	艺术特长生人数		117	186	206
	艺术特长生比例%		9.6	12.3	15.7
	艺术类获奖人数		57	75	93

表4　　　　　　　2011—2014年学生获奖情况统计表

项目			2011—2012 学年	2012—2013 学年	2013—2014 学年
评先	优干	市	4	4	4
		区	7	8	8
	三好学生	市	4	4	4
		区	11	12	12
学科	语文	省	3	4	5
		市	15	18	18
	英语	国	102	112	未参赛
		市			
特色	艺术	区	113	125	127
	科技	市	36	45	49
		区	69	73	80
	体育	区	12	14	16
	音乐	区	集体一等奖		
	美术	区	34	39	37

（五）收获了丰硕的物化成果

1.《全学科构建初中高效课堂论文集》

教师不断地反思自己日常的课堂教学行为。教育的反思能力是提高课堂效益的重要形式和途径。高效课堂需要教师具备反思意识，要求每一位教师持续地追问自己：我的课堂教学高效吗？有没有使我的课堂教学更高效的途径和方法？通过课后的反思，教师们能找到不足，从而知道该怎么对自己的课堂教学行为进行调整；也能欣喜地发现有一些方法和途径是行之有效的，值得进行总结和归纳。在本课题研究期间，课题组成员及全校教师围绕高效课堂进行反思并形成文字，内化了教师们对高效课堂的认识，提升了教师理论联系实际、归纳提炼的水平。课题组将这些文字进行归类，编撰为《构建初中高效课堂论文集》。

2.《全学科导学案系列》

在探索构建初中高效课堂的路径与方法的过程中，各学科、各年级骨干教师分工合作、反复研讨、多次修改，群策群力，编写了与教材配套的高质量的初中全学科导学案系列（见表5）。以语文学科为例，三个年级各编写了上、下两册导学案，六册合在一起，形成"初中语文导学案系列"。《导学案》现在已经历经了三轮编写和使用，形成了比较成熟的体系和丰富的资源库。《导学案》是生态课堂教学模式中的一个组成部分，成为学生自主学习和精练的平台，也为高效课堂提供坚实的抓手和优质的资源。

表5　　　　七一中学2014年9月至2015年6月学年度导学案编写统计表

学科＼年级	七年级	八年级	九年级
语文	2	2	2
数学	2	2	2
英语	2	2	2
物理	4	4	4
化学	4	4	4
历史	2	2	2
生物	2	2	2
地理	2	2	2
劳技	2	2	2
微机	2	2	2
政治	2	2	2

注：体育、音乐、美术三个学科使用全区统一的备课本，不统一编写导学案。

3. 课堂教学、校本研修的实录集以及电化教学资源集

在本课题研究期间，学校举行了电教优质课比赛以及青年教师五项技能比赛，同时配合市区的"一课一名师"和"三优"评比活动，把它们与高效课堂建设结合起来，促进教师教育教学观念进一步转变，推动课堂向高效的方向发展；开展以学科教研组为单位的高效课堂研修展示活动，营造良好的教研文化，让高效课堂的理念在每一个学科教研组入心，入行，成为教师们一种更加自觉的教学行为。课题组保留了以上教学教研活动中的原始文字、影像资料，遴选出了其中最精彩的部分，编成了《七一中学高效课堂实录集》、《七一中学高效校本研修实录集》、《七一中学电化教学资源集》。实录集是我校教师在探索构建初中高效课堂路径与方法的研究实践过程中所取得的课堂教学、校本研修班成果汇集，而资源集则精选了教师精心制作的PPT、微课等可以将灵活运用于课堂前中后的教学资源，是我校教师充分利用"互联网+"策略来提升课堂教学效益的物质成果。

4. 学校办学条件上的升级

构建初中有效课堂的路径和方法的研究，让教师和学校产生了对改革教学方式强烈的愿望，有效地刺激和拉动了学校的课堂教学设施的发展；而从前的教育教学设施对课堂改革的制约也凸显了出来，倒逼学校必须升级办学条件。

三年来，学校的多媒体教室逐年增加，现在全校36间常规教室均建设成为了标准教室，配置有电脑、多媒体投影仪、实物投影仪等先进教学设备；还建设有近450座的礼堂和

200 多座的多功能报告厅各 1 个,200 米塑胶田径场 1 个,健身房和多功能体育馆各 1 个,标准化的 5 人制屋顶足球场各 1 个,教育教学设施完备。建有高标准的生理化实验室 7 个、电脑、电教、手工 DAY 制作室、科学探究室、地理教室、历史教室、心理咨询师室、音乐、舞蹈、美术、书法、3D 打印室、摄影室、图书阅览室、团委、学生会等社团活动等专用教室 34 个;置有 2 条供电线路、百兆教育专线光纤为主干的校园局域网、拥有 2 套先进的视频监控系统(一套安全保卫、一套考试监控)、智能广播、考试听力和消防应急广播系统,各年级有单独教师备课室,每位教职员工都可以享受全覆盖的实名制无线上网,充分地体现了教育的现代化,能满足目前和未来相当长一段时间内对高效课堂硬件的要求。

今昔对比,我们发现,正是对高效课堂的强烈追求,促成了学校办学条件的升级;而这一流的办学条件,也必将对我校未来的高效课堂建设发挥积极的作用,必将进一步推动我校教师和学生的发展。

(六)推动我校迈入了高速发展的新时期

1. 办学效益不断提高

近年来,随着构建高效课堂的路径与方法的探索与践行,学校的教育教学质量不断提高,教育教学改革成效显著(见表 6)。

表 6　　　　　　　　　　　　办学绩效统计表

年级	内容		2012—2013 学年度	2013—2014 学年度	2014—2015 学年度
非毕业班年级	对口入学新生实际到校率		89.2%	90.6%	90.4%
	在校生年度辍学率		0	0	0
	学科合格率		77.8%	90.3%	82.4%
	学科优秀率		29.4%	53.4%	36.9%
	学生综合素质评价(4A1B)比例		88.7%	90.2%	90.5%
毕业班年级	三年巩固率		100%	100%	100%
	中考一次性合格率		93.3%	96.7%	98.1%
	高中阶段升学率	普高升学率	56.4%	65.1%	75.1%
		职高升学率	43.6%	34.9%	24.9%
		总计	100%	100%	100%
	毕业率		100%	100%	100%

2. 示范效应日益彰显

七一中学怀着"特色引领、多元发展、办优质教育"的追求,向着"生态教育"的目标不断前行,全力构建生态、高效的课堂,推动学校办学质量不断提升。近两年学校先后荣获"武汉市示范家长学校"、"武汉市群众满意中小学"、"武汉市教育云试点工作先进单位"、

"武汉市教育系统先进工会集体"、"武汉市传统项目校优秀学校"、市"最佳文明单位"、"武汉市 2012 年度中小学高效课堂建设工程先进单位";"武汉市文明单位"、区"教改实验学校"、"教育科研先进单位"、"初中教育教学管理与质量综合考评先进单位"、区"最佳文明单位"等荣誉称号。

近三年,学校素质教育特色在市级以上新闻媒体报道中频频得到关注和好评,学校的办学成果得到学生、家长和社区的一致认可,我校成为各级各类高一级学校的优质生源基地。高一级学校普遍认为我校毕业生"综合素质好、发展潜力大",这是对我校教育成果的最高褒奖和最佳鼓励!

六、结论与反思

(一)本课题研究的结论

反顾三年来的课题研究过程,对照开题报告中的课题研究目标,我们发现本课题的研究基本实现了预设的研究目标,我们探索出了一些构建初中高效课堂的行之有效的策略:

1. 构建初中高效课堂的教与学的系列策略

例如"360 度兴趣激发"策略、"先学后教、自学探究"策略、"学练分层兼顾"策略、"互联网+"多媒体策略等。在研究中,我们通过实践发现,这些策略符合初中学生的年龄特点与心理特征,符合初中学生的认知特点与学习规律,的确能够激发学生的学习兴趣与探究热情,培养学生的自学探究能力,从而有效地提高课堂效率。

2. 生态课堂"四四五教学模式"

生态课堂"四四五教学模式"为各学科教师的教学提供了一个基本的思路框架,使各学科教师的教学都有章法可循,使教学过程更具科学化、合理化,有效控制了"课堂精力流失率",保证了"提升高效学习率",从而进一步提高了课堂效益,让教师的教法、学生的学法都有了全新的面貌,让我校的课堂教学实现华丽转身。经过实践检验,它也是保证课堂高效的有效策略,是我们本课题研究成果中的最大亮点。

3. "3+2"校本研修模式

教师教学教研水平的提高是课堂效率提升的前提。实践证明,"3+2 校本研修模式提高了教师教学教研的效率和水平,更激发了教师的研究热情,大幅度提升了教研的效度,为实现课堂教学的高效益奠定了坚实的基础,提供了强有力的智力保障。

4. 七一中学高效课堂评价体系

实践证明,高效课堂评价标准逐渐深入人心,起到了很明显的导向作用,促使老师们逐渐树立了新的"好课观",促进了教师教学行为的转变,提高了课堂教学的管理效能。

（二）对本课题研究的反思

（1）课题研究还只停留在较为浅显的层次，虽然有一定的成果，总结出了一系列的路径与方法，但系统性还不够，有效实施的时间还较短，个案的数量还不充足，不同学科之间研究的深度并不均衡，尚未建立起全学科的完整的科学的体系。

（2）教师实践的效果较好，但理论支撑的力度还不够，归纳总结的能力还不强，课题实验工作的开展和反思还较单薄，研究的深度、广度还不够。在实验研究过程中的经验，虽然很多都已经结集，成为物化成果，但还没能予以进一步的提升，或在更大范围内予以推广。

（3）研究过程中，更多地关注了教师，对学习活动中学生的主体参与性的研究还不够全面深入。例如：对于课堂学习小组的打造还缺乏有效的策略；对于课堂上如何根据学生的不同学情开展分层教学还缺乏有效的方法；对于如何对学生进行学法指导方法还缺乏细致的研究。

（执笔人：梅丽旻）

《初中生现代学习方式研究》研究报告

【摘　要】　在时代飞速发展的今天,善于学习的人才能适应时代发展的需要。现代学习方式以弘扬人的主体精神为宗旨,以促进人的可持续发展为目的,由许多具体方式构成的多维度,具有不同层次结构的开放系统。通过该课题的研究,弘扬学生的主体性,促进学生的可持续发展,探索各种学习方式的一般模式,构建出一套具有地方特色的初中生现代学习方式体系,探讨、指导学生有效开展学习的策略,全面提高初中生学习的综合素质,为培养智慧型的创新人才奠定基础。

【关键词】　现代学习方式　　模式　　指导策略

一、课题的提出

联合国教科文组织国际教育发展委员会指出：未来的学校必须把教育的对象变成自己教育的主体;受教育的人必须成为教育他自己的人,别人的教育必须成为这个人自己的教育。这种个人同他自己的关系的根本转变,必然要求受教育者学习方式的变革。世界各国都把学生学会学习作为最重要的教育改革的方向。基础教育的任务不仅仅是传授知识,更重要的是让学生掌握学习的方法,培养终身学习的愿望和能力。

我国新一轮的课程改革正在全面开展新课程的实验工作。《基础教育课程改革纲要(试行)》在课程改革目标中也提出"要改变课程实施过于强调接受学习、死记硬背、机械训练的现状,倡导学生主动参与、乐于探究、勤于动手,培养学生搜集和处理信息的能力、获取新知识的能力、分析和解决问题的能力以及交流与合作的能力",对学习方式变革给予了高度重视。改变学生的学习方式,成为我国基础教育课程改革的重要目标之一。

从目前看,当前的课堂教学,仍是过分注重教师的教,忽视学生的学,更忽视了学生的学习方式。单一、被动和陈旧的学习方式,已经成为影响素质教育在课堂教学中推进的一大障碍。试想,如果一个在学校度过三年初中学习生活的孩子,整天处于被动的应付、机械训练、死记硬背、简单重复之中,对于所学的内容总是生吞活剥、一知半解、似懂非懂,那么,我们怎么能够想象和指望他会成为一个高素质的人? 如何能真正提升个人的综合素质和能力？在他的一生中,如何能够具有创新精神和创新能力,能够成为幸福生活的创造者和美好生活的建设者？基于以上分析,我校开展这一课题的研究就显得十分迫切和必要了。

二、课题界定与意义

1. 课题的界定

现代学习方式是以弘扬人的主体精神为宗旨,以促进人的可持续发展为目的,由许多具体方式构成的多维度,具有不同层次结构的开放系统。

"初中生学习方式"指针对初中生心理特征及认知水平,转变传统的这种单一的、机械的、被动的学习方式,提倡和发展多样化的学生学习方式,特别是提倡自主、合作、探究的方式,把学习过程中的发现、探究、学习方式等认识活动凸现出来,使学习过程更多地成为学生发现问题、提出问题、解决问题的过程,让学生成为学习的主人,使学生的主体意识、能动性和创造性不断得到发展,培养学生的创新精神和实践能力。

"研究"在这里主要指教师在行动中研究,在研究中行动。着力培养学生对学习活动的兴趣,保证学生的活动时间和空间,给学生提供一个开放的、面向实际的、主动提高的学习环境,促进学生积极主动地去学习,使学习进程变成学生不断提出问题、解决问题的过程。提倡学生参与确定学习目标、学习进度和评价目标,在学习中积极思考,在解决问题中学习。实现互动、交流式的合作学习,为不同层次的学生提供参与学习、体验成功的机会,促进学生之间的有效沟通。在探究性学习中通过问题情境的创设,让学生独立、自主地发现问题,通过实验、操作、调查、信息搜集与处理、表达与交流等活动,经历探索过程,获得知识与能力,掌握解决问题的方法,获得情感体验。指导学生针对不同的学习内容,选择不同的学习方式,理解多种学习方式的作用,逐步形成终身学习的能力。

2. 研究的意义

开展初中生现代学习方式的研究,能较大限度地激发广大学生学习的积极性和创造性,更加全面而有效地提高学生的学习质量和学校的教育质量,学校教育将为创新型国家的建设提供高素质、高规格的人才支持和智力支持。在当前,学生丰富多样的需求被忽视、被冷落,甚至被扼杀,学生失去了学习的兴趣与自由,产生厌学情绪的现状之下,开展初中生现代学习方式的研究,形成指导学生有效开展学习的策略,将有助于学生在学习中体会投入学习、享受学习的乐趣,逐步达到学习成功与学习乐趣相统一的最佳境界。

三、课题研究目标

通过该课题的研究,弘扬学生的主体性,促进学生的可持续发展,构建出一套具有武汉地方特色的初中生现代学习方式体系,探讨、指导学生有效开展学习的策略,全面提高初中生学习的综合素质,为培养智慧型的创新人才奠定基础。

四、课题研究的方法与过程

1. 本课题主要采用行动研究法、调查法、观察法、教育文献法和实验法

研究新课程实施中,变传统学习中单一、他动、被动的学习方式为多样性学习方式,让学生成为学习的主人,使师生在教学中教学相长,获得全面发展。

2. 其实施过程分为以下四个阶段

(1)准备阶段(2006年9月至2007年4月)。成立以校长为组长的课题领导小组和以教务主任和科研主任为负责人的课题中心组,起草并制订研究方案。完成与本课题相关的文献资料的查询和收集工作,撰写课题研究论证,申报主管部门立项,培训骨干教师学习理论知识,着手开展前期课题调研工作,建立课题研究档案。

(2)实施阶段(2007年5月至2008年10月)。从课堂学习方式的研究入手,立足于学校学生的学习,放眼全市学生学习现状,探索学习策略;课题组成员分工选择并制订子课题研究方案,定期组织学习并掌握本课题基础理论,了解最新研究动态;组织实验课、研究课、组织测试,开展专题研讨,积累素材编写论文集,请教专家指导,初步形成阶段性成果,形成具有普适性的学习方式。

(3)深入阶段(2008年10月至2009年9月)。开展问卷调查,从社会实践、网络学习、各类特殊学生个性学习方式研究入手,观察、比较研究不同的学习方式,完成数据统计分析,归纳整理并推广优秀学生的学习方式。

(4)结题阶段(2009年9月至2010年10月)。整理汇编全部课题资料及数据,完成研究报告的撰写,并请专家组进行结题评审。

五、初中生现代学习方式的探究

初中生现代学习方式所包含的内容较为丰富,各具特点。在课题研究的过程中,我们主要研究了各种学习方式的表现特征,归纳了各自的实施模式和指导策略。现分述如下。

1. 主体性学习方式的研究

主体式学习(Theme Based Learning)是指学生围绕一个或多个经过结构化的主体(Theme)进行学习的一种学习方式。在这种学习方式中,"主体"成为学习的核心,而围绕该主体的结构化内容成了学习的主要对象。

主体性学习强调学生学习自主性,体现自我的认识和实现自我的不断完善。强调主动性,让学生有目的、有意识地去选择学习。强调创新性,这是主体性学习最高表现形态,是对现实学习的超越。

"以学生为主，以自学为主"，这是课题组成员的共同认识，教师的心中开始有了学生。在课堂教学中，我们按照"预设目标——确定重点——提供资源——自主学习——课外延伸——反思总结"的模式引导学生开展学习。在课堂上，学生有充分的思考和训练时间，调动各种感官参与学习，不仅掌握了知识，更掌握了学习方法。学生在课堂上经常会说"让我来"，"我想问"，"我有补充"，"你错了"，"我的想法是"，这些话充分说明了学生的学习已不仅仅是接受，学生已成为一名探索者、发现者和自主学习者。学生的观察力、思维力、想象力、创造力以及语言表达能力都得到了发展。无论是在课堂学习、课下自学讨论，还是在其他竞赛的表现上，学生的主体意识增强了，学习的热情高了，学习的能力不断提高。

可以说学生的自我学习是学生学习的最终方式。

2. 探究性学习方式的研究

所谓探究性学习就是指在教学过程中以问题为载体，创设一种类似于科学研究的情境和途径，让学生通过自己收集、分析和处理信息来实际感受和体验知识的生产过程，进而了解社会、学会学习，培养分析问题、解决问题的能力和创造能力。

探究性学习实质是发展学生精神活动过程，是学生自我探索和发现真理过程，是主体生命活力的展现过程，是教师指导学习智慧施展的过程。

在对这一学习方式进行研究的过程中，我们通过"融课题实验研究于课堂教学中"的方式，深入课堂，开展研究，总结出学生在课堂上运用探究性学习方式进行学习的一般模式，即创设情景——激发兴趣——主动探索——交流思辩——形成结论——发现新问题——继续探究。

这种学习方式在课堂上的运用，使原本呆板、单调、乏味的课堂变成开放的课堂。学生在学习活动中所产生的学习体验和创新表现也是丰富多彩和富有个性的。这就要求教师：

(1)具有开放的教育观念——以学生全面、主动、和谐的发展为中心，努力挖掘和发展每个学生的潜在智能，促进学生的知识、能力、情感、意志、特长在原有水平上动态而持续的发展。

(2)营造开放的教学环境——教学内容的现实性、教学方法的灵活性、活动形式的多样性、评价内容的多元性。课堂教学中，教师要敢于"跳出教育看教育"，相信"人人有才、个个是才"，充分挖掘和发展不同类型学生的智力强项，使不同的学习个体在开放的课堂教学中"得到不同的发展"。这也是和谐教育所倡导的教育教学理念。

3. 体验性学习方式研究

也可称之为"体验式学习方式"，是指在教学过程中通过教师有意识地情境创设及引导鼓励，激发学生把新的教学内容与原有的认知结构相联系，并加以内化、体验、内省并感悟教学内容,从而习得知识,实现学生内心自主性成长的过程。"体验性学习"力求在课堂教学中为学生营造浓厚的主动学习的氛围,创设更多的自主学习机会和自主参与的活动、操作、考察、调查、经历、体验、探究等主体活动。

我们知道,人类获取知识的途径主要有两条:一是直接的,通过自身的实践和体验获得。二是间接的,通过学习其他人在实践、体验过程中形成经验和知识。两者的共同之处是都离不开实践,离不开学习主体的体验。因此我们在学习的过程中为了充分透彻地了解这些经验或者知识就要尽可能地创设必要的情境,而不是枯燥地单纯地为了考试而传授的僵硬的令人厌烦的知识点,它们应该是鲜活的。而作为教育者就要尽可能地让学生在近乎真实的情境中体会、学习、掌握这些知识。也只有在体验的过程中,学习主体才会充分地融入到学习活动中,进行自主的探究或者合作的学习。

通过实践研究分析,我们发现:

(1)体验式学习方式是一种体现素质教育、新课程改革方向的学习方式。它关注学习的过程,经历"体验——分享——归纳——内省——应用"五个阶段,锤炼、形成、提高人的学习能力。

(2)在课堂教学过程中,要为学生设置各种符合学生求知特点的全过程亲身体验,亲自实践,合作探究的学习程序。通过"自主、合作、探究"的实践活动,在"体验感知、体验感悟、体验思维、体验情感、体验合作、体验实践、体验创新、体验挑战和体验成功"的过程中,培养学生良好的情商,促进知识的感知和内化陶冶情操,开启智慧,积累良好的学习、情感经验。树立较强的学习、实践、创新的自信心。

(3)在体验式学习过程中,教师的教学活动要以学生为中心,一切从学生的实际出发并回归到学生的内心世界,教师要精心设计情境、活动,让学生有深刻的体验,能回归生活,在回归生活的过程中观察、体验、反思、探究、总结、分享,从而达到真正的求知。

(4)在体验式学习过程中,创设情境是前提。学习过程的实施需要建立在平等的基础上,发扬民主性,教师以参与者的身份,与学生建立平等、亲和、友善的合作关系。在不留痕迹的征询、提议中精心设计和组织学习,在自然而然的启发引导中,把握操作学习的方向,在饱含热情的赞许、鼓励中保护学生积极的心理体验。学习的全过程中,学习者是学习主体,其独特的体验是激发学习热情,促进合作探究深入,刺激新问题产生的原动力。

实践证明,体验式学习中,学习者对自己的学习全过程能通过探究、反思、批判、讨论,最后加以整理、抽象、概括和提炼升华,不仅能较轻松愉快地习得知识,而且在这个过程中培养了自己思考问题、分析问题、与人交流等方面的能力;不仅在情感态度上接受它,而且最终形成自己的学习理念和价值观。

4．多维互动学习方式研究

新课程倡导"自主、合作、探究"的学习方式。这里所说的多维互动是建立在"合作"这一最基本的学习方式基础之上的。一般来说，"合作学习方式"主要是指在课堂上师生、生生之间的信息交流、精神沟通、情感交融和智力互补。在建构主义理论的指导下，通过研究我们发现，在当前学习途径、手段多样化的形势下，这里的"合作"已不仅仅只限于师生、生生之间的合作、互补了，还包括学习者与学习方式、学习资源等多维因素的交叉互动。

用图示表示如下：

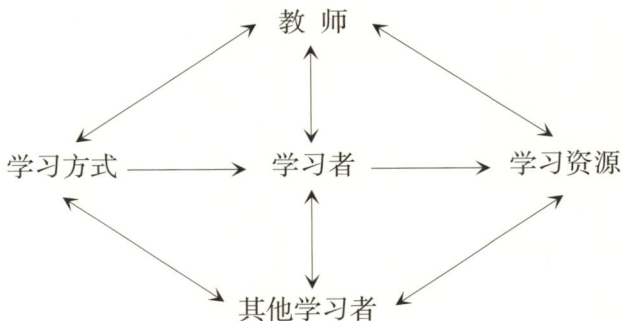

具体来说就是：学习者在明确了学习任务和目标后，要采取相应的方式去开展学习，在这一过程中，学习者仅凭个人的力量是很难完成学习任务的，需要在老师、同学的帮助下完成学习任务。而同时，学习者会因学习任务的需要调整学习方式、与其他学习者交流、根据学习资源的具体情况来做一些学习过程中的调整。在整个学习过程中，有合作，也有多维因素对学习过程产生的影响。因此，我们认为，合作学习是基础，多维互动学习是合作过程中的互动，这一学习方式不能孤立于合作学习的方式之外。

在具体的应用上，课题组归纳了这一学习方式的指导策略：

(1)准确定位和把握学习目标。即要学到什么知识，掌握什么技能。

(2)精选并整合学习内容。即要对所学内容进行筛选，去粗取精，化零为整。

(3)注重学习的实效性。即要根据学习过程中遇到的实际情况，调整学习状态，知道具体问题具体分析对待。

(4)经常反思学习过程。因为是多维互动的学习方式，所以在学习过程中必然会出现各种各样的问题，这就需要学习者能经常反思自己的学习行为和学习过程，保证学习的时效性。

从学习过程看，这一学习方式充分了调动学生学习的积极性、主动性，体现其主体地位，保证学生的参与度；从学习目标看，该方式有助于提高教学质量，培养具有创新精神和实践能力的人才，使师生共同成长，体现了教学的发展度。

5. 创新性学习方式研究

该学习方式是指学习者在已有知识、能力的基础上,以一定的创造精神、创造力为动力,积极主动自主探索、发现新知,根据自己的体验,在学习新知识时,所采用的适用于自我的新的思维方法、学习手段。这一学习方式要求学习者在学习过程中不拘泥于教材上或老师所讲的结论,能提出独到新颖的观点和方法;在实践中过程中,有不同于老师或书本上所讲的推导过程和思维过程;在解决问题和分析问题上,有新的方法和新的途径。在此过程中,学生有其独特的行为方式,有一种高层次的愉悦——创造的愉悦,能激励学生争取更好表现和作出更新的创造性行为,充分发展自己的才能和创造性潜力。

在研究中我们发现,创新性学习方式呈现出以下特征:

(1)主体性。创新性学习强调学生是真正的主体,主体性主要体现在以下方面:一是有较强的自觉性,学生是"我要学"的积极践行者。二是注重实践,因为学生是学习实践活动的主体,读书、听课是学习,生活、实践也是学习,而且是重要的学习。三是责任感强。学生在学习过程中会对自己的学习行为高度负责,因为他们有明确的目标,能主动规划自己的学习,善于有选择地学习。

(2)探索性。学习者获取知识的渠道和方法是多种多样的,学习的内容和地点是开放的,需要在学习的过程中对所遇到的各种未知问题进行探索;学习者由于个人兴趣、经验和学习活动的目的不同,在彼此间进行交流评价时,应对对方提出的不同看法、见解、结论进行主动的、大胆的探索。

(3)问题性。作为具有创新精神、创新意识的初中生,他们对未知世界总是充满好奇心和新鲜感的,这一年龄特征决定了他们在学习过程中尤其是在进行创新性学习活动时,必然会对所学知识、所研究的问题产生很多疑问,他们还会对课堂上教师未教授的新的知识进行超前学习,然后在课堂上经老师的启发获得新的认识,掌握完整的知识,提高自身的能力。

(4)参与性。在课堂教学上,学生是学习的主体,学生参与到课堂教学过程中后,师生多方的交流互动在一种平等、和谐、热烈的探索氛围中展开,这种参与性的活动有利于学生在学习中有所发现、有所证明、有所创新。要进行创新性学习,就必须参与到学习的过程中来。

鉴于以上特征,我们研究分析后归纳了创新性学习的一般模式:明确目标——进入情境——提出问题——自主探索——参与交流——评价反思。实践该模式,我们发现学生进行创新性学习时处于一种积极、兴奋的状态,主观能动性得到充分体现,能很好地记忆和理解,有独立思考的能力和习惯,敢于大胆质疑、探索,分析问题不拘泥于一种形式,能举一反三,学生的创新性思维得到锻炼和增强,动手实践能力较强。通过该方式的实践,我校学生在各级各学科的竞赛中均取得了优异的成绩。

6. 网络学习方式研究

网络学习也称在线学习或网络化学习,即在教育领域建立互联网平台,学生借助电脑上网,通过网络进行学习的一种全新的学习方式。它是计算机得到普及,信息技术迅猛发展的产物。这种学习方式以学习者为中心,为学习者提供符合个人需求和特点的互动实时的课程和"海量"信息资源,帮助学习者提高学习效率,享受学习乐趣。

在研究中我们认为,网络学习方式具有以下特征:

(1)学习行为的自主化。网络是一个开放的环境,随之相伴而形成的网络教育环境也是开放的,这使得学习者能按照自己的动机和自我目标选择参与网络学习。同时,由于网络学习资源的丰富性,网络学习的个别化技术,资源传输的便捷,使学习者能自主选择和控制学习地点、学习时间、学习方法和学习内容。基于计算机网络的多样化的异步和同步的通信方式,为学习者和教师之间,学习者和学习者之间的交流合作创造了可自主选择控制学习时间和空间,学习者可以去自主选择交流对象、寻求帮助。因此,网络学习的本质应当是一种自主学习。

(2)学习过程的交互性。以网络学习方式展开学习,学习者可以凭借网络便捷的及时通信功能和教师、其他学习者进行各种形式的互动,学习者可以在第一时间掌握到大量有用的信息,为提高自己的学习效率创造条件。这种互动使学习者获得一种平等感和自由感,消除传统课堂交互中"师道尊严"对学生产生的情绪束缚和压抑,使交互更为自由、直率和活泼。网上交互除了虚拟化的人际交互,还有较多的人与学习系统的交互和学习者的自我交互,增加了交互的丰富性。

(3)学习过程的创造性。进行网络学习,学习者的积极性是很高的,也有着浓厚的兴趣、活跃的思维、探究的热情,再加上多媒体和网络技术能提供界面丰实、形象直观的交互式学习环境,有利于激发学生的自主学习兴趣,同时它还能提供图、文、声、像并茂的多种感官综合刺激,更有利于情境创设和大量知识的获取和生成,这样学生可以发挥自己的能动性,进行创造性学习,不论是在课堂上教师通过多媒体手段进行教学,还是课下学习者借助网络自己学习,这一方式都有利于激发并增强学生学习的兴趣,启迪学生积极思维,培养学生探究创新能力。

通过研究分析,课题组总结了培养学生网络学习方式的途径:明确任务——自主学习——交互探究——实践创新——反馈评价。

7. 社会实践学习方式研究

这一学习方式是从学生的生活世界出发,深入生活实践,形成大胆质疑,乐于探究,努力求知的心理倾向和积极情感。

学生从课本上学来的知识都是间接经验,如何将书本知识运用到生活实际中去,或者说如何在问题的提示下去寻求最终的合理、正确的答案,这就需要学生能够在实践中去学习、去体会了。当前初中所开设的各个学科都有类似于"试一试"、"实践探究"等实践环节,其目的就是让学生去参与社会实践。学生在进行社会实践时,必须做到:明确目的——分工合作——搜集材料——归类整理——研究材料——撰写报告这一系列的环节才能最终完成学习任务。在实践学习的过程中,学生会不断地遇到新情况,产生新问题,需要将各种知识加以整合,才能找到解决问题的途径和方法。其间,学生的创新精神和创新能力也得到了培养和提高。

8. 各类特殊学生个性学习方式研究

个性化就是个性在先天的基础上,通过与教育环境的相互作用而形成有利于自身发展的,由多种素质融合而成的独特的整体,具有选择性、独特性和创造性等特征。

在学习过程中,学生始终是学习的主人,学生通过自我调控和能动构建,自主选择学习的内容,确定学习方法和策略,并能对学习效果进行自我评价。在学习、探究的过程中,各种新颖、独特的想法、做法都会通过个性化的学习方式表现出来,这一学习方式有助于学生扩展自己的思维空间,张扬学生的个性,使学生的主体地位得到确立,促进学生良好个性的形成,推动学生健康人格的发展。

由于条件的限制,课题组只针对学优生和学困生这两类学生的学习方式进行了研究。研究过程中,我们将这两类学生做了性格上的比较,见下表。

学优生	学困生
内敛、积极、自信、谦和、有恒心和毅力、遇事冷静、有条理、善于合作、有探究意识、能言善辩	张扬、消极、自卑、自大、盲目乐观、浮躁易怒、畏难、沉默寡言

通过比较研究发现,学优生在学习过程中,能以端正的态度、饱满的热情、持之以恒的动力、灵活多样的方式进行学习,学习过程中,他们能以对自己负责任的态度,积极自主地学习,能积极参与到合作探究的活动中,勇于探索,善于实践,大胆创新,他们的学习效果往往都很理想;而学困生则表现为:责任意识淡薄,不能自主地完成学习任务,依赖性强,不善于交流合作,在学习过程中,疲于应付老师布置的学习任务,缺乏探索精神、动手能力和创新意识,学习效果不太理想。

在学习方式的个性化方面,学优生主要表现出以下特征:

(1)官能协同。学优生在学习过程中,不只是运用一种感官去开展学习,获取知识,而是调动自己的多种官能,如眼、耳、口、手等来进行学习,学习者能充分发挥这些官能的作用,协同运用,保证学习的效率。

(2)学习心得。当前学生学习的学科,内容丰富,信息量大,学科整合性强,课堂教学的容量也是比较大的,课题组成员观察发现,学优生在课堂上学习时,除了能以笔记的形式将老师教授的知识点记录下来外,还能用学习心得的方式记载自己学习过程中的收获、感受、疑问、思考的过程、与他人交流的经过等内容。学习心得这种方式是对传统的以做笔记形式获取知识的一种超越。

(3)互测互评。学优生之间能开展彼此间的对课堂所学知识进行互测互评的活动,这是学习者对自我进行考查评价的一种有效方法,学习者之间可以取长补短,互相促进,在最短的时间内发现自己的不足加以弥补和完善。这一形式的实质是学习者的合作学习。

当然,上文叙述的几种学习方式也是学优生经常用到的,在此不作赘述。至于学困生的学习方式则显得比较单一,不另详述。

六、研究的基本结论

通过对这一课题的研究,我们认识到:

(1)学习方式的主体是学习者。不论是哪一种学习方式,不论这种学习方式的作用多么突出,学习者始终是学习的主体。只有学习者在学习过程中发挥自己的主观能动性,自主选择,自觉参与交流合作,自主思考探索,自觉实践创新,学习方式才能发挥出最显著的作用。离开了主体性,谈学习方式的作用和价值乃至于去实践某种学习方式都是无意义的。

(2)学习方式存在差异性,但无优劣之分。由于每个学生的生理结构及机能不同,受到特定的家庭、教育和社会文化的影响,因此,在长期的学习活动中逐渐形成了显著的个体差异。这种差异是客观存在的,是无法消灭的,首先我们在承认并尊重学生中存在的学习方式的差异。另一方面,我们要认识到,学习方式的本身并无优劣之分,任何一种学习方式,都有其存在的合理性。

(3)学习方式的选择和体现具有鲜明的个性特色。学习者在研究解决学习任务时,其所选择的学习方式与自身的学习习惯、学习意识、学习态度、学习目的、学习品质等心理因素有关,而这些心理因素是因人而异的。

(4)学习方式的运用呈多样性、交叉性出现。学习者在解决具体的学习任务时,往往会因为学习的需要运用不只一种的学习方式。这是因为当前的学科交叉趋势日益明显,对学习者综合素质和能力的要求逐渐提高,为了能顺利地掌握知识,解决问题,必须灵活多样的运用不同的学习方式。

(5)学习方式的时效性受较多因素影响。学习方式的选择和形成与学习者个人的学习习惯、学习意识、学习态度、学习目的、学习品质等心理因素有关,也与所学知识的难易程度、学习环境等客观因素有关。

(6)教师要尊重并帮助学生形成一定的学习方式。学生的学离不开教师的教。教师在学生形成并运用学习方式的过程中扮演着重要的角色,教师是学生学习的促进者、教育教学研究者、课程的建设与开发者,在学习方式指导和运用上,教师应该尊重学生的人格、个体差异、兴趣爱好、特长、见解、感受等,结合学生的实际做好学习方式的指导和培养工作,教师之间更要团结协作,一起帮助学生养成良好的学习方式。

(7)教学方式对学习方式的形成、运用会产生影响,但能相互适应,和谐共存。教学方式即教师的教学方法。具有持续一贯的稳定性和个性特点。教学活动是师生的双边活动,学与教是互动且不可分割的过程。教师在教学过程中所采用的方式方法,通常为教师所偏爱,因此,教学方式是影响学生学习方式形成、完善以及改变的重要因素,教师的教和学生的学只有相互适应,和谐共存,才能取得好的教学效果。

七、研究的基本实效

在课题研究过程中,课题组成员在调查研究、查阅资料、多次商讨的基础上,制订总课题实施方案。为了调动广大教师的积极性,使总课题的研究落到实处。我们组织分管领导、教研组长、骨干教师认真学习总课题方案,广泛讨论,建立了基于现代学习方式认识的四项子课题:《课堂现代学习方式研究》、《社会实践学习方式研究》《网络学习方式研究》《各类特殊学生个性学习方式研究》。各子课题都成立研究小组,分别制订研究方案,进行比较系统、深入的理论研究或探索,从而显现自主性研究、小组性研究、群体性研究三位一体的良好氛围。我们发现教师的角色与学生的学习兴趣、学习习惯和学习能力等方面发生了明显的变化,取得了一定的研究成效。

(1)牢固树立了"科研强校"的意识,改变了教师的教学行为,促进了教师的专业化成长。"科研强校"是我校办学理念之一。通过课题研究,广大教师都意识到,开展课题研究活动有利于个人的教育素养的提升;有利于我校实施素质教育、创新教育;有利于我校的壮大和长远发展。课堂教学中,师生双方相互交流、相互沟通、相互启发、相互补充,分享彼此的思考、经验和知识,交流彼此的情感、体验与发现,从而达成共识、共享、共进,实现教学相长和共同发展。

(2)转变了学生的学习方式,促进了学生的全面发展。"以学生为主,以自学为主,以培养学生学习方式为主",这是课题组成员的共同认识,教师的心中开始有了学生。尽管年级段不同,训练方法与过程也不尽相同,但都注重了培养学生学习方式。在课堂上,学生有充分的思考和训练时间,调动各种感官参与学习,不仅掌握了知识,更掌握了学习方法。学生的观察力、思维力、想象力、创造力以及语言表达能力都得到了发展。无论在课堂表现上,还是在其他竞赛或是平时的表现上,学生的主体意识增强了,学习的热情高了。课内学方法,课外重运用。他们开始从图书馆、从家庭、从社会中运用所学的方法主动汲取更多的知识,能力也不断提高。有多名实验班的学生在各类竞赛中获奖。我校学生参加各级各类比赛取得可喜成绩。

(3)提高了教师的综合素质。教科研活动是我校提高教师业务水平的重要手段。在研究中,教师们通过理论学习,研究实践,转变了教育观念,增强了教学各个方面的能力。四年来,课题组成员积极活动,定期开展理论学习,把教学实践和教育理论紧密结合,他们在这一系列活动中充分认识到科研教学的重要性,更感到在科研教学过程中提高了自身教学水平,并逐步向"成为具有科研素质的教师"这一目标靠拢。这几年来,全体教师多次在校内校外上公开课,获得了各级教育、教学专家和兄弟学校领导、同行的好评。教师教学业绩显著,教师积极撰写论文并获奖。

(4)课堂的活力不断焕发。通过摸索、实践、研究,在课题的研究过程中,我校掀起了积极探索各学科全新的教学活动的热潮。如语文学科探索口语交际、综合性学习的教学活动;数学学科探索生活与数学的教学活动;英语学科探索发展学生综合语言运用能力的教学活动;科学学科探索发现身边的科学现象的教学活动等。这些教学活动激发了学生的学习兴趣,调动了学习积极性,锻炼了学生的思维能力、动手能力、表达能力。(附各级优秀教学竞赛成绩)

(5)摸索、总结了一些较有效的学习方式的模式或策略。目前所形成的模式已在学生的具体学习实践中得到运用并取得了较好的学习效果,还需要进一步总结完善。

(6)课题研究活动的开展促进了和谐师生关系的形成和发展。在课题研究过程中,教师们充分认识到了与其在课堂上灌输知识,包办代替学生的学习,不如指导学生如何用更加合适的方法去学习探究新知识,总结规律,归纳方法,形成知识技能。因为学习是学生们自己的事,作为教师,不能包办代替。因此,在备课与上课过程中,教师将学习的主体地位还给学生,尊重学生的主体性,引导学生学习,重视方法的传授,重视学生课堂学习的实效性,真正体现了师生关系的四个特征:教育性、平等性、发展性和相互性,教师给自己有了更加准确的定位,师生关系更加和谐。

八、问题与思考

(1)"主体性学习方式"在课堂上的运用中如何让教师的主导性得到保证和体现是一个很重要的问题。在当前的课堂上,我们面临的实际情况是:有一定自学能力的学生能较好地实践这一学习方式,而那些依赖性强的学生没有了教师的讲授就不能学习,如何让这一学习方式为大多数人受用也是值得去思考和研究的问题。

(2)在研究"探究性学习方式"时我们明显感到,学生学习能力的强弱直接影响到学习效果的好坏。也就是说,不是所有学生都适应探究性学习方式的。因此如何使所有不同能力层次的学生都能最大限度地表现出自己的探究能力并能得到一定发展，这是该课题下阶段要研究的重点之一。

（3）网络学习方式在实际运用中的效果如何检验、评价是一个不易把握的问题，因为它要受到学习时间、学习对象、学习成果表现形式等因素的影响。如何形成一套具有一般评价标准的效果检验、评价体系，需要在教育教学实践和科研实践中进一步摸索。

（4）对于特殊学生个性学习方式的研究我们感到研究的力度和深度不够，主要是因为操作过程中不能较集中地将某一类特殊学生的学习方式归类研究，受到校际各自情况的限制，这类学生的学习方式存在的不同居多，共性的特征较少。如果能将各类特殊学生的学习方式集中起来加以研究，形成一套具有代表性的可操作的个性学习方式培养策略，将对教师的教学和学生的学习产生积极的意义。

（5）在实践这些现代学习方式的过程中，如何处理好"现代"与"质量"的关系？进行现代学习方式的研究需要去实践，去检验，去摸索总结，这必然会占用掉教师大量的时间和精力，也会影响学生在校学习的系统性、一贯性、时效性，在当下依旧重视学生考试成绩的形势下，这一问题的合理解决也是我们教育科研工作者需要思考的。

（执笔人　秦训森）

参考文献

[1] 周平儒.现代学习方式的五个基本特征.太原：山西师范大学出版社.英语周报·初中教师版,2005年12月28日第3版.

[2] 金湖县教研室.新课程条件下学习方式转变的问题.中国语文网(http://www.yuwen163.com).

[3] 教育部基础教育司组织编写.朱慕菊.走进新课程——与课程实施者对话.北京：北京师范大学出版社,2002.

[4] 孔企平.论学习方式的转变.全球教育展望,2001(8).

[5] 列昂杰夫.活动·意识·个性.上海：上海译文出版社,1980.

[6] 林久晓.课堂教学中学生主体性的培养.教学通讯,2000(8).

[7] 刘春玲.国内外有关学习方式的研究综述及对我国教学发展的启示.教育理论研究,2004(2).

[8] 郝贵生.论学习方式的现代化.天津师范大学学报,1994(5).

[9] 林斯坦.现代信息技术的特性与学习方式的变革.中国教育学刊,2003(7).

[10] 董琦,周勇.论学生学习的自我控制.北京师大学报,1994(1).

[11] 胡斌武,等.中学生学习风格分析与教学策略.学科教育,2000(10).

[12] 胡斌武.学习风格与学习策略的选择.上海教育科研,1996(9).

教学管理

"十六字诀"成就高效课堂

高效课堂是课堂教学永远追求的目标和理想。其表现为:轻负担,低消耗,全维度,高质量。构建高效课堂是落实国家教育改革与发展纲要,坚持以人为本,全面实施素质教育的需要, 还是进一步深化基础教育课程改革的需要, 也是我校教学质量再上新台阶的需要。我校创办于1971年,现有60个教学班,学生3300多人,教职工200多人,是一所名校,大校。学生和学生家长对学校教学水平和效果有着较高的期待和要求。多年来,我校积极进行教育教学改革,力求实现高效高质的课堂教学。在构建高效课堂的探索过程中,我校不断尝试反思改进完善,逐渐形成了一套行之有效的方式,其中的精华可概括为"十六字诀",即"精细管理、科学备课、学生主体、科研兴校"。

一、以"精细管理"来保障高效课堂的落实

"精细化教学管理"是以我校文化底蕴为前提,教师队伍专业化为保证,量化考核细则为标准,信息技术化为手段的一种精益求精的特色管理文化。其方法是将复杂的事情简单化,简单的事情流程化,流程化的事情定量法,定量的事情信息化。我校在教学管理中重点落实了"五精五细"。

"五精"指的是:

(1)精通:干部和组长深入钻研,精通教学,做到"四个带头":带头上好课,写教学反思;带头按新课标的要求设计和评估有效教学和有效教研;带头包干年级、学科和班级、分头指导;带头撰写教科研论文,主动承担科研课题。

(2)精华:发挥教师集体智慧,吸取精华,做到"五个一":写一篇详细《考试说明》的解读、制订一份科学的教学计划、进一节高品位的课、出一套高仿真的试题、编一本预设性强的教学案。

(3)精湛:教师教法灵活,教艺精湛。做到"五个一点",即起点低一点、坡度小一点、探究多一点、趣味浓一点、教艺精一点。

(4)精编:教师精编试题,分层作业,落实并运用拓展课堂所学,使作业成为高效课堂的有力补充。力求作业略高于课本,把握好"十度",即广度、坡度、深度、难度、区分度、信

度、效度、速度、亮度、精度。

(5)精致:教师指导学生以平稳心态应试,学生答题卷面精致。做到"五个点":面题激发兴趣点、审题列出疑问点、破题找到切入点、结题不漏得分点。

"五细"指的是我校细化了的五个最重要的教学考核、评价标准,包括:优秀教研组和备课组的评估方案、骨干教师考核方案、进一步减轻学生课业负担的规定、教师绩效工资奖励方案、一节好课的评价标准。

总之,"五精五细"的教学管理重细节、重过程、重深入、重质量,既能激励教师静下心来教书,潜下心来育人,也能鼓励学生专注、有序、有效地学习,有效地保障了我校高效课堂每个细节的落实。

二、以"科学备课"来积蓄高效课堂的内力

高效的课堂教学一定是符合学生认知规律的教学,一定是知识传授内容准确、方式恰当的教学;而科学的备课能激发凝聚集体的智慧,为构建高效课堂积蓄深厚绵长的内力。打造高效课堂需要卓有成效的校本研修,需要科学的备课。

为备课更科学,我校推行了自己独创的"3+2"集体备课模式,即在传承"说课、上课、评课"三项基础上,再加上"现场辩论"和"课例分析"两个方式。其中,现场辩论最能提升教师的构建高效课堂的素质。在主讲人宣讲完自己授课的理念意图后,其他教师进行补充、提高、观点交锋、讨论争鸣,做到各抒己见、自圆其说。若持肯定态度的,要上升到理论层面,说说这样做符合新课标或高效课堂的哪些理念;若持反对态度的,要能具体说出自己的改进方案,并且也要阐明这样改符合新课标或高效课堂的什么理念。随着辩论的深入,老师们逐渐达成共识之后由主讲人形成质量优、品味高的教学案,最后,各位教师遵循"集体智慧+个体差异=针对性"原则,再精雕细刻,完善教学案,使教学案能为每个学生的课堂学习实现高效提供帮助。经过这样的现场辩论,每一位教师都对新课标及高效课堂理念有了更加透彻的认识,在今后的教学中就会很自然地贯彻执行。而"课例分析"则要求教师先上课,再反思,之后再上课,再反思提高。以此引导教师关注教学细节,学会个人反思,自主自觉地调整教学行为,使课堂更高效。同时,这种方式也极大地锻炼了教师的教学思辨意识和能力,提高了教学艺术,促进了教师的专业发展。

现在,"3+2"集体备课模式已成为我校构造高效课堂的绝佳方式。例如,由我校刘俊老师主讲的《摩擦力》第一轮复习课,在校内校外共进行了20多次集体备课,历经20多次激烈的现场辩论、20多次教学案修改,哪怕是非常细小的过渡环节都反复斟酌、思量,力求更科学。正因为老师们备课的科学、严谨、深入,这节课以全省第一名的成绩在好课评比

中夺冠,它所诠释的课堂模式也得到了全省专家及同仁的高度赞扬。而我校理化学科连续4年在中考中勇夺全区第一的佳绩,也正是得益于理化教研组在我校率先将"3+2"集体备课模式予以贯彻执行。

三、以"学生主体"来诠释高效课堂的真谛

高效课堂以关注每位学生的发展为中心,旨在切实减轻学生课业负担,通过课堂学习来全面、有效地提升学生素质。可以说,"学生主体"正是高效课堂的真谛之所在。因此,只有旗帜鲜明、坚定不移地贯彻"学生主体"理念,才可能构建出真正意义上的高效课堂;反之,若"学生主体"得不到凸显,哪怕教师能让学生通过课堂学习在考试中赢得高分,他与学生所共有的课堂也绝不是"高效课堂",只能算是"高分课堂"而已。鉴于此,我校明确提出在课堂教学中要"把时间还给学生,把学习方法教给学生",真正体现出对学生主体的尊重,诠释高效课堂的真谛。

我校改变了课堂教学评价方式,制订出了指导课堂教学改革总体方向的"武汉市七一中学课堂教学评价表"。"以学论教",将学生主体的关注和学生的发展作为评价的重中之重。

我校教师在教学中特别注意研究学生。课堂教学之前,每位教师不但会对学生整体进行分析,还会分析学生个体对教育教学内容的思维能力、接受能力、动手操作能力、学习兴趣、学习动机、意志、情感等。

我校教师还积极研究学法。为了把学习的主动权教给学生,充分发挥学生的主体地位,教师们重点研究了学生的学习方式:小组学习——独学、对学、群学;独立思考、合作探究、对抗质疑。在课堂上教师们吸引学生全员参与,学法实践,典型及时反馈,关注个别辅导,促使每个学生在学习过程中实现学习方法上的优化,实现学得愉快,教得有效,用得灵活。

同时,我校教师也深入研究教法。教师们秉持新课程理念,改革课堂教学,探究中学高效课堂教学方法,激发学生的学习兴趣,使学生从"学会"到"会学",运用课堂优化策略,培养学生的创新思维,高效学习。

我校教师积极优化教与学关系。教师们积极发挥主导作用,创设条件让学生发挥主体作用,教师们还会选择学生喜闻乐见的内容进行教学,让课堂富有时代气息和生活气息,确保课堂具有新思和新意,最大限度地提高学生参与度,拉动学生内需思维;教师们把爱心带进课堂,把微笑带进课堂,把激励带进课堂,形成一种师生互相理解和尊重的心境,营造一种民主和谐的氛围,使学生产生轻松愉悦的学习心态,努力实现高效课堂所要求的充分和谐发展的目标。

四、以"科研兴教"来促进"高效课堂"的升级

我校将教学科研作为关系学校长远发展的一件大事来抓,我校明确提出"科研兴校"的原则,力求以科研促教学,以科研促发展,让我校课堂教学与时俱进,勇立教改潮头,始终保持高质量、高品味。在具体方式上可概括为:点面结合,突出课题。在面上,我校要求教师人人都参与教研;在点上,我校狠抓骨干教师教研能力的提升;将科研课题作为我校科研兴校的最大亮点予以突出。

我校为课堂教学科研创设了很好条件。在校园网上建专题学习空间,增添大量学习资料;我校组织校级公开研讨课,请学校优秀教师上示范课,以电教优质课比赛、经验交流会、专家讲座、专题培训等多种形式,不断更新完善教学理论,需要创新的教学方法。不断提高教师的研究水平,解决课堂中存在的问题,追求课堂教学的优质高效。

我校积极将教师培养为适应素质教育需要的创新型的研究型、专家型教师。要求全校每位教师每学期都要撰写论文至少2篇,发表在学校自办的《教科研》月刊上;要求每位教师参加所有校本培养课程并反思总结,形成自己独创的教学方式,并确定新的发展方向。

我校明确提出各级骨干教师的推荐标准要与科研能力直接挂钩。如市级骨干教师,要求有市级优质课或观摩课和市级获奖论文,在市级刊物上发表文章或担任过市级教研活动主讲人,参与过市级科研课题。其余省、区、校级骨干教师推荐标准以此类推。若不符合标准,则不予推荐,不允许参评。

我校还积极承接科研课题,让教师在科研实践中更新教学观念。教学理论与方法不应只来自书本和口头,更应来自教师的科研实践。为此,学校主动承接、申报了多个研究课题。在教学科研方面,就有省级课题《课堂教学主体性发展》(已结题,获省优秀成果一等奖)、市级课题《中学生现代学习方式的研究》(已结题,获区优秀成果一等奖)、市级课题《初中课堂教学减负增效策略研究》(已结题,获武汉市重大科学进步奖)、《构建初中高效课堂的路径与方法研究》等科研课题。

为保障这些科研课题的顺利进行,学校采取了以下措施:

1. 切实作好人力、智力保障

课题实验均由我校领导挂帅,并成立相应的课题组,课题实验工作纳入了学校的管理中,特别是教学管理和名师工程的管理,把课题实验工作作为科研兴校的主要载体。我校还成立了由各学科教研组长组成的课题指导小组,具体负责全面统筹规划,组织全校的课改实验,以参加课改实验的全体教师为主要力量,开展课题研究。学校将参加课题研究的教师研究过程记入工作量,若取得成果则计入年终考核。学校还邀请课改专家做讲座,邀请省、市优秀教师来我校上示范课,也组织部分班主任、课题组教师到先进学校观摩学习,

将"请进来"与"走出去"相结合,打开教师科研的视野。

2. 切实做好科研成果的总结推广

在取得科研研究阶段性成果后,我校及时总结课堂教学改革中存在的问题,进一步制订措施,深入开展研究,特别是对课堂教学各种细节问题加强研究。与此同时,学校也及时对全校课堂教学改革情况进行总结,结合学校实际,总结出具有我校特色的课堂教学高效路径与方法,再以专题讲座、研讨会、学习简报等形式予以交流推广,供教师学习借鉴。学校还召开了阶段性成果表彰会,对教学科研中表现突出的年级组、优秀班级和教师个人进行表彰奖励,进一步深化完善我校课堂教学高效的路径与方法。

总之,通过"精细管理",高效课堂的诸多细节得以落实;通过"科学备课",高效课堂的内力得以不断积蓄,通过突出"学生主体",高效课堂的真谛得以诠释;通过贯彻"科研兴校"的理念,高效课堂得以不断升级。近年来我校学生身心的健康发展,素质上的全面提升,在各类学科竞赛中、武汉市中考中所取的辉煌战绩都充分地印证了这"十六字诀"的正确、有效。"教无止境",我校将秉持更严谨的态度,更无畏的勇气,更坚定的意志,更前瞻的思想,继续探索实践,为学生更好的发展,为构建出更高效的课堂而不懈努力。

初中物理高效复习课堂

有一个比方说,新课好似栽活一棵树,复习课就像育好一片林,栽活一棵树不容易,育好一片林就更难。因为复习课既有点的知识和面的综合,又要学生达到融会贯通、举一反三的三维境界。因此,如何上好高效的物理复习课,值得我们每一位物理老师深思。

一、复习课的任务和现状

(一)复习课的任务

复习课的任务首先是引导学生梳理知识、形成网络,使知识系统化、结构化,力求学生加深对概念的识记和理解。为此教师要引导学生将易错、易混的重点和难点知识利用表格式、纲要式、图示式、口诀式进行比较、辨析,使学生全面理解基础知识和掌握基本技能。其次,通过典型例题的剖析,帮助学生进一步巩固和熟悉《考试说明》所要求掌握的方法和技巧。再次,通过"题组"训练,层层推进,环环紧扣,做到一个题带动一批知识点,起到提一发而动全身的作用,引导学生揭示解题规律,总结解题方法,进一步提高分析问题和解决问题的能力,力争实现减负增效。

总之,第一轮系统复习做到夯实基础,到边到角;第二轮专题复习做到提高能力,纵横交错;第三轮综合复习做到全真模拟,查漏补缺。在复习过程中,力求做到"五化":撰写高质量的《教学案》,做好从知识内容结构到学生认知结构的优化工作;编写模拟试题,做好从考点到考生的技术转化工作;提高实验教学的水平,做好从实验技能到实验方法深化工作;用活学习的"三宝",做好从细节到习惯的感化工作;搞活开放的课堂文化,做好从灵性到悟性的内化工作。

(二)复习课的现状

1. 复习课盲目随意,差异性不够

复习课中教师不考虑学生个性差异,采取统一目标、统一方法和统一内容,没有分析学生的知识和能力现状,心理和习惯等非智力现状,造成复习课标高脱离学生实际。也没有遵循学生的认知规律,制订出层次分明的一、二、三轮复习计划,更没有将考点落实到每个教案、每节课堂、每个习题中,做到每节课的例题和习题由易到难,由简到繁,低起点、缓坡度、拉差距,导致不会的总是不会,会的总在训练,不会的总没练到。很多老师将新授课和复习课、三轮复习课之间混为一团。

新课与复习课的不同:

(1)要求不同:新课要求认识、理解、会、经历、经过等,复习课要求回顾、梳理、复习、拓展、验证等。

(2)流程不同:新课导构知识网络,复习课回顾知识,复习和拓展实验。

(3)方法不同:新课采用归纳法、实验探究法,而复习课更注意讲练结合的落实过程。

(4)侧重点不同:新课注重知识记忆和理解、知识的形成过程,知识点较单一。复习课注重知识应用与反馈,注重知识适当加深、加宽,培养学生解决问题的能力。

(5)教师的角色不同:新授课教师是知识形成的亲善者,复习课教师是知识落实的领航人。

例如:《密度及其应用》的系统复习课的引入:

我们的生活离不开水,我们面前的矿泉水,你们喝了一口,剩下的水和原来的水相比,它的哪些物理量发生了改变?(质量和体积)那么剩下的水和原来的水相比,它有没有什么没有改变的呢?(状态、颜色、味道、密度、导电性、导热性、比热容……),像以上这样不随物体的质量、体积改变而改变,跟物质的种类有关,这些我们称之为物质的物理属性,物质的物理属性很多,"密度"是物质最重要的属性之一,它可以用来鉴别物质。今天我们就来复习密度及其应用。

评析:用学生熟悉的生活中物质"水"来引入复习课,体现了"从生活走向物理"的理念,同时创设情境启发学生发现并提出问题,继而从物质的"物理属性"这个整体引入并过渡到"局部"密度的复习。复习课引入简单明了,直奔主题,又不失趣味性和新颖性,有效激活学生的兴趣,开启了学生的心智。

2. 复习课纸上谈兵,问题性不够

有的教师上复习课,把教材的内容又讲了一遍,中考题又让学生做了一遍,结果把复习课上成单纯的知识回忆课,将复习变成了旧知识的重教。复习内容、例题和练习题并非一一对应,出现驴唇不对马嘴的现象,尤其是实验课不让学生做实验,而是在黑板上讲实验,导致学生体验缺失,实验动手能力差,作业不会做,学习压力过大,自信心不足,甚至产生畏难和厌学情绪。

问题是复习课的心脏,有些复习课只是一味构建知识网络,从网络的梳理中把握知识点,没有以学生的问题为骨架自编课时教案,以题目开路,没有引导学生对题目进行分析、讨论、研究和解析,导致课堂上学生探究不积极,没有以问题为中心,来举一反三,和新课采取一样"讲练讲"的方法,没有体现复习课的"练讲练"的特点,还是"一法一题",而不能

"见题想法"。

例如：复习探究固体的熔化、探究水的沸腾、探究物质的吸热本领的实验。

3. 复习课形式单调，多样性不够

上复习课以下两种现象较为普遍：一则教师一讲到底，学生如雾里看花，无所适从，以讲代练，或以练代讲，让学生在题海中摸爬滚打；二是一问一答，以问代思。一讲到底并非没有启发，一问一答并非都有启发。只是教者没有充分利用例题的资源进行变式教学，导致信息量过大，学生慌忙做笔记，没有时间思考，没有将知识结构变成学生的认识结构，没有最大限度的拉动学生思维内需，没有做好考点的技术转化工作，不能精讲巧练，不能实现教与学的双赢。

例如：利用图象复习基本概念、基本规律和基本实验。

4. 复习课知识零碎，整体性不够

复习无系统性，只是一个个知识点的孤立积累。各轮、各块复习时间的分配、内容和专题的确定不够具体，分工不够明确。教学没有能面向全体学生分类教学、分层推进、整体提高，综合题准确率不高，不同类型的学生得分点没能抓到。

听课时我们发现：七、八年级学生做大量中考综合题；质量分析时发现：学科单元检测时学生成绩差异不大，而综合复习后学生考试成绩悬殊突然大。前者导致学生学习负担过重，急剧分化，后者是没有做好知识的整合工作。例题、习题的知识横向联系不够，或没有分阶段、分学生进行推进，过分纵向挖掘题目的深度。

例如：复习力学实验分成两条线：其一是测量物质的密度，其二是以斜面为线索进行复习。

二、产生现状的原因

产生上述现状的原因到底是什么？

(一)主观原因：教学观念陈旧，教学行为不当

在教学观念上教者没有越过三座大山：从功利上来看，教师以部分学生升学为目的，而放弃全体学生的全面发展。老师没有考虑学生个性差异，采取统一目标、统一方法和统一内容，造成复习课标高脱离学生实际。从本位上来看，教者以师为本，以教为本，以知识为本。从模式上来看，教者采用教师讲授、学生记忆、课后练习的"三俗"模式进行教学，教师要求学生眼睛长在黑板上，耳朵长在老师的嘴巴上，脑子长在思维上。

教师教学行为不当。教师忽视对《新课标》、《考试说明》和教科书的研讨，一味加快复习进度，或抬高教学标高，导致学生学不懂。教师对复习课的教学研究不够，上课内容不新，无变化，所以复习课容易炒现饭。

（二）客观原因：实验条件不足，复习压力太大

物理学科的本质在于观察和实验，有的学校不具备实验的条件，无法开展全员的实验教学；家长和社会对教学难度的误解，一味地求难求快，而复习时间紧、任务重，老师怕耽误了时间和进度，不愿意引导学生观察和实验；同时学生的基础、起点不同，学习习惯和学习能力的不同，导致学生对知识的理解程度和应用知识解决实际问题的能力不相同，带来教师备课把握重点难、设计典型习题难、批改试卷难、分层复习因材施教难等问题。

三、高效复习课堂的提出

老师讲大量的例题，学生做大量的训练题，在新课教学中同类班级水平差异并不大，复习完毕后学生能力差距骤然变大。究其原因是复习没有明确的目标和适度的任务，没有分阶段、分层次、分类别有效推进，编制例题和习题没有适量、适当、适中利用课本。这样既加重了学生学习负担，又促使学生快速分化。这一现象引发我的思考：怎样的教学才能构建高效的复习课堂呢？

（一）高效复习课堂的理念

1. 高效复习课堂的界定

高效复习课堂就是能很好地实现一节课或一个阶段的复习目标，希望复习发生在学生身上。战术上追求每节复习课高效，战略上追求整体意义上的高效复习课堂。

2. 高效复习课堂的"高效"体现三个方面

即"效果"、"效率"和"效益"。"效果"指复习结果和预期复习目标的吻合度，反映课堂的"扎实"；"效率"指取得的复习效果与投入时间、资源的关系，追求投入消耗最低化和取得复习效果最优化，反应课堂的"充实"；"效益"是复习过程及结果的整体收益，反映课堂的"价值实现"。它不仅给学生满分，更重要让学生满意，使学生得到满足。

3. 高效复习课堂三大支持系统

第一是"两唯"的复习系统。它主张相信学生、解放学生、利用学生、发展学生。在教学关系上坚持"唯学"，在师生关系上坚持"唯生"。第二是"以学评教"评价系统。初中学生情绪变化大，容易走极端。因此，教师和学生应互换角色，贴近学生的心理，以平等的心态协商交流。在交流过程中，教师的谈话要中肯。严谨的语言使人可信，幽默的语言使人愉快，激昂的语言使人振奋，形象的语言使人清晰。对刚学物理的学生要"动之以情"；对即将参加中考的学生要"晓之以理"；对物理教学过程评价要具有逻辑性，强调过程体验，讲究严谨；对成绩好的学生"泼点冷水"，对学困生多给笑脸。第三是"开放搞活"的文化系统。高效复习课堂以主动性、生动性和生成性为特征。主动性是指学生学习状态、激发潜能、获得效益、生成能力；生动性是追求课堂的价值，突出"学乐"和"乐学"，学生由"怕上课"到"怕下课"。

生成性是课堂复习中变各种"句号"、"叹号"为"问号"。追求多元发展,鼓励不同见解,让思维激荡思维、让思想冲撞思想、让方法启迪方法。

简而言之,高效的复习课力求"新、趣、明"。即情境新,教法学法新;教者语言风趣、幽默;言谈举止优雅,指导简明扼要,切中要害。使学生像看动漫一样轻松、愉快、高效地学习。

(二)高效复习课的思考

1. 高效教学的前提:学识、见识和胆识

(1)勤于学习,增加学识。教师学识的增加,一方面向书、刊、报、网络等学习,不断加强新的教育思想和教学理论的学习,并将这些理论转化为自己的教育教学行为;另一方面向专家取经,向大千世界学习。学识的广博依赖于利用一切机会,通过各种渠道,采用多种方式,提升自己的专业素养和文化积淀,获取更前沿的知识和信息,开拓自己的视野。

(2)善于研究,增长见识。教师见识的增长,需要对教学行为进行研究。从教育教学问题出发,从师生的需求出发,按照"问题即课题、分析即研究、解决即成果"的思路,遵循"说课、上课、评课、现场对话和课例分析"的"3+2"的流程进行集体备课和个体探究。

(3)敢于创新,增强胆识。教师胆识的增强,一是让生活走进课堂,让学生的心灵感受斑斓多彩的生活,让学生在大自然中学习,在生活中觉悟。二是教师具有开发课程资源的意识,积极地去整合、挖掘和发现课程资源,做好新课标、新教材和教学内容的整合工作。

2. 高效教学的认识:期待、期盼和期望

(1)专家期待的教学。课堂是理念的无痕实现,引导学生,决不牵着学生的鼻子;要求学生,决不使学生感到压抑;启发学生,决不把结论告诉学生。《学记》中倡导"道而弗牵,强而弗抑,开而弗达"。肖川教授提出:"有效的教学能唤醒沉睡的潜能,激活封存的记忆,开启幽闭的心智,放飞囚禁的情愫。"前者体现启发,后者凸显呼唤。

(2)学生期盼的教学。课堂是学生的乐园,而学生是老师手中的风筝,在老师牵引下自由飞翔。课堂有回味无穷的实验和故事,有图文并茂的感性材料等,也有领略知识后明白许多道理的理性思维。前者能吸引学生,后者能发展学生。

(3)教师期望的教学。课堂是教师的杰作,创情激疑,吸引学生;经历过程,发展学生;联系生活,成就学生,前者体现知能和过程,后者凸显学以致用。

3. 高效教学的基础:了解、理解和见解

(1)了解学情,化被动为主动。调查学生已知、未知、想知、能知和怎知情况,再备学生、备教材、备教法和备教学过程,变如何"教"为指导如何"学",搞活开放的课堂文化,做好从灵性到悟性的内化工作。

(2)理解教材,化知识为方法。解读新课标和考试说明,结合解读和教学资源实际,编写出高质量的《教学案》,变"教"教材为"用"教材,做好知识内容结构与学生认知结构的优化工作。

(3)形成见解,化技法为风格。选择学生喜闻乐见的内容进行教学,让课堂富有时代气息和生活气息,确保课堂具有新思和新意,最大限度地提高学生参与度,拉动学生内需思维,做好从方法到技能,技能到思想的深化工作,师生形成教与学的风格。

4. 高效教学的实施:求真、求变和求实

(1)求真,高效教学具有科学性。法国思想家卢梭说:"误用光阴比虚掷光阴损失更大,教育错了的儿童比未受教育的儿童离智慧更远。"因此,我们在教育教学过程中,要遵循儿童的身心发展规律和教育规律,用科学的方法指导学生学会做事,学会生活,学会学习。

(2)求变,高效教学具有灵活性。德国有一位学者有一个精辟的比喻:将15克盐放在你的面前,无论如何你难以咽下。但当将15克盐放入一碗美味可口的汤中,你早就在享用佳肴时,将15克盐全部吸收了。选题时应源于课本、活于课本、高于课本,力争求活;导课时应创设情境激疑、释疑,力争求新;上课时应一题多变,一题多问,一题多解,小题大做,大题分解等,力争求变。

(3)求实,高效教学具有实效性。高效教学以关注每位学生的发展为中心,坚持素质教育在课堂,坚持教为学服务,真正确立学生的主体地位,吸引全员参与,典型及时反馈,关注个别辅导,促使学生学习过程和学习方法的优化,实现学得愉快,教得有效,用得灵活。

例如:试卷武汉市四月调考评讲课

1. 学生自查:

(1)哪几道题最容易做错?为什么?

(2)哪几道题卡住时间最长?为什么?

附:自我诊断表

题号　　应得分　实得分　错误原因　　自己能否解决

2. 学生自主订正:

针对上一步骤中不能解决的问题,四人小组交流与合作,讨论完成。

3. 教师评讲试卷:按错误原因分类评讲,剖析错解,暴露思维过程,进行矫正。

考后知不足,在这次考试中,我们也暴露了不少的问题:

(1)答题不规范:单位处理、不写公式

(2)概念混淆:28题(3)

(3)审题不细:

①忽略关键词语:27题(2)

②忽略隐含条件:26题(3)

③干扰因素影响:28题(3)

(4)近似处理不当:23题、28题中的"约"

(5)物理模型建立不当:16题、28(2)题

4. 发挥试题功能:

(1)发散解题思路,展示一题多解:19题

(2)发散试题情景,呈现一题多变:11题、18题

5. 总结归纳。

6. 补偿练习:见学案。

7. 课后作业:学生写考后反思(最大的进步和最大的漏洞,采取的措施和努力的目标等。

5. 高效教学的反思:改进、促进和奋进

(1)反思,改进教法更优化。教学反思是教师自觉地把自己的教学实践过程作为认识对象而进行全面深入的冷静思考和总结,从而进入更优化的教学状态,使学生得到更充分的发展,提高教学效能的过程。在反思中调整过程,变换思维,改进教法,优化学法,在反思中实现教师专业发展和自我成长。

(2)反思,促进发展更智慧。反思可以让我们总结实践,升华经验;反思可以让我们发现不足,渴求新知;反思能激发创新欲望与批判精神,使我们的教学常教常新。实践证明,凡善于反思,不断改进,积极提高教学效果的教师,其自身的成长和发展的步伐就会加快,成为智慧型教师!

(3)反思,催人奋进更成熟。三流的教师忙于教学,二流教师忙于积累,一流的教师勤于思考。不断奋进,改进不足,促进专业发展;先放心教,再放手教,授之以渔;建立教学模式,但不拘泥于模式,在探究中学习,在学习中探究,形成自己的教学特色和教学风格。叶澜教授指出:"一个教师写一辈子教案不一定成为名师,如果一个教师写三年的教学反思,就有可能成为名师。"

高效教学是教师的高效,更是学生的高效,是教师用"识"奠基,用"期"催化,用"解"走近,用"求"实现,用"思"进取,让学生摆脱低效学习的负担,享受高效学习的盛宴。

四、高效复习课的案例分析

(一)《摩擦力》第一轮复习教学录像课例研究

下面我将从教材和学情、教法和学法、流程和设计三个方面来谈谈《摩擦力》第一轮复

习的教学设计意图。

1. 教材和学情

本节课既是力学的基础,又是对力的概念、平衡力和相互作用力的进一步深化,跟生产和生活有着密切的联系。九年级学生认识事物的特点是从具体的形象思维向抽象逻辑思维过渡。因此,设置真实的情景,让学生身临其境地再现知识,能够进一步加深对摩擦力的理解和应用。

2. 教法和学法

本节课采用启发式、讨论式和情景式的教学方法。以学生活动为主线,将知识放在真实生动的情景中,让学生在动手动脑中复习摩擦力,提高了学生自主、合作、探究、应用的意识,实现教与学的和谐统一。

3. 流程和设计

本节课的设计理念是"以学生为主体,以教师为主导,以培养能力为根本,以提高质量为目标",力求做到"四化":教学思想先进化,复习方式多样化,创设情景生活化,教学设计精细化;力求突显"三个注意":注意新课与复习课的区别,注意贯彻因材施教的原则,注意以学生为本,渗透科学方法教育;力求落实"三个以为":以学生为依据,以课本为依托,以考试说明为标高;力求完成"三个结合":教学内容与科学、技术和社会相结合,实验与概念、规律和应用相结合,新课标与考试说明和课本相结合。

本课教学流程分为四个部分。

1. 创设情景,构建知识

(1)观赏视频:为了激发兴趣,设置动漫视频,从感官上刺激学生,把学生注意力吸引到有趣的画面中来。既提高了学生参与教学活动的热情,又帮助学生回顾知识。

(2)活动体验:为了帮助学生理解摩擦力的产生条件,让学生在纸上画线,在活动中体验、理解"相对运动",为复习摩擦力的定义作好铺垫。

(3)设计意图:从学生身边的现象入手,借助动漫视频、生活体验再现知识,引领学生"从生活走向物理"。注重创设情景、联系生活来复习概念,有效突破摩擦力的方向和产生条件这两个难点,引领学生主动构建知识框架,使知识条理化、系统化。通过练习既巩固了摩擦力的概念,又加深了学生对相互作用力和一对平衡力的理解。

2. 科学探究,复习规律

(1)引发冲突:设置了"铅笔在不同纸面上画线,笔尖在哪个面上所受的摩擦力大些"这一问题,通过讨论,引发学生思维碰撞,激发学生学习动机,培养学生思维品质。

(2)实验拓展:为了将实验复习与规律及其应用的复习相结合,我设计复习、拓展"滑动摩擦力大小与哪些因素有关"的实验;通过设置开放性问题,让学生运用控制变量法设计实验;通过练习让学生归纳总结求摩擦力大小的两种方法,提高学生的解题能力。

(3)设计意图:引发冲突温习规律,复习实验渗透方法。引导学生在已有知识的基础上进行自主探究和拓展,在探究中复习影响滑动摩擦力大小的有关和无关因素,对知识适当加深加宽,突出影响滑动摩擦力大小的因素和求摩擦力大小的方法这两个重点,培养学生的探究能力、审题能力和分析概括能力。

3. 联系实际,学以致用

(1)联系实际:通过讨论自行车中的摩擦力,培养学生应用物理知识解决实际问题的能力,让学生学会在生活中合理利用和减小摩擦力,培养学生的辨证思维和安全意识。

(2)学以致用:设计推箱子这个开放性问题,既复习了力的相关知识,又培养了学生的发散思维能力,将摩擦力的复习推向高潮。

(3)设计意图:利用多媒体展示自行车的结构和使用,让学生自主、合作复习改变摩擦力大小的方法,提高课堂效率。再利用所学知识解决推箱子这一实际问题,延伸到磁悬浮列车、气垫船等实例,将物理与科学、技术、社会紧密相连,引领学生"从物理走向社会"。

4. 归纳小结,课后练习

设计意图:归纳小结简明扼要,留给学生清晰的知识网络。利用课本插图,结合学情精编课外练习,进一步巩固摩擦力的知识。最后用"拔河比赛取胜秘诀"的再次激发,调动学生学习的积极性,变"要我学"为"我要学",将课堂延伸到课外,实现学习方式的根本转变。

总之,本课教学设计体现了知识重组,重视实验,注重应用,纵横交错,做到"既见树木,又见森林",让学生走出题海,回头是岸,水到渠成地掌握了解决问题的方法,培养了学生的科学素养,使学生爱学、学会、会学!

(二)《杠杆》第一轮复习教学课例研究

用教科书复习,做到"五清"。复习时做到例题和习题均源于课本、活于课本、高于课本;编制每道题时做到低起点、缓坡度、拉差距;课堂上做到清基本概念和规律、清基本实验、清插图、清例、习题和科学世界,清学生容易混淆的问题,从而使差生变优,优生更优。

1. 清基本概念和规律

在《杠杆》第一轮复习的过程中,我首先利用课本中曹冲称象引入课题,提高学生学习参与度,激发学生学习热情,让学生认识到物理有趣、有用。然后引导学生构建知识网络,利用一点区别、二种判断方法、三种类型的杠杆、作力臂的四个步骤和杠杆的五要素对杠杆的基本概念和基本规律进行了复习。让学生进一步理解力臂的大小由力的作用点和力的方向共同决定,判断力的方向的方法和判断杠杆类型的方法。为此,学生不仅获取明晰的知识内容结构,还将知识结构转化成学生的认知结构。

2. 清基本实验

利用例题 1 复习"研究杠杆平衡条件"的实验,判断杠杆是否平衡,利用杠杆的平衡条件解释等臂杠杆天平横梁平衡时,为什么 $m_物=m_砝+m_游$?而不等臂杠杆案秤利用几个不重的槽码就能称出秤盘中重得多的货物的道理。天平和案秤在多形物质世界中学生已经学过,但是学生在操作过程中知其然,未知其所以然。通过复习,学生才恍然大悟,豁然开朗,弄清了调节杠杆平衡的方法是改变力的大小和力臂的长短,即改变力的三要素。

3. 清插图

将课本上四幅插图展示出来,通过找到杠杆的支点、画出动力作用线和阻力作用线,作出力臂,并比较动力臂和阻力臂的大小,复习作力臂和杠杆的类型。尤其是跷跷板一图具有开放性,属于什么类型的杠杆须讨论后才能进行分类。

4. 清例题、习题和科学世界

将《科学世界》中现代版曹冲称象编制成一道例题 2。编制中强调"不计槽钢重"、"槽钢水平"、"竖直向下拉"、"弹簧秤满量程"等关键词,让学生寻找解题的切入口。设问的目的是让学生知道整个称象过程运用了物理学中的杠杆原理,吊车、槽钢、铁笼和弹簧秤的组合其实就是一把巨型杆秤,弹簧秤起了秤砣的作用。通过学生画杠杆的示意图作为台阶,利用杠杆的平衡条件定性分析弹簧秤的示数变化,定量列方程求大象的质量,提升了学生应用物理知识解决实际问题的能力。

5. 清学生容易混淆的问题

《杠杆》这一节学生容易混淆的问题有:

(1)学生对力臂的概念辨析不清。部分学生将支点到力的作用点间的距离当作力臂。为此,我首先介绍力臂的概念和作法,请同学们指出活塞式抽水机中杠杆的五要素,判断动力臂 L_1 作法错误,并找出错误的原因;其次利用课本中三幅图通过画力臂,比较力臂的大小,对杠杆进行分类;再次运用跷跷板设置开放性问题,作已知力的作用点,未知力的方向杠杆的力臂,将问题逐步深化,使学生思维逐渐深入。

(2)学生对力的方向的判断不准。从课本上撬石头一般的方法到最省力的方法是一个变支点问题,它既要考虑支点的选取,又要利用杠杆的平衡条件和极值进行分析,然后确定动力和阻力的方向。判断力的方向有两种方法:其一对杠杆进行受力分析;其二根据力对杠杆产生效果来判断。

(3)学生对力的性质理解不深。撬石头一图中,阻力 F_2 到底是什么力?在撬石头过程中,对杠杆阻力作用点 B 进行受力分析,B 点受到石头对杠杆的压力 F 和石头对杠杆的摩擦力 f,这两个力的合力就是阻力 F_2。

(4)学生对力的大小分析不透。撬石头时,阻力 F_2 跟石头重力 G 大小相等?当石头没有完全撬起时，$F_2 < G$；当石头完全撬起不动时，阻力 $F_2 = G$。据杠杆的平衡条件，得 $F_1 L_1 = F_2 \cdot L_2 = G \cdot L_2$，巩固练习中翻盖式垃圾箱答案正是如此。

(5)学生对研究问题的方法不多。复习《杠杆》这节课，我用到等效法、比较法和模型法进行教学。例题 1 中，我将"研究杠杆平衡条件"实验和天平、案秤进行比较，让学生总结出它们的相同点都是杠杆，调节步骤相似。不同点是天平是等臂杠杆，调节游码等效于往右盘中增加等质量的砝码；而案秤是不等臂的杠杆，根据杠杆的平衡条件，用几个不重的槽码就能称出较重的物体。在现代版曹冲称象和翻盖式垃圾箱情境中，引导学生理解"三个一"解题思路，即给出一个物理情境、画出一个示意图、列出一个方程，培养学生建模能力。

如果我们把新授课学到的知识点当作每一个焊接点，第一轮复习课就是要用导体将每个焊接点连接起来，组成一个晶体管电路，第二轮复习将知识浓缩若干芯片，第三轮复习将晶体管和芯片等组成一个集成电路，这就是温故而知新的道理，一个致力于高效教学的老师一定会不断思考这个道理，从而提高复习课的效益。

新课标摧生新教材的诞生，新教材带来新课堂的建构，新课堂呼唤新理念的确立和新教法的探索，而这一切都需用高效的教学来承载。实现高效教学是教师义不容辞的责任，也是教师永不懈怠的追求，祝愿老师们都能找到属于自己的高效复习课堂。

如何破解不补课保质量的难题

市教育局今年出台九年级"不补课"的新政策,既给大家带来了惊喜,也给我们增添了担忧,同时对原来的老思路、老做法提出了严峻的考验。缩短学生在校学习时间,并不意味着减质。减时不减量、不减质这一矛盾如何破解,这将成为我们研究的一个新课题。

一、新常态

本届初中三个年级都不上晚自习、周六和假节日都不补课,将是一种新常态。

往年七年级和八年级不补课,九年级补课时间:暑期(25天)+寒假(10天)+周六(30天)+晚自习(20天)=85天。语、数、外各减少170个课时,理、化各减少85个课时。

初中阶段教学时间紧、任务重、进度快也是一种新常态。初中三年原则上按教学参考规定的进度进行教学,即原来上5节课的内容,现在必须压缩到3节课完成。

二、新挑战

每个中考学科少了三分之一的教学时间,怎样才能按时保质保量完成新课标规定的教育教学任务,让学生顺利适应中考,对我们每位领导、教师、学生和家长既是严峻挑战,又是创新育人模式、深化教学改革、推动特色发展、提升学校品质的新契机。

三、新方法

政策有变化、管理要调整、教研要革新、教学要创新。

(一)从观念层面上进行调整

九年级教学时间缩短,不仅会导致两极分化更加严重,还会引发深度教育教学改革,甚至会爆发初中教育教学的革命。观念是行动的指南,要改变教师的教学行为,我们必须先洗脑。对于七一中学的老师来说,牢记学校生态教育理念,践行与深化"3+2"校本研修模式和"四四五"生态课堂教学模式,真正让生态教育"入口、入心、入行"。对于其他学校老师来说,则是围绕本校核心理念,抓住精髓,并广纳百川,开放学习。哪所学校抓住了这次契机,将可能成为名校;哪位教师抓住了这次机遇,将可能成为名师。

（二）从时间层面上进行调整

七年级上学期,中考学科超前一周上课;七年级下学期和八年级上、下学期,中考学科各超前两周上课;淡化期中考试和元月调考,缩短综合复习的时间,加上老师充分利用可利用的时间为学生排忧解难,抓实在校时间,抓紧校外时间。为九年级赢得了九周上课的时间,预计大部分中考学科在4月初能结束新课。

（三）从管理层面上进行调整

德育管理和教学管理、处室管理和年级管理要紧密结合,做到政教合一、家校合一、师生合一。加强在线辅导的精度,加大开家长的密度,加快作业反馈的进度。

（四）从网络运用层面上进行调整

大力推进信息技术在教学过程中的普遍应用,促进信息技术与学科课程的整合,逐步实现教学内容的呈现方式、学生的学习方式、教师的教学方式和师生互动方式的变革,充分发挥信息技术的优势,为学生的学习和发展提供丰富多彩的教育环境和有力的学习工具。加强教研、教学"两个平台"和微视频、录像课、导学案"三个库"的建设,为师生提供优质的教学资源,实现高效课堂向生态课堂的转型。

（五）从策略层面上进行调整

为了充分发挥信息技术的作用,提高教育教学质量,经过教师大量教学实践,通过信息化教学设计,合理利用信息化教学环境,在理论研究的基础上,探索了行之有效的信息技术与初中物理教学整合下的教学和教研模式。

1. 课内整合:"四四五"生态课堂教学模式

"四四五"生态课堂模式是以生命为教育的起点,以发展生命为教育的终点,充分发掘和调动生命个体的灵性,不断开发人的多元智慧,构建自然、和谐、开放、鲜活的课堂教学模式。要求课堂要体现四个特征、四个层面和五个步骤。

四个特征:让学生自由地呼吸、坚韧地探索、健康地成长、快乐地绽放。

四个层面:生本、生活、生动、生命。

五个步骤:

(1)导疑——情境导入,提出疑问。

(2)引探——自主学习,探究问题。

(3)释疑——主动展示,阐释疑点。

(4)启思——归纳总结,提炼方法。

(5)精练——当堂训练,提升能力。

与传统教学模式相比,这种模式最显著的特点就是信息技术尤其是多媒体技术在教学中发挥了不可或缺的重要作用。如果仅仅依靠传统教学手段,很多实验现象和物理情境的展示都受到极大限制。而采用了现代信息技术整合的教学模式后,课堂教学情境和实验现象的展示能够得到极好的处理,体现出信息技术与课程整合的巨大优势,深化了教学改革。

2. 课外整合:网络环境下"自主学习——讨论"模式

所谓网络环境下"自主学习——讨论"模式,是指学生在课外自主学习时,碰到即时的问题或者想法,自己无法很好地解决,可以通过网络将问题提交给老师和其他同学,让大家思考、讨论,从而顺利地解决问题。在此,教师既要创造宽松的氛围让学生积极讨论,又要防止讨论过于偏离学习话题、学习内容。在这种模式下,教师的辅导既能达到个别化,也能实现"大众化",教师对学生学习情况的了解更加及时和丰富,教师对课堂教学的反馈和监控也就多了一个不错的渠道。另外,对学生而言,学生的自主学习得到充分的"后援"保障,他们学习中遇到的问题也及时得到解决,使学生自主学习的信心和能力都能得到提高。此外,在这种网络环境下"自主学习——辅导讨论"模式下,师生之间是类似网状的师生关系,可以实现师生之间、生生之间的良好的交流、沟通,创新了育人模式。

自主学习教材,理出疑惑——观看微视频,交流讨论——完成导学案,查漏补缺——订正答案,写出错因——整理错题集。

3. 校本研修:"3+2"校本研修模式

模式:"说课、上课、听课"+"现场辩论、课例研究"。

内容:做好"删、降、减、精、变、用"六字　。本学年教研和教学的重点是做好"删、降、减、精、变、用"的工作,强化课前预习的导向作用,突出课堂教学的主题地位,灵活运用多种教学手段,来提高课堂效率、效益和效果。

1. 删

删掉《导学案》和《新资源》上有争议试题和与中考相关度不高的试题。在遵照新课标的前提下,弱化边缘知识,强化重点知识,优化课堂结构。

2. 降

适当降低标高。针对学生实际和教学内容的要求准确把握标高。切忌上新课时难度太大,否则,一快一难导致学生畏缩不前,过早分化。

3. 减

减少统考频度。我们提倡用小试卷,小测验来反馈学生学习情况。挤出更多的时间上好新授课和复习课,尤其注意新授课与复习课的区别。

4. 精

精选教学内容和练习题。师生要讲学生不懂或似懂非懂的问题和学生最需要的内容,可讲可不讲的坚决不讲,不求知识的全面性和完整性。

5. 变

精编例题时做到源于课本、活于课本、高于课本，力求低起点、缓坡度、拉差距，一题多问，一题多变。即由教材上试题变成中考题，再变成拔尖题。这样能使优生更优、差生不差。

6. 用

运用多媒体进行教学和监控学生有效学习。利用微视频破解学生学习中的难题，利用多媒体、实验、故事和魔术等激发学生学习兴趣和动机，引导学生深度学习。利用网络平台发动家长管理学生，利用QQ群发作业答案，让学生养成作业"三部曲"和阅读"三边"的良好习惯。

总之，"删、降、减"就是做好教学内容的整合工作。即打通使用教材，该删的删、该降的降、该减的减，将几节课内容变为一节，减少教学内容，做好教学内容的融合。"精、变、用"就是做好教学内容结构与学生认知结构技术转化工作。即教学内容通俗易懂、教学语言深入浅出、教学片段零而不乱、教学过程讲练结合、教学效果豁然开朗。

步骤：精编导学案——骨干教师上展示课——现场辩论——其他教师跟进上研究课——撰写课例研究。

（六）从学生和家长层面上进行调整

1. 家长是孩子的启蒙老师

要充分发挥家长和家长委员会的作用，着力培养学生自主学习的能力，让学生终身受益。优秀学生应具备健康的身心、良好的态度、高尚的品质、科学的方法和落实的精神。家长应在这五个维度上狠下功夫，只有真正跟孩子交朋友，才能了解孩子的内心世界，走进孩子的心灵。

2. 兴趣是最好的老师

家长要关注孩子的兴趣点，激发学生的学习兴趣，挖掘孩子的学习潜能。在张扬个性的同时，做好学习兴趣养成教育。学生可利用教材、微视频和导学案做好课前预习工作，上课才能带着问题听讲，运用翻转课堂，提高学习的针对性和效率。

3. 培养健康的心态，塑造健全的人格

实施赏识教育，调整学生身心状态，利用多元智能理论评价孩子，处理好成人、成长和成才的关系。

面对新的挑战，只有目标明确，教法科学，学法正确，手段多样，内容讲到点子上，时间用在刀口上，着力点放在能力训练上，功夫下在备课上，才能提高课堂教学效率。在新课改下，我们教师只有不断学习新知识，接受新事物，涉足新领域，提高新能力，才能适应现代教育的需求，才能把课上得有魅力，才能不断提高课堂效率，才能真正适应新的教学形势。

家长是孩子人生成长的导师

武汉市七一中学　杜从英

尊敬的家长朋友们大家下午好!

首先我代表学校领导和全体教师感谢家长们对七一中学一直以来的信任和支持,正是这份信任和支持才让七一中学在全区乃至全市声名斐然。七一中学一直秉承为每一个孩子发展奠基,为每一家庭打造希望的办学理念,使学校在转型中发展,在发展中创新,在创新中再创辉煌。

在孩子的成长过程中,家庭教育对学生的影响非常大。因此,为了使孩子们能更顺利的完成初三最后阶段的学业,我今天跟家长们一起交流家长是孩子人生成长的导师。下面我从家长对于孩子的管理要避免什么,关注什么以及家长的角色定位三个方面与家长共勉。

一、我们家长对孩子管理的"八个避免"

有人说中考不仅考学生,也在考家长,的确如此。家长的心态和教育方式会直接影响孩子的学习和心态。家长都是望子成龙,全心全意为孩子忙里忙外的,但是教育不仅需要爱,更需要智慧,因此我们建议家长做到以下几个方面。

(1)避免叨唠。当父母的总有过多的不放心,一句话恨不得说上八遍,"听懂了吗?怎么又看电视?这样还能上重点?……"本来 15 岁孩子正处在叛逆期,情绪不太稳定,父母无休止的唠叨,更容易诱发不良情绪。这种督促不但无济于事,还容易伤害感情。父母一定要克制自己,少说多做。孩子不想听你讲话,不妨变换形式,比如写个纸条放到书桌上。

(2)避免许愿。一些家长总想用一些奖赏来调动孩子的积极性,比如"考得好,明年暑假给你买电脑、带你出去玩",其实这些并不能起到什么实质性的作用,反而会给孩子造成不良的影响。

(3)避免威胁。一些家长为了促使孩子努力而制造压力,"考砸了,我们就不管你了","考不上重点高中你这一辈子就完了",诸如此类的话,使孩子产生对中考的担忧和恐惧,不利于考试的发挥。

（4）避免比较。有些家长为了激发孩子奋进，总是树立很多榜样，"你看你表姐多争气，考好了，重点学校轮番到家里动员，期中考试又是全年级前一百名"。这些看似激励的话对孩子都起不到促进作用，反而伤害了自尊心。越拿孩子的不足跟别人比，他就越觉得高不可攀，越自卑气馁。正确的做法是，多过程比较，少成绩比较，多和自己比，和过去比，和同等水平的比。

（5）避免过度保护。很多家长一上初三把孩子重点保护起来，全家人都围着孩子转，把起居生活大包大揽起来，这反而会增加孩子的不安，一种到了如临大敌的感觉，还增加心理负担，不利于以一颗平常心面对中考。

（6）避免过多干涉。很多家长看到孩子不抓紧学习就着急，特想帮助孩子提高，于是对孩子的时间进行规划，不准这样做，必须那样做，可是效果适得其反，所以我们可以帮助，但不要卷入太深。

（7）避免期望过高。我们要根据孩子的水平提出期望，要引导孩子从关注考试结果转移到学习过程中来，告诉孩子只要轻装上阵，踏踏实实走好每一步，就能实现自己的梦想。

（8）避免盲目培优。不论成绩好坏、不论有无需求、不论有无兴趣，随大流都去培优。我们不反对适度培优，但坚决反对过度培优。有的学生学习力强，做作业的速度快，他不仅有时间培优，还有时间消化所学的内容，处理好学和思的关系。有的学生做事拖拉，定力又不强，顾此失彼，导致自主学习能力几乎为零，真可谓得不偿失。

二、我们家长的"五个关注"

经常有学生家长问我：为什么在学习条件基本相同的情况下，孩子取得的效果却大相径庭？很多时候，家长会把这个问题归因为学生自身不够努力，但我们更应该问问自己有没有通过家长的努力让学生努力呢？父母是孩子最好的老师，我们不能给予孩子无与伦比的聪明，但可以教会孩子如何做人、如何学习、如何生活、如何正确对待问题、如何智慧解决问题，我们家长应该关注什么。

（1）关注过程，不要只关注结果。焦虑来自于对未来的担心，把精力放到学习的具体过程中去，让每天有所收获，这是改善目前焦虑的最好途径。

（2）关注成功，不要只关注失败。要引导孩子静下心来想想：难道真的一点都不会吗？难道真的没有提高吗？是自己对成败太敏感了，还是人为夸大了失败，由一小点不顺利联想到中考失败。要让孩子在看到自己不足的同时，更关注自己的成功和进步，这样他们才会更有信心地投入到学习中。

（3）关注自己，不要只关注别人。学习中的比较、竞争是很难免的，但比的目的不是比出自卑、气馁和压力,我们需要更多关注的是自己的学习而非他人成绩。我们可以就努力程度、学习方法等和同学比较;可以和自己比,和过去比,找出退步的原因和进步的经验。

(4)关注身教,不要只关注言传。有些家长常常对孩子说,快中考了,不能看电视和上网,而他们自己却在看电视,不但容易引起孩子的反感,而且也影响孩子的学习。家长要用自己良好的行为影响学生,并积极配合学校做好工作,配合老师加强对孩子进行思想教育和引导,帮助他们形成正确的世界观、人生观、价值观。

(5)关注心理,不要只关注身体。有些家长对孩子的身体备加呵护,却忽视了孩子的心理健康。孩子需要的不仅仅是家长物质上的给与,孩子更多的需要和家长真诚的交流。孩子跟你说话,是想得到你的认同;孩子不想跟你说话,是因为你经常不认同他。

三、我们家长的"三个角色"

(1)做一个榜样型的家长。要做好子女的表率,和子女一起互相监督、勉励,共同进步。

(2)做一个细心型的家长。学生的喜怒哀乐常常表现在脸上和行为上。家长应从一系列的变化中猜测子女在校的表现情况,积极与老师沟通了解孩子学习的状态,及时地解决孩子在学习和成长过程中的问题。孩子的老师对孩子学习的状态和学科的问题应该是看得最透彻的,家长通过和老师的沟通能及时而准确地了解孩子的情况,从而能够更好地配合老师,提高孩子在家里的学习效率。

(3)做一个导师型的家长。指导孩子一起认真分析元月调考的得失,做好下阶段学习的计划。凡事预则立,好的准备会为新的学习阶段打下良好的基础。而最能说明孩子近期学习问题的无疑就是刚刚结束的调考,通过调考的情况总结自身的问题加以改进,一定能够取得长足的进步。

指导孩子一起落实学习的计划和任务。再好的学习规划,如果没有落到实处,也只是一纸空文。学习的特征在于需要日积月累,形成量变到质变的过程。进一步参与到孩子的学习,也是进一步了解孩子学习问题,帮助孩子解决学习困难的不二方法。

和孩子一起安排好寒假的学习生活。从现在到中考一共只有5个月的时间,而寒假就有将近1个月的时间。可以说利用好这一个月的时间,就能让孩子在学习中弯道超车。假期中既要保质保量地完成好老师布置的作业,有的放矢地查漏补缺,又要过一个有意义的春节。

人生在世,有五大幸事:出生后遇到一对好父母;上学时遇到一位好老师;工作时遇到一位好师傅;成家时遇到一位好伴侣;晚年时遇到一个好子女。让我们各自承担好自己的职责,做孩子的好父母、好老师,做孩子生命中的贵人。

在此,我借用一位教育专家的话与各位家长共勉:"我们重视学生的成长,而不仅仅是成功;我们重视学生的人格,而不仅仅是成绩;我们重视学生的创新,而不仅仅是接受;我们重视学生的终身,而不仅仅是现在。"

新的一年,新的起点,展望未来我们豪情满怀,我们有理由、有信心、有能力,相信通过我们的共同努力展现我们的优势,办出我们的特色,来答谢各位家长对我们工作的支持与厚爱。

最后,我祝福:2016届全体七一学子,一路欢笑,一路高歌,再创七一中考的辉煌!也借此机会祝愿各位家长朋友:猴年阖家欢乐、身心健康、家庭幸福!谢谢!

第三篇

赤心传递 释放诗意情怀 让人生变得更幸福

【关键词】 名师工作室　学科基地　业务成长

朱永新教授曾经说："一个理想的教师，他应该是个天生不安分、会做梦的老师。教育的每一天都是新的，每一天的内涵与主体都不同。只有具有强烈的冲动、愿望、使命感，才能提出问题，才能拥有诗意的教育生活。"

作为教师，始终对教育充满诗意的情怀，才会有在高峰上生存的勇气，才能在教学生涯中沉淀你的学识，你的技能，你的文化，你的人格，你的经验，找寻到属于自己的人生。于是研究就会成为一种工作常态，在教学中，在交流中，在学习中，无处不是研究的平台与机会，无处不是飞跃的灵感与阶梯。

也许，每个人的能力有大小，但对于工作，用心与用力不一样，用心就要把教育工作看成自己生活的一部分，不断地想着它、念着它、琢磨它、感悟它、享受它，这样才能真正体会工作的快乐。

如果你把工作当事业做，把工作当作幸福，你就会真正幸福，因此我以真挚的感情，调整自己的心态；以奉献的精神，从事崇高的事业；以高超的技艺，展示个人的才华；以不断的追求，提升幸福的高度。"雄关漫道真如铁，而今迈步从头越"，我坚信，在未来的教学生涯中，我的人生将因为赤心、热爱、执着而更加幸福！

名师工作室

　　林新堤老师和他的学生冯朗分别领到了全国初中物理知识竞赛金牌教练、湖北省总分第一名的奖杯

林新堤名师工作室
参展第二届全国名师工作室建设博览会

让名师从这里起航

武汉市 林新堤 名师工作室

Wuhan Lin Xindi teacher studio

工作室核心成员

2015年7月2日七一中学授牌仪式

2015年9月18日阳逻一中授牌仪式

2015年11月6日 光谷实验中学

2015年12月25日 武汉市二桥中学

2016年3月18日 武汉市外国语学校

刘俊荣获全国物理名师赛一等奖

林新堤名师工作室揭牌仪式

2015 年 7 月 2 日,天朗气清,惠风和畅。"黄鹤英才(教育)计划"林新堤名师工作室基地校揭牌仪式,在武汉市七一中学隆重举行。武汉市教育局师训中心主任李莉、江岸区教育局副局长潘峰、人事科主任李定峰、七一中学校长黄勇、书记张幼灵以及"黄鹤英才(教育)计划"名师林新堤和所有徒弟 40 余人出席了这次启动仪式。

启动仪式由七一中学书记张幼灵主持。张书记向大家简要介绍了名师工作室的创建,介绍了林新堤这位一直工作在一线的特级教师,他的以教育为幸福的人生追求、以学生为根本的教育理念、把课堂为打造成视听思学盛宴的教学风格,以及由此而来的不凡成就,使在座每一位嘉宾心生敬佩,嘉宾们以热烈掌声表达敬意。

随后,由李莉主任为名师工作室基地校授牌并致辞。她首先对各位弟子成为高起点、七一中学成为基地校表示祝贺,同时也强调了名师工作室承担的责任,并对其给予了"把握机遇,发展自我并超越自我"的殷切期望;期待各位能够凝聚合力,在自我发展与革新中,扩大在本地乃至在全国的影响力。

紧接着,在领导的期望下,徒弟代表刘俊老师代表工作室全体成员,表达了对领导的衷心感谢,同时展示了徒弟们建立创新型科研队伍的坚定决心,并郑重承诺,一定充分利用学习的机会,在理念的更新上、教研的发展上、教学的艺术上不断提高,使自己成为

"学习型、特色型、研究型"的教师。这份承诺表达出了所有徒弟的学习热情和决心。

会议的第三部分，由林新堤名师发表讲话。他首先明确了名师工作室不仅是集散教学思想、分享教学资源的"网络式"研讨平台，同时也是"领导设台子，名师搭架子，徒弟爬梯子"的阶梯式培养体系。随后，他为工作室指明了目标与追求，激励教师兼顾专业发展与精神成长；要求工作室能起到辐射与示范作用，提出了"困惑驱动，问题打造；专家引领，拾级而上；示范观摩，博采众长；实践磨砺，协同共进"的策略，希望工作室能在潜心钻研学术的正气之下，赢取美好的未来，一番激昂深刻的讲话将启动仪式推向了最高潮。

黄鹤英才（教育）计划
林新堤名师工作室基地校
武汉市教育局
二〇一五年五月

随后，七一中学黄勇校长也发表了热情洋溢的讲话，他以"支持、资助、支点"为核心表达了对工作室的支持。他表示作为名师工作室基地校，七一中学将不遗余力地支持工作室的各项工作，为名师及工作室成员创造条件，营造环境，搭建平台，使工作室成为一个支点，撬动武汉市物理教学的发展。这一席话，充分展示七一中学名校的胸怀。

最后，教育局副局长潘峰作了重要讲话。幽默风趣的潘局长表达了见证工作室启动这一无上荣光时刻的激动。他以"梧桐树上栖凤凰，百鸟来巢谱华章"寓予名师工作室，他说名师工作室如一棵梧桐树，名师这只凤凰吸引了无数优秀教师在此栖止筑巢，也如一颗种子，在大家的共同努力下这种子终将长成枝繁叶茂的参天大树，荫蔽更多教育人，引领物理教学发展的美好未来。他特别提醒全体工作室成员，加入工作室是荣誉更是责任，希望工作室全体成员以此为新起点，修之益勤，守之益坚，博观约取，厚积薄发，为促进武汉市物理教育的发展贡献力量。潘局长的讲话为工作室的发展指明了方向，有对工作的殷切期望，更有对工作室未来美好的祝愿，给与会成员留下了深刻的印象。

启动仪式最终在一派祥和的气氛中圆满结束。随后，会议全体成员一同参观了七一中学天地校区，领略了学校良好的教学环境与教学氛围，并对其作为基地校充满信心与期待。

在畅游校园之后，众徒弟也在揭牌仪式的感召下，畅谈起自己在未来三年学习中的个人发展规划，都希望自己能抓住机遇，在教学实践中学习，在学习中反思，在反思中积累，在积累中成长；做一名有抱负、勤实践、肯钻研、特色明、勇攀登的卓越教师。

"潮平两岸阔，风正一帆悬"，希望在各位的携手努力下，林新堤名师工作室实现和谐共赢，共同打造出人人向往的、名副其实、效果显著的工作室，使名师成为名家，使教师成为名师，让名师从这里起航！

让名师从这里启航

工作室核心成员

刘俊 武汉市学科带头人；湖北省"物理学科优秀教师"；武汉市中小学"高效课堂建设工程"先进个人；武汉市创先争优优秀共产党员；"江岸区有突出贡献中青年专家"；"在江岸区有影响的高水平人才"；区"优秀班主任"；"江岸区师德建设先进教师"；区"九五"教育科研先进个人。

张东明 中学物理高级教师，市学科带头人，省课改先进个人，市物理优秀教师，区优秀教师。武汉市"黄鹤英才计划暨市名师工作室"成员，武昌区第五届名师工作室成员。湖北省物理学会会员。

杨丰铭 中学物理高级教师，武汉市光谷实验中学物理教师。武汉市物理学科带头人，武汉市优质课一等奖，湖北省创新大赛一等奖，国家级竞赛优秀辅导员，湖北省物理协会常务理事。武汉市初中教师实验创新大赛一等奖获得者。

陶俊 中学物理高级教师,先后获得全国应用物理竞赛国家级一等奖辅导奖,武汉市优质课二等奖,武汉市百优班主任,武汉市优秀青年教师,武汉市优秀共产党员。

傅彦 中学物理高级教师,武汉市学科带头人;武汉市优秀青年教师;武汉市师德十佳先进个人;武汉市"减负增效"百优教学能手;武汉市百优班主任;武汉市"双创双满意"优秀个人。

朱小宝 湖北省物理学科优秀教师;湖北省优质课竞赛一等奖;武汉市十佳学科备课组长;硚口区"十一五"教育科研先进个人;硚口区"教育质量优秀教师";硚口区"毕业年级学业质量优秀教师"。

张智伟 中学物理高级教师;武汉市优秀青年教师;武汉市百优班主任;武汉市"12.5德育先进人";江汉区学科带头人;区"减负增效先进个人";区优秀教师;区优秀班主任;所带班级多次评为市、区优秀班集体。

孔繁涛 武汉市优秀教师；2005 年被评为"汉阳区优秀青年教师"；"区学科带头人"；参与了市十五重点课题《社区教育资源的开发与运用研究》《和谐课堂教学构建策略研究》的研究；"武汉市课内比教学比赛"获得市二等奖；荣获区教育局"中考贡献奖"。

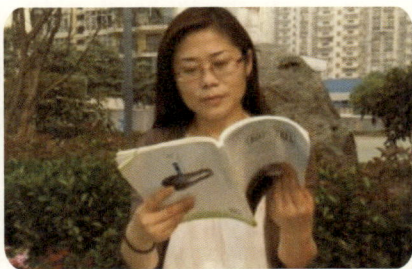

邓朝霞 武汉市物理学科带头人，江汉区初中物理首席教师。被武汉市教育局评为"十佳备课组长"，先后被授予"武汉市优秀女教职工"、"武汉市减负增效教学能手"、"武汉市高效课堂先进个人"、"武汉市双创双优先进个人"、"湖北省优秀物理教师"等荣誉称号。

自 2015 年 5 月工作室成立以来，我们以打造"教育家"型教师、培养后备骨干教师队伍和完善骨干教师培养、选拔机制为目标，以"目标导向活动、问题导向教学、思路导向思维"为主线，以现场辩论为抓手，进一步深化教育教学改革，勉励工作室全体成员争做高尚师德的践行者、高效教学的引领者、高质教研的推进者、高标课改的探索者。近一年来，工作室开展了六次大型教研活动，接纳网络成员 180 多人，上传资源及文章 620 多篇，网站访问量 176500 多次。

一、思想引领，在理论中寻力

思想是行动的先导。我们特别重视工作室成员的理论水平、认识能力和精神境界的提升。我们坚持每天阅读，每周写作，每月集中交流，谈著作、论课例。在思维碰撞中获得新知，在共同探讨中提升境界。

二、课例范，在实践中觅智

为了充分发挥工作室引领、示范作用，我们内强素质，外抓机遇，努力展示自己的风采。

2015年7月2日，工作室基地校揭牌仪式在武汉市七一中学举行。会上市区领导的期待与指引是工作室的第一课。我们提出了"困惑驱动，问题打造；专家引领，拾阶而上；示范观摩，博采众长；实践磨砺，协同共进"的策略，希望工作室全体成员潜心钻研学术，静心专业发展。

第二课是在2015年9月18日，工作室送教到阳逻一初中。武汉市优质课比赛一等奖第一名获得者袁薇薇老师以"声音的产生和传播"为内容，示范如何上好新授课。我作了"如何破解不补课保质量难题"的专题报告，强调面对新形势，教师的功夫要下在备课上，教学要讲在点子上，时间要用在刀口上，训练要放在能力上。参与教师多达百人，反响热烈！

第三课是2015年11月6日，我们在武汉市光谷实验中学开展了"如何提高实验课的效率"为主题的研讨活动。面向东湖高新技术开发区全体物理老师，探讨优化实验课的教学策略，反应热烈！

第四课是2015年11月27日，武汉中学老师以"电阻的测量"为课题制作了一节录像课，并上传至网络工作室，工作室全体成员开展互联网+辩论的教研活动，氛围浓烈。

第五课正值圣诞佳节，二桥中学教师以"电学多挡位问题"为课题，进行了复习课翻转课堂的教学展示，工作室全体成员对复习阶段翻转课堂的应用各抒己见，构建了复习课翻转课堂的教学模式，效果突出。

第六课是2016年3月18日，武汉外国语学校优秀青年教师傅彦以"二力平衡的应用"课题，进行了复习课教学展示。林新堤名师工作室进行了以"如何引发学生深度学习"为主题的教学研讨活动，研讨复习课的教学模式，收获颇丰。

每一次活动，经历了磨课、上课、听课、辩论，有绞尽脑汁的苦思、有蓦然回首的顿悟、也有化茧成蝶的美丽，对授课教师来说是一次磨砺；对听课者来说，每堂课都是取长补短的学习机会，亦在辩论中与其他教师碰撞思维火花，是教育理念和思维方式在教学中的自我突破。于实践中觅智，让教师脚踏实地、茁壮成长。

三、研修辐射，在辩论中创新

每一堂研究课后，无论现场辩论，还是网上辩论都是如火如荼。尤其是未曾谋面100多个成员在"网上评课"栏目中，围绕三个导向进行网上辩论，挑刺（辩手指出不合理教学设计片断）——分析（理论分析不合理原因）——替代（呈现个人教学设计思路）——支撑（理论分析合理原因）——优势（比较分析自我设计的优势），将每一节课每个细节进行研究、优化，这样的研修加快教师发展，工作室的徒弟成长为导师，让更大范围的群体形成相互学习、相互促进、共同成长的态势，让工作室的辐射作用最大化，从而实现协作促发展、研究促提升、交流促推广的远程辐射目标。

光阴倏忽已逝，工作室让我拥有了一拨志同道合的伙伴，我们一起慧心思考，不倦追求，在厚积中薄发，在无声中润物，在耕耘中撒播。雄鹰用翱翔回报蓝天，骏马用驰骋回报草原。最后，我代表工作室全体成员再次感谢市教育局领导的关心和支持，感谢市教育教学研究院领导的帮助与指导，感谢成员们所在学校领导的支持与协助，林新堤名师工作室所有成员将不断追梦远航！

2015—2016 学年度名师工作室活动简报

阳逻一中基地授牌仪式

2015 年 9 月 18 日(星期五),秋高气爽,金桂飘香。"黄鹤英才(教育)计划"林新堤名师工作室在阳逻一中基地举行了隆重的授牌仪式。武汉市教育局师训中心主任李莉、新洲区教育局杨志勇局长,张平副局长,阳逻一中周新明校长以及"黄鹤英才(教育)计划"名师林新堤等共同出席了此次授牌仪式。

授牌仪式开始前,武汉市优质课比赛一等奖第一名获得者袁薇薇老师以"声音的产生和传播"为内容,进行了新授课教学示范。

授牌仪式由阳逻街教育总支干事叶宝鑫主持。叶干事向大家简要介绍了名师工作室的创建,以及林新堤这位一直工作在一线的特级教师的教育理念和教学成果。

武汉市教育局师训中心李莉主任为授牌仪式发表了致辞。在致辞中,李主任向新洲区教育局杨志勇局长、张平副局长以及阳逻一中校方表达了感谢,她为能再次得到林新堤名师工作室的邀请感到荣幸。李主任指出,林新堤名师工作室已于 9 月 15 日启动了网络工作室的建设,除了线下工作,线上网络研修也成为了工作室工作的重要组成部分。李主任鼓励大家拿出专业风采,借助名师工作室的平台,发挥每个人的辐射带动作用,并祝愿名师工作室越办越好,越办越有特色。

随后,由李莉主任、杨志勇局长、林新堤老师、阳逻一中周新明校长上台,为名师工作室阳逻一中基地进行授牌。

接下来,林新堤老师、张平副局长和周新明校长分别为授牌仪式发表了讲话。林新堤老师在讲话中指出,名师工作室是左右贯通、纵横交错、四通八达的互交式网络,其目标是在相互呵护中催发事业的激情与教育的睿智,利用工作室网络,充分发挥引领、辐射和示范作用,使每位成员都能独当一面,成为学科教学领域内的名教师。林新堤名师工作室追求在精神成长上做到"三读":读书、读人、读事;在专业发展上做到"三有":有思想、有成效、有影响。为了完成这一目标,名师工作室将贯彻以下策略,即困惑驱动,问题打造;专家引领,拾级而上;示范观摩,博采众长;以及实践磨砺,协同共进。

张平副局长在讲话中对林新堤名师工作室的发展表达了殷切的期望,期待名师工作室阳逻一中基地能把影响辐射到新洲全区,名师工作室的教师们能感受为人师的幸福。

周新明校长代表阳逻一中对名师工作室的成立表达了热烈的祝贺,他强调:教师是学校的第一资源,是学校发展的核心战斗力,打造一支师德高尚、业务精湛、结构合理、充满活力的高素质专业化教师队伍,是学校永恒不变的追求。因此,阳逻一中将落实"名师工作室"开展工作的物质保障和制度保障措施,努力提高名师工作室的工作质量,增进名师工作室的发展活力,让名师工作室成为名师展示的舞台、骨干培养的基地、教学示范的窗口、科研兴教的引擎和教育改革的论坛。

最后,参加授牌仪式的代表们在阳逻一中会议室合影留念,授牌仪式圆满结束。

会后,林新堤老师在阳逻一中阶梯教室开展了关于"如何破解不补课保质量难题"的专题报告。由于市教育局今年出台了九年级"不补课"的新政策,教师教学方式上的老思路和老做法因而受到了严峻的考验。缩短学生在校学习时间,并不意味着减质。要想做到减时不减量、不减质,必须做出相应的调整。林新堤老师就此从六个层面给出了相应的建议,即分别从观念、时间、管理、网络运营、策略以及学生和家长层面上进行调整。他强调:面对新的挑战,只有目标明确,教法科学,学法正确,手段多样,内容讲到点子上,时间用在刀刃上,着力点放在能力训练上,功夫下在备课上,才能提高课堂教学效率。在新课改下,教师只有不断学习新知识,接受新事物,涉足新领域,提高新能力,才能适应现代教育的需求,才能把课上得有魅力,才能不断提高课堂效率,才能真正适应新的教学形势。林新堤老师的专题报告,让在座的老师们获益匪浅。

相信,在老师们的共同努力下,林新堤名师工作室定能使教师成为名师,使名师成为名家,打造出名副其实、效果显著的工作室,实现和谐共赢。

光谷实验中学高效课堂教研活动

2015 年 11 月 6 日(星期五),秋高气爽,丹桂飘香。"黄鹤英才(教育)计划"林新堤名师工作室在武汉市光谷实验中学进行了以"如何提高九年级物理课堂效率"为主题的教学研讨活动,研讨九年级新授课的教学模式,活动面向全体东湖高新技术开发区九年级物理老师。"黄鹤英才(教育)计划"名师林新堤携弟子主持该项活动,武汉市光谷实验中学校长马国新、副校长谭小娟出席了此次活动。

首先,活动在光谷实验中学谭小娟副校长的欢迎词中拉开了帷幕。谭校长首先代表学校对名师工作室成员的到来表示热烈欢迎,指出名师工作室的活动有利于学校发展及教师成长;给学校带来了新的理念、新的思想和新的作为。光谷实验中学创建于 2008 年,教师队伍年轻,需要精英团队的指导,希望以后这样的活动能更多,同时能延伸到课上课下、线上线下,充分利用网络空间,更好地凸显平台作用,使年轻老师能更好地得到名师团队的指导。

其次,光谷实验中学青年教师王琼以"探究电流与电压、电阻的关系"为课题,进行了新授课模式的研讨教学展示。课后,大家欢聚一堂,围绕王老师的研讨课,以"九年级常规教学如何提高效率"为主题展开了热烈的讨论。基于在教育教学转型的大背景下,怎样评价一节课没有一定的标准,林新堤导师提出了一种全新的教育教学活动方式——辩论评课,通过老师们现场辩论对这节课进行有效评价。以"提问题,求优化"为目标,提倡"鸡蛋里面挑骨头",不仅要指出哪个环节不够合理,还要阐述为什么不够合理,应该怎样改进,为什么要这样改进等,从实践和理论方面分别进行阐述,由原来多对一的静态交流变成多对多的动态交流,实现了教学、教研和科研有机融合。

现场辩论分三个环节:首先由授课王老师陈述教学设计意图,再由杨丰铭老师代表光谷实验中学九年级物理组谈这一节课的备课、磨课、研课的过程,然后由第三届"名师赛"全国一等奖获得者刘俊老师和湖北省一等奖获得者朱小宝老师率先表达了自己的观点,并提出了很多很好的改课方案,引发其他工作室成员随之就研讨课所出现的问题及改进意见展开了激烈的讨论,使大家对于新授课的教学模式有了更深的体会和认识。

最后,由林新堤老师进行了总结。他指出教育最重要、最核心的原则是"因材施教"。"因材",既要研究教材,更要研究学生;"施教",在进行教学设计时,要突出五个基于,即基于基本知识、基本技能、基本方法、基本经验和基本思想;做好三个导向,让目标导向活动,思路导向思维,问题导向教学;利用好五种教学方式,即讲授式、参与式、探究式、体验式和对话式教学。从教学效果上来说,做到"四个明白":让自己明白(教师的专业素养),让

学生明白(知识的科学性),让学生容易明白(教学的艺术性),让教师更明白(科研的深刻性)。总之,希望老师们能不断学习,让自己每年有一堂好课,一篇好论文,一个好课题,成长为专家型教师。

这一次活动让在座的老师们受益匪浅。光谷龙泉中学的王勇老师在会后感慨道:"像今天这样的教研对我们的成长是大有好处的。教研目标明确、具体,教学方法操作性强,直面课堂教学中不足,期特更多这样的机会。"相信大家也会在一次次活动中,不断学习,不断成长,成为新一代研究型教师。

武汉中学网上评课活动

2015 年 11 月 27 日至 12 月 6 日,"黄鹤英才(教育)计划"林新堤名师工作室的成员们在"林新堤网络名师工作室"的"网上评课"栏目相聚,对武汉初级中学李旻奕老师的一堂新授课进行网上点评与交流。这是一次创新的教学研讨活动,由李老师完成录课《电阻的测量》并上传至网络工作室,工作室成员观看视频后,在"网上评课"栏目中围绕三个导向"目标导向活动、问题导向教学、思路导向思维"进行网上辩论。

常规的上课—听课—说课—评课方式,由于时间限制,只能部分老师发言,交互面小、意见难以充分表达;而通过网络这个平台,大家能反复观看视频,对整节课进行细致的推敲,让评课者有充分思考的时间,随后畅所欲言,相互交流,各抒己见。并且这种转化为文字的见解不会即刻消失,可以长久的保存,便于在以后的时间阅读与学习。

评课活动中,张玉玲老师、傅彦老师和陶俊老师都提出用图表软件来处理"测量电阻"的实验数据的直观性更好;傅彦老师在肯定李旻奕老师教学能力的同时,还对一些具体的教学环节提出了建议;杨丰铭老师和金义锋老师则从新课引入环节提出了自己的设计思路;朱小宝老师和李铁鸣老师则从师生互动环节提出了具体的建议;张智伟老师和匡海燕老师肯定了李旻奕老师的教学能力,也指出老师应对学生的口吻应及时纠正;刘俊老师对研讨课进行了全景式的点评,对课堂教学的各个环节都提出了详尽而富有建设性的意见:如"导入部分用时过长,而且问题设计过于简单。如果我来上,我会开门见山,电流和电压的测量有专门的仪表,但初中阶段没有直接测电阻的仪器,请思考如何间接测量电阻呢?";"第一次电路设计者回答串联滑动变阻器是为了避免偶然性,我不会急于评价,但我会提醒全体学生注意,等会大家带着问题进行实验并体会滑动变阻器的真正作用是什么?这样就充分利用课堂的生成资源再一次引发学生的思维,同时也为后面测灯泡电阻中滑动变阻器作用的不同留下伏笔",等等。李旻奕老师也仔细阅读了各位老师的评课,并与评课老师进行了互动。

教学是一门遗憾的艺术,每节课均有这样或那样的优点和不足,只有经过研究、探讨,才能及时发现、探究、解决问题,才会使问题变成经验,成为我们未来教学的亮点。实事求是的抓问题、坦率诚恳的研究问题,是林新堤名师工作室"评课文化"氛围的关键。

评课是教师对教学实践进行反思与再改进的行为方式,无论是对执教者,还是对听课者,都是一种学术研究活动。通过这次网络评课,名师工作室的团队成员通过互相学习、取长补短,体现了高效教研的特点,也反映出"林新堤初中物理名师工作室"的各项活动正步入高效、多元、务实、进取的"高铁"时代。

武汉市二桥中学复习课高效课堂教研活动

　　2015 年 12 月 25 日(星期五)，正值圣诞佳节。林新堤名师工作室在武汉市二桥中学进行了以"复习课高效课堂"为主题的教研活动。工作室成员、二桥中学教师孔繁涛主持了该活动，林老师携弟子、二桥中学全体物理教师以及部分其他教师参加了此次活动。

　　活动在二桥中学副校长李小莉的欢迎辞中拉开了帷幕。李校长代表学校对名师工作室成员的到来表示热烈欢迎，然后简单介绍了二桥中学的"124 阳光课堂模式"，并希望借工作室活动的契机给二桥中学的教学提出宝贵意见。接着，林新堤老师对名师工作室十一月进行的网上评课活动作了总结，希望老师们能从教学、教研、科研等几个方面积极提高自己的专业素养，使自己朝专家型教师的方向不断奋进。

　　随后，二桥中学教师毕抗以"电学多档位问题"为课题，进行了复习课翻转课堂的教学展示。课后，由孔繁涛老师代表二桥中学九年级物理组谈这一节课的备课、磨课、研课的过程情景。围绕毕老师的复习课，以三个导向"目标导向活动、问题导向教学、思路导向思维"为线索，名师团队展开现场辩论。林老师提出具体辩论要求：以新课标为依据，对本堂课进行细节剖析，阐述不够合理之处，提出改进意见，从实践和理论两个层面上展开分析。工作室成员就电热器导入的利用、开关引起电路变化的分析、学生学案的处理、多档位问题课堂教学的时间分配等问题各自提出自己的看法，展开了激烈讨论，让与会者对复习课的教学模式有了更深的体会和认识。

　　随后，林老师进行了总结。他对这一堂课给与了高度的评价，体现了新课改理念下翻转课堂的特点：先学后教、当堂训练、总结归纳，是一堂平实、扎实、丰实的课。但也直接提

出了存在的问题和改进意见:翻转课堂下的碎片式教学,更应贯穿一条主线,强化知识的系统性;老师在教学过程中适时利用多种教学手段使学生的理解更直观,培养学生的发散思维能力;在教学中做到"低起点、缓坡度、拉差距",兼顾所有的学生,让"差学生学得好,优学生吃得饱";建议老师们无论是一堂课的选题还是课后作业,都不要太多,要有针对性、代表性和有效性。

最后,林老师用"古往今来,成大器者往往需要在人生的道路上默默潜行,于无声处悄悄浮起"来勉励大家,希望老师们潜心钻研,润物无声。林新堤导师的讲话,令大家受益匪浅,相信在座的每一位老师在林老师的影响下,会不断努力,不断提升,做名副其实的名师!

武汉外校教研活动

2016年3月18日(星期五),春风送暖,风和日丽。武汉市"黄鹤英才(教育)计划"林新堤名师工作室在武汉外国语学校进行了以"如何引发学生深度学习"为主题的教学研讨活动,研讨复习课的教学模式。武汉外国语学校校长助理,办公室郭华主任,教务处李焕兰主任、外校部分教师以及"黄鹤英才(教育)计划"名师林新堤携徒弟出席了此次活动。

活动伊始,由武汉外国语学校优秀青年教师傅彦以"二力平衡的应用"为课题,进行了复习课教学展示。

课后,名师工作室全体成员和武汉外国语学校部分教师齐聚一堂,共同探讨新课程背景下的物理习题课教学模式。研讨会由武汉外国语学校物理教研组长,特级教师张玲分为七个环节主持。首先由武汉外国语学校教务处李焕兰主任代表学校对名师工作室所有成员的到来表示热烈欢迎，指出名师工作室是我们教育发展新常态下教师专业成长的新渠道,高平台,名师工作室的的活动利于学校发展,教师成长,对我们的引领、示范、辐射作用进行了充分肯定，期盼以后这样的活动能更多，使年轻老师能更好地得到名师团队的指导。随后,由林新堤老师对外语学校的热情接待表示感谢,希望工作室全体成员利用这样一个机会,互相交流,进行深度教改教研。

第三个环节由特级教师张玲代表武汉外国语学校做了题为《实践活动在物理教学中的延伸作用》的报告,介绍了物理组的建设和特色。提出作为物理教师,要紧跟时代步伐,不断进行理念更新、知识更新和技术更新,希望我们在物理教学中,能给学生留一点难忘的回忆。

接下来的评课环节,先由傅彦老师阐述本堂课的教学理念和设计意图。然后由名师工作室的成员就展示课出现的问题及自己的见解展开现场辩论。在会上,大家畅所欲言,务实务真,一针见血地指出存在的问题和自己的建议,以及自己在物理教学中的困惑,把自己对于这一堂课的理解、意见毫无保留地和大家交流,每一位老师都在这一次课中进行了思想碰撞,使大家对于复习课的教学模式有了更深的体会和认识,从理论和实践上得到全面提升。

然后,由林新堤老师进行总结,林老师认为这是一堂能引发学生深度思考的课,并用三个字对这一堂课做了总结:精、辨、用。"精"体现在习题的精选精编,课堂的精讲精练,语言的精准精彩;"辨"体现在课堂上对概念的辨析清晰准确，学生之间的辩论精彩激烈;"用"则体现在课堂的实用性,能帮助学生解决实际问题,让学生学以致用。同时,林老师

也对课堂的一些细节处理提出了改进意见,并亲身示例这一堂课如果由他来上,他会怎样改进,如何设计。此外,林特还就深度学习、碎片式教学、二次考试、有效评价这四个大家既关心又困惑的问题提出了自己的看法和见解,使大家受益匪浅。他指出:从下一次活动开始,工作室教研的方向要做一些调整,我们研究的不仅仅是教学内容如何整合,更要研究学法;作为名师工作室,应该引领教改、教研、学习、评价的转型;作为一名合格的物理教师,我们要用学术、艺术、技术三术的标准要求自己,在课堂上将方法教给学生,培养学生的自主学习能力,使自己的课堂更有艺术性,科学性。林老师建议老师们加强学习,树立目标;为人之师,要终身学习、有理想追求才能不断进步。

研讨会的最后一个环节,是大家共同讨论学习工作室2016年工作计划并畅谈自己的新年工作计划,确立目标,共同努力,为提高武汉市物理教研教学质量,加快推进教育现代化,实现人本、文本、课堂结构相融合贡献自己的力量。

这一次活动让在座的老师们受益匪浅。武汉外国语学校的颜琼老师在会后感慨道:"今天的教研理论和实际相结合,操作性强,对我们年轻教师的成长大有好处,要是以后工作室的研讨我们都能列席就好了!期特更多这样的机会。"相信大家也会新的一年里,不断学习,不断成长,不断进步,打造属于自己的物理品牌。

武汉十一初试卷评价教研活动

2016年4月15日(星期五),风和日丽,春光明媚。武汉市"黄鹤英才(教育)计划"林新堤名师工作室在武汉市第十一初中(崇仁校区)开展了"对一套物理试卷的评价"为主题的研讨活动,共同探讨如何更好地发挥试卷的评价和导向功能。武汉市十一初党总支书记

曾庆九、硚口区物理教研员徐高胜、硚口区各学校物理教师以及"黄鹤英才(教育)计划"名师林新堤携徒弟出席了此次活动。

活动由硚口区物理教研员徐高胜主持，在武汉市第十一初党总支书记曾庆九的欢迎辞中拉开了帷幕。曾书记首先代表学校对名师工作室所有成员的到来表示热烈欢迎，然后简单介绍了学校的情况以及"阳光育人"的教育理念；同时指出：名师工作室的活动利于学校发展，教师成长；本校朱小宝老师作为"林新堤名师工作室"的成员之一，自从加入名师工作室后迅速成长，名师工作室能量巨大，希望以后学校的老师能有更多这样的机会，与名师面对面，得到指导、锻炼和成长。随后，由林新堤老师对硚口区教研室、十一初的热情接待表示感谢，并对此次活动的主题、目的和流程提出了要求，希望工作室全体成员利用这样一个机会互相交流、深度研讨。

接下来，名师工作室全体成员和硚口区各个学校的物理备课组长齐聚一堂，共同探讨针对考试说明，瞄准中考，如何出一套高质量的试卷、如何评价一套物理试卷。研讨会分为三个环节：首先，由名师工作室成员朱小宝老师精心准备的一套中考模拟试卷(附双向细目表)，从内容标准、认知层次、学科能力、参考答案、难易程度、命题立意等六个方面进行分析。在讨论环节开始之前，林老师针对这一专业性非常强的全新课题，结合自己多年的命题经验，给大家介绍了命题要求，普及了部分关于试卷评价的专业知识，希望大家从科学性、艺术性的角度解读试卷，从教学一线的角度来研究一套好的试卷应从什么维度评价，达到什么目的。研讨会上，大家畅所欲言，务实求真，结合自己的教学经历，从实践的角度将自己对于这一套试卷的理解，自己在教学中的做法以及自己在物理教学中的困惑，毫无保留地和大家交流，工作室成员和硚口区的老师们都进行了思想的碰撞，使大家对于试卷的评价和导向功能有了一个全新的理解和提升。

最后，由林新堤老师进行总结，林老师解答了老师们在研讨中提出的问题和困惑，指出一套好的试卷,应把握好"十度",体现"十性":把握广度,体现基础性;把握坡度,体现渐进性;把握深度,体现衔接性;把握难度,体现层次性;把握区分度,体现甄别性;把握信度,体现公平性;把握效度,体现测量性;把握速度,体现稳定性;把握亮度,体现应用性;把握准度,体现针对性。希望以后老师们在命题时,好好研究试卷是否满足"十度十性",尤其针对现阶段初三"禁补令"下的中考复习,林老师从命题趋势、方向、选题原则方面做了分析,对学生情况、现状做了解读,对老师们的教学方向提出了要求,并指出了老师们在教学过程中常见的几个误区,提出作为一名优秀的教师,要抛开功利性,不把学生变成做题的机器,不押题,不一味求难,学会抓大放小,培养学生的圈读的习惯,提高学生的审题能力、答题的规范性和思维能力;在基本概念、基本技能、基本经验上下功夫,抓好知识结构、教学结构、学习结构的有机整合,形成独特的教学艺术,为大家物理中考的第二轮复习指明了方向。

这一次活动让在座的老师们受益匪浅。硚口区教师代表朱宇峰会后感慨道:"今天的教研活动真正落到了实处,对我们年轻教师的成长大有好处!期特以后能有更多这样的机会。"相信大家在以后的活动中,共同学习,共同成长,共同进步!

武汉一初有效复习教研活动

2016年5月13日(星期五),风和日丽。武汉市"黄鹤英才(教育)计划"林新堤名师工作室在武汉一初慧泉中学进行了以"如何进行中考前的有效备考"为主题的教学研讨活动,研讨复习课的教学模式。武汉一初慧泉中学彭友林副校长,全体物理教师以及"黄鹤英才(教育)计划"名师林新堤携徒弟出席了此次活动。

活动伊始，武汉一初优秀青年教师吴建军以"剖析物理过程"为课题，进行了复习课教学展示。

课后，工作室全体成员和武汉一初全体物理教师齐聚一堂，共同探讨中考前的物理复习备考方法。研讨会由武汉一初教务处副主任——张智伟老师主持。首先由武汉一初慧泉中学彭友林副校长代表学校对名师工作室所有成员的到来表示热烈欢迎，欢迎林老师工作室的传经送宝，欢迎工作室各位名师的教学指导，指出名师工作室的活动对于一初的老师是一次难得的机会，期盼以后这样的活动能更多，给一初的老师带来更多的指导和帮助。随后，由一初初三物理备课组长彭罗成老师就一初中考第二轮复习的做法和大家进行了交流，彭老师从如何突破19个B级知识点，如何开展专题复习，如何挖掘教材三个方面发表了自己的见解，并将一初的经验与大家交流分享，使老师们受益匪浅。

接下来由江汉区首席教师，武汉一初理化教研组组长邓朝霞老师代表一初做了题为《群策群智群力，共筑学科品牌》的报告，介绍了一初物理组的工作和建设。作为武汉市物理教学的品牌，邓老师从文化和做法两个方面将一初的经验与大家进行了交流，使老师们深刻感受到作为一名物理教师，不仅需要专业的素养，更需要文化的熏陶，"有为才有位"。

最后，由林新堤老师就中考之前如何有效备考发表了自己的见解和看法。林特提出：中考之前的备考，要做到"五重"、"两必须"：重变形、重实验、重应用、重方法、重综合；每一个学校必须有个性化的复习资料、必须对外面试题进行甄别处理后再使用。同时，林特结合自己多年的教学经验和中考命题经验，给出了行之有效、便于操作的建议：建议老师们学会深挖课本，研究元调四调试题，把课本上的题目，两调的题目改编成精彩的试题；学会整合，编好整合题目的导学案，使学生在复习中更有收获；学会精选题目，增强知识的关联性，题目的综合性；多在物理教学中培养学生的创新能力和实践能力，挖掘课本上学生实践的部分；多研究教法和学法；抓好学生的整体提升，提高学生的一次合格率。最后，林老师对工作室老师提出了更高的要求：作为工作室的成员，应该加强对教学的深度研究和思考，不仅要会用题，还要会编题，要求工作室全体教师会后认真学习思考，勇于创新，勇于实践，每人编几道原创的、高质量的考题。

这一次活动让在座的老师们受益匪浅。相信大家也会在以后的日子里，将自己在工作室的所学所想所得辐射到周围，打造属于自己的物理品牌。

武汉市七一中学七区联合教研活动

2016 年 6 月 3 日，武汉市"黄鹤英才(教育)计划"林新堤名师工作室与武汉市七城区物理教研室联合在武汉七一中学天地校区进行了以"如何有效进行中考冲刺"为主题的教研活动。武汉市七大城区物理教研员，全体初三物理教师以及林新堤名师工作室全体成员出席了此次活动。

活动由江岸区物理教研员刘俊老师主持，分为四个环节，分别由江岸区、江夏区、汉阳区和硚口区优秀教师代表就中考前选择题、填空题、实验和综合题的复习来介绍方法、技巧和做法，交流经验，畅谈体会和感受。

首先，七一中学的优秀青年教师杨熹代表江岸区做了题为"把方法教给学生——构建物理模型"的主题报告。杨老师向大家介绍了七一中学的"四四五高效教学模式"及在物理教学上的应用；针对近几年学生中考中物理综合题得分低的情况，杨老师强调了在物理教学中方法的重要性，建立物理模型的重要性，并以近几年的中考、调考综合题为例，从读题、审题、分析、建模各个方面给出了行之有效的建议，报告充分体现了七一中学作为武汉市物理教学的领头羊的独特的理念和表率做法，也彰显了杨教师的独特个人魅力。

接着，江夏区物理教研员舒畅和二桥中学优秀青年教师毕抗就同一个话题——选择题和填空题的应考方法和策略发表了各自的见解和做法。舒老师强调正确的方法能让我们走得更远，并从教研员的视角建议老师们研究大数据，不仅只关注考题的难度，更要关注试题的区分度，关注错误率高的考题所对应的考点。从具体做法，答题技巧上都给出了相应的指导和建议。毕老师则从分析学生现状、对今年中考大胆预测、备考策略、中考资源四个方面谈了自己的见解和

二桥中学的具体做法，尤其是将二桥中学整合的选择题资料库拿出来和大家共享。一个是远城区的物理教研员，所面对的学生基础相对比较薄弱；一个是中心城区示范学校的教师，所教的学生基础较好，能力较强；两名老师从不同的视角，面对不同层次的学生提出了各自的看法和建议，使大家受益匪浅。

最后，由崇仁路中学的优秀青年教师朱宇峰做了题为"2016中考物理实验题临门一脚"的报告。朱老师在报告中提出了一个全新的思路：课堂上以典型实验图片为主线，对实验内容进行系列分类复习；根据这一思路，可将初中物理阶段的实验分为六大类；并以力学、热学实验为例进行了讲解，一反以往实验复习枯燥无味的状况，带给在座每位老师耳目一新的全新感受。

这次活动让在座的老师们收获颇丰，为大家中考物理的最后冲刺指明了方向，解除了困惑，获得了大量的共享资源。相信大家也会更好地消化利用今天学习的内容，共创武汉市物理中考的新辉煌！

学科基地

物理学科基地建设方案

一、工作目标

以学科基地建设为契机,以高效课堂教学暨"课内比教学"为抓手,以深化校本研修为主线,以教师专业发展为主轴,以改变学生学习方式和实现轻负高效为目标,充分发挥优质学校和优秀教师的引领、示范和辐射作用,带动全区物理教师开展卓有成效的教育教学研究,为学生成长奠基,为教师发展搭桥。

二、具体工作及措施

(一)打造高效课堂,力求做到"五化"

高效课堂是学生主动学习、积极思考的课堂,是学生充分自主学习的课堂,是师生互动、生生互动的课堂。开展以提高课堂教学质量为核心的课堂教学研究活动,大力加强新课程课堂教学模式的构建,研究提高课堂教学质量的有效途径和方式,提高课堂教学的针对性和实效性。

1. 撰写高质量的《教学案》,做好从知识内容结构到学生认知结构的优化工作

加强初中物理新课标、考试说明和新教材的学习与研究,把教学案的设计作为新课程实施的突破点和课堂教学的切入点。深入解读课标,理解考试说明,结合学生的实际,重新整合教材。在写教学案前,先仔细阅读、理解、消化课本,领会教材的编写意图,结合学生实际,确定教学目标,分析研究教材的重点、难点,系统安排生活化教学的内容,运用自主合作探究的教学法,以"小制作、小实验、小发明、小论文"为载体激发学生的学习热情,全面提高学生的综合素质,力求做到游刃有余。另外,在编写教学案设置习题时,要保证两个不同层面。对于优等生可以在课外延伸一些略带挑战性的练习;对于希望生,为他们制订一些浅层次的要求,让他们循序渐进,做到因材施教、分层教学。

2. 编写模拟试题,做好从考点到考生的技术转化工作

加强科学的训练研究、考试与评价的研究、试题研究、评讲研究等活动。深入开展物理习题创新设计活动,组织物理老师编写针对性强的试题。命制试卷要把握好十个"度":

一是广度;二是坡度;三是深度;四是难度;五是区分度;六是信度;七是效度;八是速度;九是亮度;十是准度。力求试题有闪光点,即命制试题应有创新,不可随意拼凑,要力争做到相同试题人无我有,人有我新,让考生考完后有谈头,甚至终生难忘。

要达到以上要求,教师必须对相关内容相当熟悉,对考试要求相当清晰,对考试对象相当了解,并且平时应广泛阅读各类试题、研究各地试题的走向(重点、难点、考点、热点、创新点),注意关注生活,注重联系实际,善于积累,勇于创新。

3. 提高实验教学的水平,做好从实验方法到实验技能深化工作

物理学是一门实验科学,观察和实验是物理学基本的研究方法,实验是课堂教学的重要组成部分,是学生获取知识、活跃思维、激发兴趣,培养能力的重要手段。深入开展物理实验教学的研究工作,开展实验创新设计活动,在教学中充分发动学生,不仅做好教材中所选编的每项观察和实验的教学,还要克服困难,创造条件,利用身边简易器材高质量完成实验教学任务。通过这些观察和实验的教学,培养学生的学习兴趣,调动他们学习的主动性,养成他们客观的实事求是的科学态度。

4. 用活学习的"三宝",做好从细节到习惯的感化工作

(1)双色笔。小小双色笔,可以发挥大大的作用。用它来标注特殊的重点,比如公式、重点字词、概念名称等;课堂的小结、最后的完善与纠正、课堂反馈的批改,都是红色笔的用武之处!

(2)活页夹。设立一套整理和分类的方法来要求学生,并按照下面的方式分类:笔记、作业、讲义、测验/考试、空白纸。定期整理学习笔记,在学习过程中,通过对所学知识的回顾、对照听课笔记、作业、达标检测、教科书和参考书等材料加以补充、归纳,使所学的知识达到系统、完整和高度概括的水平。学习笔记要简明、易看、一目了然,符合自己的特点。做到定期按知识本身的体系加以归类,整理出总结性的学习笔记,以求知识系统化。把这些思考的成果及时保存下来,以后再复习时,就能迅速地回到自己曾经达到的高度。

(3)错题集。纠错本是学生的错题和典型题的集中营,是学生学习的一次再巩固和深加工。将自己做错的题,且自己订正后感到启发大的题,或一些典型问题而又做错的题做在错题集上,并且把错误的地方和原因注在旁边,把由此得到的知识点的补充写到知识提纲里的相应位置,复习时会有大用处。

5. 搞活开放的课堂文化,做好从灵性到悟性的内化工作

高效课堂以主动性、生动性和生成性为特征。主动性是指学生学习状态、激发潜能、获得效益、生成能力;生动性是追求课堂的价值,突出"学乐"和"乐学",学生由"怕上课"到"怕下课"。生成性是课堂复习中变各种"句号"、"叹号"为"问号"。追求多元发展,鼓励不同见解,让思维激荡思维、让思想冲撞思想、让方法启迪方法。

(二)加强学科基地建设,构建卓越研修模式

新的课程改革要求教师从单纯的"教书匠"转变为自觉的"研究者",主动的"实践者"和严肃的"反思者",即要求教师学会学习、学会反思和学会创新。校本研修,以提高教师素质为重点,以培养教师适应新课程、新教法、新学法的能力为出发点,面向全体教师。

物理学科基地研修内容:

(1)新课程理念研修。课程改革成败的关键在于教师,教师对物理新课程理念的认识程度直接影响课改实验的成效。为此,本年度继续把学习、选择、实践,作为研修的重点任务来抓,用科学的理论指导我们实践。

(2)专题研究活动。研究教学案和课件设计;研讨如何上好新授课、复习课、习题课;课堂教学与学生学习效果的诊断与评价;学生学习问题和学习困难等问题诊断。把教学基本环节的实效性研究落实到教研的全过程,用科学的方法做正确的事。

(3)教育科研培训。在"科研兴校、科研兴教"战略思想的指导下,引领教师走科研之路,开展教学中的问题即课题来进行研究,有效地提高教师的理论水平和创新能力,用务实的态度做实实在在的事。

(4)现代教育信息技术培训。积极推进以普及计算机应用能力为核心的现代教育信息技术培训,组织人员对教师进行教育技术能力培训和网页制作的培训,指导教师充分应用网上资源为教育教学服务,使教师逐步适应这一形势,用智慧的思维去做理想的事。

(三)物理学科基地活动模式

(1)拜师结对模式。对新老教师的培养采取拜师结对的形式,扩展师徒带教的内容,赋予这传统的形式以新的校本研修内容,且拜师是相互的,能者为师。让新教师尽快进入角色,组内进行"师徒结对",帮助他们尽早走向成熟。

(2)教研活动模式。从典型案例中获得启迪、寻求解决问题的思路,精选出具有代表性、典型性的案例,然后组织教师进行深入讨论。这种模式具有较强的针对性,效果较好。通过教师引领主题发言、说课、评课,组织现场对话进行参与式的研讨,然后由专家点评,最后形成课例研究报告。引导教师运用课改的理念,对课例进行分析、模仿、借鉴,从中领悟一些新颖的教学方式,启迪自己的课堂教学,。

(3)课例研究模式。充分利用骨干教师资源,以学科主题式系列教研活动为抓手,以日常课堂教学研究为载体,通过本校骨干教师与其他教师"多元联动"的校本研修来提升每一位教师教育改革适应能力。具体的流程与做法是:

第一阶段:骨干教师示范性研讨。①认知准备(骨干教师进行相关主题研究的资料解读及结合主题进行的课程资源的开发);②骨干展示(先由骨干教师围绕研究主题进行教材分析、学情分析、弹性化教案的设计说明等,再走进课堂上示范课);③问题研讨(先由骨干做自我评价,其他骨干就示范课中存在的问题进行剖析,最后其他教师参与评价);④后续拓展(骨干教师把前期自身整个示范过程中积累的材料整理成文本,然后让其他教师学习,并结合研究主题布置一到两项作业)。

第二阶段:以其他教师实践为主的螺旋式研讨阶段。①合作开发与设计(围绕主题集体备课,在骨干教师的引领下集聚群体智慧共同设计教学方案);②初步尝试(先由一位教师尝试课堂实践,再由执教师自评,骨干教师点评,其余教师参评);③再度重构设计实践(骨干教师组织再次修改教学方案,其余逐一上重建课,再反思再重建);④反思、总结、提升(执教老师谈过程中的体会,骨干教师对整个活动过程作总结提升,并对主题研究作动态调整)。

三、主要活动内容

(1)物理学科基地工作计划,在八年级和九年级物理备课组学习、讨论、研究工作计划,且通过实施。

(2)全校物理教师教学练兵,两名教师参加省、市教学比赛。在全区展示课内比教学和互动式的集体备课,并展示相应的课例研究报告。

(3)通过"课内比教学"活动,学习交流一些先进的教学经验,反思"课内比教学",诊断整改不足。

(4)请市、区专家介绍中考备考经验,开展如何上好复习课的课例研究,构建复习课的教学模式,同时对外开放各种类型的复习课展示活动。

(5)请市、区、校有经验的教师介绍撰写课例报告的经验,完成课例研修报告、论文、课堂实录、教学设计等,参加各级评比。

(6)组织教师外出考察,学习借鉴他人的经验,明确下学期的努力方向。

(7)青年教师与骨干教师拜师结对,互相交流学习,互动双赢。

(8)开展如何上好新授课的课题研究,构建新授课的教学模式,同时对外开放新授课的展示活动。

(9)组织开展实验教学竞赛活动和自制教具展示活动。

(10)收集整理教学案、各类试题等文本资料,建立资料库。

扎扎实实建基地 团结拼搏创一流

——七一中学物理学科基地建设汇报

在忙忙碌碌中又度过了一学期,七一中学物理组在各级领导的支持和关心下,按照物理学科基地建设工作方案,有计划、有步骤地开展基地建设工作。我们以学科基地建设为契机,以高效课堂教学暨"课内比教学"为中心,以深化校本研修为主线,以改变学生学习方式和实现轻负高效为目标,充分发挥优质学校和优秀教师的引领、示范和辐射作用,带动教师开展了卓有成效的教育教学研究,取得了丰硕的教学成果。现将工作总结如下:

一、明确任务,充分调动教师的积极性和创造性

七一中学物理学科基地成立以后,我校主要领导和分管教学的领导都非常重视物理学科基地建设,为此召开专题会议研究实施方案,并根据我校的实际情况制定了《七一中学物理学科基地工作方案》,同时就物理学科基地建设的具体工作做了明确分工,真正做到了"团结协作、人人动手、个个献策",并把改变学生学习方式和实现轻负高效作为我校物理学科基地建设的目标。在以往工作的基础上,我校物理学科基地建设主要是苦练内功,围绕和谐教研氛围,发扬团队精神,完善校本研修,促进课堂教学行为的有效改进,探寻集体备课和个性化教学的有机结合,积极开展校际交流等方面展开。

物理组有个好的教学环境,我一直担任初三两个班的物理教学,熟知物理教学的规律,对物理教学比较熟悉,经常提出教学教研的一些思路,帮助老师解决实际中遇到的问题和困难,营造了教学教研和备考工作的良好的教学环境。物理组每位教师的工作是繁重的,面对压力,我们全组老师都有乐观的心态、奋发图强的精神和扎实的工作作风,老师们互相关心,互相帮助。可以自豪地说,物理组是一个精诚合作、携手共进的团队,他们既有整体的大局观念,又能充分发挥个人的聪明才智,既竞争,又合作。真正体现了工作中是战友,生活上是兄弟,交往时是朋友的亲密关系。

二、创新集体备课模式,促进教师教学水平共同提高

这一学年,七一中学物理组抓实并创新了集体备课这一工作,形成了"3+2"的集体备课模式(说课——上课——评课——现场对话——课例研究)。通过教师引领主题发言、说课、评课,组织现场对话进行参与式的研讨,然后由专家点评,最后形成课例研究报告。备课组教师通过集体备课,对教材中的重点、难点以及教学方法,进行分析和讨论,并探讨突出重点、突破难点,促进学生发展的思路和方法。通过发挥集体的力量,同仁之间互相学习、互相借鉴,采用集体分节备课,统一电子教案,实现了优势互补、资源共享。每位老师在这个基础上,根据自己的特点、风格再进行修改,在教学上体现出自己的个性,优化了课堂教学。

备课组加强了听课评课活动。听课后,全组教师能认真评课。如对教学内容安排否恰当,难点是否突破,教法是否得当,教学手段的使用,教学思想、方法的渗透等是否符合素质教育的要求,老师的教学基本功等方面进行中肯、全面的评论和探讨。通过听课和评课活动,加深全组教师对教材的理解和教法的把握,给教师提供了锻炼的舞台,搭建了成长的阶梯,促进了全组教师课堂教学水平的共同提升。

正因为我们抓实了教研活动和集体备课,形成了一个良好的教研氛围,本学年,物理组可以说是硕果累累。为了给每个教师都提供成长的机会,本次课内比教学活动,林校长安排兰秀琪老师参加区决赛。由于兰老师普通话不太标准,自己一直缺乏信心。为了弥补这一不足,我们在集体备课时,提出要设计出最优的教案和教学流程,以课取胜。由于《电流的强弱》新、旧教材有一些不同,林校长首先根据多年中考命题的经验和对新课标的把握,确定了本节课的教学目标,然后全组教师献计、献策,设计每一版块的教学流程。为了使新课引入吸引学生,根据物理学科的特点,我们一致选定用实验引入:通过两个相同的小灯泡亮度不同引出电流的强弱不同。为了帮助学生理解电流这一很抽象的概念,老师们把自己原来收集的课件贡献出来,由付纪东老师反复修改,直观形象,收到了很好的效果。为了使本节课上出亮点,兰老师自己多次试教,找出不足,最后在教学电流表的使用方法时大家都感觉很出彩:先学生自主学习,交流讨论,然后学生动手实验,最后教师收集出学生在使用电流表的过程中存在的各种问题展示出来,共同找出错误原因和解决办法,果然,这一做法在比赛结束后受到了评课教师的较高评价。在兰老师试讲、比赛的过程中,全组教师克服困难,不计个人得失,至始至终全程参与,给予了极大的帮助,物理组一贯团结拼搏的优良传统得到了很好的体现。由于兰老师自己努力,全组教师齐心协力,兰老师的课如愿以偿,获得了第一名。在参加武汉市课内比教学时,兰老师的课又获得了一等奖第二名的好成绩。

更值得骄傲的是刘俊老师的复习课《再认摩擦力》，在省、市、区教研员的支持和关心下，特别是在林校长的直接指导下，经反复"磨课"，成为一节精品课，一路过关斩将，获湖北省物理名师赛一等奖第一名，取得参加国家级教学竞赛资格。

三、构建"轻负高效"新课堂，不断优化教学模式

高效课堂就是学生主动学习、积极思考的课堂，是学生充分自主学习的课堂，是师生互动、生生互动的课堂。我们积极开展以提高课堂教学质量为核心的课堂教学研究活动，大力加强新课程课堂教学模式的构建和改革，研究提高课堂教学质量的有效途径、方式和方法，提高课堂教学的针对性和实效性。打造高效课堂，我们力求做到"五化"：撰写高质量的《教学案》，做好从知识内容结构到学生认知结构的优化工作；编写模拟试题，做好从考点到考生的技术转化工作；提高实验教学的水平，做好从实验方法到实验技能深化工作；用活学习的"三宝"，做好从细节到习惯的感化工作；搞活开放的课堂文化，做好从灵性到悟性的内化工作。

首先，我们撰写了高质量的电子教学案。深入解读课标，理解考试说明，结合学生的实际情况，重新整合教材。在编写教学案前先将课本仔细的阅读、理解、消化，领会教材的编写意图，确定教学目标，并且结合学生实际，分析研究教材的重点、难点与关键，系统科学地整理安排教学的内容。本学期，我们重点编写了第一轮复习课和第二轮复习课教学案共30讲，为构建"轻负高效"新课堂提供了保证。

其次，我们积极优化教学模式。随着新课程改革的不断深入，校本研修已成为推进新课程改革的一个重要"抓手"。 因此，本学期我组校本研修主要以课例为载体进行研究，研究的目的是不断优化课堂教学模式。引导教师运用课改的理念，对课例进行分析、模仿、借鉴，从中领悟一些新颖的教学方式，启迪自己的课堂教学。本学期，我们通过重点对刘俊老师的《再认摩擦力》反复"磨课"，优化了 第一轮复习课的教学模式，通过杨书云老师和付纪东老师的试卷讲评课和专题复习课，对试卷讲评课和专题复习课进行了有益的尝试。

四、精细化管理教学，促进了教学质量的全面提升

在教学中，我们做到"五精"：①每位教师精通教学，做到"五个一"：写一篇《考试说明》的详细解读；制订一份科学的教学计划；出一套高仿真的试题；编一份预设性强的教学案；讲一节高品位的课。②发挥教师集体智慧，吸取精华。③教法灵活，教艺精湛。做到"五个一点"：起点低一点；坡度小一点；探究多一点；趣味浓一点；教艺精一点。④精编试题，分层作业。命题要源于课本、活于课本、高于课本，把握好"十度"：广度、坡度、深度、难度、区分度、信度、效度、速度、亮度、精度。⑤作业考试，卷面精致。做到"五个点"：试题激发兴趣点；

审题列出疑问点;破题找到切入点;解题用活知识点;结题不漏得分点。

复习计划对于中考来说,非常重要。我们将中考命题的设计思路、题型样式、知识考点了然于胸,做到"扎扎实实新授,循序渐进备考"。 我们的复习思路在第一学期授完九年级课程前就已基本形成,有一定的前瞻性。我们在确立了"依据大纲和中考说明、紧扣教材、注重双基、提高整体素质、培养综合能力"的复习指导思想的前提下,制订好中考复习计划,计划一做到细,细到复习目标是什么,做什么类型的题;二做到全,复习教学案怎么编,阶段性过关考试等,都要有计划有安排。复习中要强调重点,多练难点,不漏知识点。鉴于现在中考命题指导思想的逐渐转变,我们采用了"三阶段复习"法。

第一阶段:抓住课本,夯实基础。物理总复习第一轮中精力放在教材上,在复习课本知识时,我们可看课本每章后的"本章知识要点",再有针对性的选择习题,以点代面,突破薄弱点和教材中的难点。这轮复习实际上是完善初中物理知识结构,使前后知识联系起来,形成网络化,便于学生记忆。

第二阶段:把握重点,专题复习。我们到了总复习的第二阶段,主要按两种专题来进行复习,一是"按题型"专题复习:根据中考题目类型,分为选择,填空,作图,实验(包括操作实验),计算等专题,进行专门练习,使复习纵横交错,从整体上掌握复习重点。二是按"热点知识"专题复习:把近几年来中考中的热点、重点问题编成若干个专题进行复习。此复习以练为主,以讲为辅。

第三阶段:针对考点,强化训练。经过前两轮的复习,无论从知识的掌握,还是从解题能力的培养上学生都会有所提高,但在临考前心理上很不稳定,因此要进行必要的适应性测试,以提高学生解题速度和正确率。我们精心组编模拟试题,定期测试,测后注重评讲和再练。要求正确处理好"讲"与"练"的关系,在"精"字上下功夫。在讲评中,我们主要把功夫花在分析上,应用一题多解培养学生发散思维能力,注重一题多变培养学生应试能力,应用一题多联培养学生联想迁移概括归纳能力。

随着中考成绩的公布,2012年中考的帷幕已落下,对于物理学科来说,今年又是一个丰收年,中考成绩再次获得全区第一,圆满取得四连冠,每一位物理老师都为之欢呼、为之自豪!

五、积极开展校际交流,发挥基地示范辐射作用

借着开展"课内比教学"的契机,我们积极开展校际交流,充分发挥了基地学校的示范、辐射作用,为老师们提供了难得的学习机会。刘翠兰老师代表江岸区赴黄石上支教课,林校长在全省上物理复习展示课,杨书云老师到培英中学上交流课,特别是刘俊老师,先后到警予中学、解放中学、81中、光谷实验中学上《摩擦力》第一轮复习课,并通过与各学

校教师互动,为各校物理教师提供了一次良好的学习机会。此外,杨书云老师和付纪东老师还为江岸区全体初三教师分别上试卷讲评课和专题复习研讨课,对不同的中考复习模式进行了有益的探讨。一堂堂精彩的课充分体现出授课教师的细心、耐心和精心。教学目标的确定、教学环节的优化、教学问题的设计、教学方法的更新、教学语言的精炼、教学课件的恰当运用,更是体现出了教师较强的综合素质和过硬的教学能力,也让其他学校的教师体会到我组教师团结拼搏的工作热情和积极向上的精神风貌。

我校物理学科基地建设,凝聚了我组全体教师的心血。我们会在今后的教育教学工作中继续学习,不断探索,不断完善,为提升七一中学的教育教学质量作出应有的贡献,为江岸区物理教育教学质量的提高贡献我们的一份心力!

业务成长

教学反思与行为跟进的研究

武汉市七一中学　刘　俊

一、为什么进行教学反思

关于苍蝇和蜜蜂，我们的认识是这样的：蜜蜂能使我们联想到更多有关正能量的东西，比如勤劳，而苍蝇则令人感到头痛。美国生物学家曾做过这样一个实验：在两个相同的玻璃瓶中，一个装进 5 只苍蝇，一个装进 5 只蜜蜂，然后将玻璃瓶的底部对着有光亮的一方，而将开口朝光线暗淡的一方，几个小时后，发现：5 只苍蝇最后全找到了开口的一端跑掉了，而 5 只蜜蜂在撞击瓶底无数次后全部死在了玻璃瓶里，这个结果与我们的愿望发生了冲突，究其原因：蜜蜂的生活经验告诉它们：有光源的地方就有出口，所以每一次总是全力以赴地冲向光源的方向，即便是冲在前面的同伴经过几次撞击终于殒命瓶底，它们也不假思索地前赴后继，而苍蝇没有蜜蜂这样的经验。更重要的是，几次在瓶底碰壁之后，它们改变了单一的线路，终于在瓶口处找到了出路，完成了自救。这个实验给我们的启示是：教师积累经验固然重要，更重要的是要不断反思经验和更新经验，这对于自身生存与专业发展是有着直接关系的，只有经验不反思，不与时俱进，不创新，质量就提不高。

(一)教学反思是教师成长的有效途径和核心因素

教学反思是促进教师成长的阶梯，有专家的理论支撑。

美国学者波斯纳指出：教师成长=经验+反思。

我国学者北师大教授林崇德提出：优秀教师=教学过程+反思，他说：一个教师一生工作也许会有 30 年，假如他从不进行反思，那么他也许只是一年工作的 30 次重复。

我国学者华东师大教授叶澜曾说：一个教师写一辈子教案不可能成为名师，如果一个教师写三年教学反思，就有可能成为名师。

而我说：一个能坚持写三年教学反思的教师，即便不能成为名师，则至少能成为有思想的教师。

从专家教授的话中可以理解：教学反思是教师成长的必由之路，唯有反思，才有突破，才有发展。

(二)教学反思是适应新课程改革的需要

新课程中的四个关系和四个强调：①在对待师生关系上，强调尊重、赞赏；②在对待教学关系上，强调帮助、引导；③在对待自我上，强调反思；④在对待与其他教育者的关系上，强调合作。因此反思是新课改的需要。

(三)教学反思是校本研究的第一特征

只教不研，就会成为教死书的教书匠；只研不教，就会成为纸上谈兵的空谈者；既研又教，就会成为一名科研型、专家型的教师。

联合国教科文组织曾对"教师的教育经验和教学效果的关系"做过调查，结果发现：教师在刚走上教学岗位的五年内，教学效果和教龄成正比关系。五年到八年间，普遍出现了一个平衡发展的"高原期"。八年后，教师群体逐渐开始分化，大部分的教学水平和教学效果出现徘徊甚至逐渐下降，只有小部分人经过不断反思，教学水平得到升华，教学质量不断提高。

二、什么是教学反思，什么是行为跟进？

(一)教学反思

教学反思是指教师对教育教学实践的再认识、再思考、再探索、再创造，并以此来总结经验教训，促进教师专业化成长，进一步提高教育教学水平。简单地说，教学反思就是研究自己如何教，学生如何学。教中学，学中教。

(二)行为跟进

反思是为了进行新的实践，行为跟进是教学反思的最终目标。何为"行为跟进"呢？行为跟进是将研修活动中建构性反思的成果付诸于行动的过程，简言之是指将通过集体讨论形成的新方案、新设想，通过自己构建性思考后，再来实践一次，这不是简单的实践，而是教师深思熟虑后的有意识地实践，"行为跟进"体现了"知行合一"的认知方式，是教师实践与理论相结合的一种可操作化的途径。

三、目前教学反思存在的误区

(一)反思重数量不重质量

这种重数量不重质量的教学反思不仅不能改进教学实践，更无从提高教师的教育智慧和教育艺术，相反却成为了老师们的"课业负担"。

(二)反思缺少深度和思想

没有具体的阐释和自己的看法的肤浅反思，何以让实践有智慧的提升呢？又如何在自己日常的教育生活中形成教育思想？

（三）反思缺乏理论支撑

大部分教师工作量大，整天疲于备课、上课、改作业，没有太多时间去读书，但我们总用这样一句话来教育学生："时间像是海绵里的水，挤挤总会有的。"今天我们也用这一句话共勉，工作再繁忙，每天也要挤出一点时间阅读，不断丰富自己的内涵，提升自己的理论水平，只有在理论支撑下的教育反思才更有深度，更有价值。

（四）反思没有与实践结合

老师们回想一下，在我们身边不乏有这样的人群：有些教师谈起反思很在行，经常在报刊杂志上发表有关反思类的文章，但他的教学思想、教学行为就是不能被学生接受，因为他们反思与课堂教学沾不上边。请问一位教师如果把精力都用在了脱离课堂实践的反思上而荒芜了自己的"田地"，即便写再多反思又有何意义呢？

（五）反思没有恒久的坚持

现在教师的教学活动不缺少反思，但能够恒久坚持的并不多，任何事情就怕坚持，有了反思的意思，还要有一颗恒久的心，十年磨一剑，只要我们能坚持下去，一定会品尝到教育反思所带给我们的喜悦和幸福。

四、反思形式及具体内容

（一）课前思

（1）思"我去哪里"，即思考教学目标的制订。教师应以新教育理念为指导，透彻理解教材，以学生为主体，了解学生需要什么、对哪些东西感兴趣、原有知识经验如何、认知水平怎样来确定合理的教学目标。一节课堂教学应体现三个维度的要求，即知识、技能、情感。教学目标不能笼统、模糊，尽量做到明确、具体、可观察、可量化，从而引导学生将教学目标转化为学生的学习目标。

（2）思"我如何去那里"，即思考学习者起始状态、教学内容、教学方法与教学媒介等。首先是教学内容的选择。内容过多或过少，材料过难或过浅，都不利于学生的发展。在新课程理念里，教师必须有较强的驾驭教材的能力，创造性地使用教材，而不是教教材。尽量把握每节课的知识要点，抓住重点、难点，根据学生的需求，充分开发和利用现有的资源以及生成性的资源，对教材进行开发和整合，如：增减教材内容、调换教学步骤等，使教学内容的容量适中、难度适宜、素材更贴近学生的生活，让学生对所学内容感兴趣，不会产生畏难情绪。

接着是教学过程的设计，教学过程的设计应符合学生认知规律，从易到难，从简单到复杂，有层次、有台阶地环环相扣。教师应把握整体教材的基础上，让每一个问题和活动都有一个明确的方向，课堂活动的安排首先应考虑学生的兴趣和能力，要尽量采用学生喜欢的方式进行。其次应考虑学生的个体差异,针对不同层次的学生,设计有层次的活动目标,给不同能力的学生分配不同的任务。让各个不同层次的学生都有机会参与活动,合作学习。

最后是教学媒介和教学方法的确定。因材而选,因人而定,从内容出发,以实现教学目标和达到教学效果为目的。遵循适用、实用、好用的原则。

(3)思"我怎么判断我已到达了那里",即达成目标的诸要素的分析与设计。教学目标是否达成,需要对教学效果进行评价。评价的方式应是多种多样的,既有课堂上的应用练习,也应结合课堂观察、对学生的访谈、作业分析等反馈综合加以设计。通过比较全面的教学效果评价,了解学生在知识与技能、思考、解决问题、情感与态度等方面的基本情况,为进一步完善教学设计提供比较科学的依据。

课前思主要围绕这些问题展开:自己认真学习教学大纲了吗?明确所教学科的教学目的、该学年和各章节的教学目标吗?学生原有的知识技能掌握情况如何?学生已具备了哪些学习能力、学习习惯、学习方法?自己设计的每一教学环节每个提问是否都围绕教学目标?用这种教学方法是否比另一种方法更好?自己期望学生从这节课学习到什么?自己对课程内容的理解程度,课堂中应该有什么样的活动等等。

(二)课中思

苏霍姆林斯基说:"教育的技巧并不在于能预见到课的所有细节,而在于根据当时的具体情况,巧妙地在学生不知不觉中作出相应的变动。"在课堂教学中,应该关注以下三个方面:

(1)关注生成资源,采取"取之于民,用之于民"的策略,激活课堂教学。当学生的行为没有按教师的设计意图来进行,出现出乎意料的质疑、问题、插嘴等行为时教师不能置之不理,而应该及时了解学生的想法,抓住教育时机,巧妙引导,将教学活动引向深入,或是根据学生的思维改变教学的预期行为,重新建构教学过程。这样教学的变动是为了让学生的个性得到充分、自由发展,让学生真正成为学习的主体。

(2)关注学生,学生是学习的主体,也是交际活动中的关键。上课时用心观察学生在课堂的一举一动;他们上课的情绪怎样、注意力是否集中、是否积极参与课堂教学的各个环节、在小组活动中与其他同学合作与交流是否融洽等各方面的反应,根据学生的变化随时调整教学方案,充分调动学生学习积极性。

(3)关注课堂管理。课堂是动态存在的,随时有状况出现,教师应有驾驭课堂的能力,机智、有效地处理课堂偶发事件,让学生在良好的课堂环境里愉快地学习。

课中思主要围绕这些问题展开:

学生当时的反应是什么?他们现在需要什么?刚才的练习存在哪些问题?这个环节能

不能再提高或降低些要求?这个问题要求是否很明确?怎样的说法能让学生的参与度和积极性再提高些? 这个问题的完成情况不理想,我还能用什么方法来补救?这样的评价是否有利于学生思维的拓展?课堂气氛是不是过分沉闷或过分活跃?我该如何调控?教学实际与预设目标是否有差距? 如何处理这种差距?

(三)课后思

课后反思要做到"七要":

1. 一要反思教学行为是否达到教学目标

新课标要求在制订教学目标时,要特别注意培养学生的知识、能力、情感态度与价值观。对学生的可持续发展来讲,能力、情感态度与价值观,其适用性更广,持久性更长。只要具备获取知识的能力,就可以通过许多渠道获取知识。所以,情感、态度、价值观必须有机地融入到课程教学内容中去,并有意识地贯穿于教学过程中,使其成为课程教学内容的血肉,成为教学过程的灵魂。

2. 二要反思教学活动是否"沟通"和"合作"

"没有沟通就不可能有教学",成功的教学过程,应该形成多种多样的、多层面、多维度的沟通情境和沟通关系。在成功的教学过程中,师生应形成一个"学习共同体",他们都作为平等的一员在参与学习过程,进行心灵的沟通与精神的交融。没有交往,没有互动,那是只有教学形式表现而无实质性交往发生的"假教学"。

3. 三要反思是否创造性地使用了教材

在新的课程理念下,教材的首要功能只是作为教与学的一种重要资源,但不是唯一的资源, 是以一种参考提示的性质出现, 给学生展示多样的学习和丰富多彩的学习参考资料;同时,教师不仅是教材的使用者,也是教材的建设者。在创造性使用教材的同时,可以在"课后反思"中作为专题内容加以记录,既积累经验又为教材的使用提供建设性的意见,使教师、教材和学生成为课程中和谐的统一体。

4. 四要反思教学过程是否存在着"内伤"

要反思自己是否在刻意追求所谓的"好课"标准:有没有给学生思考的空间?小组合作学习有没有流于形式?讨论是否富有成效?"满堂电"是否有越俎代疱之嫌?有没有关注学生情感、态度、价值的变化?学生的创造性何在?对这些"内伤"必须认真回顾、仔细梳理、深刻反思、无情剖析,并对症下药,才能找出改进策略。

5. 五要反思教学过程中是否迸发出"智慧的火花"

教学不仅仅是一种告诉,更重要的是如何引导学生在情境中去经历、去体验、去感悟、去创造。在教学过程中学生常常会在不经意间产生出"奇思妙想",迸发出"智慧的火花"。教师不仅应在课堂上及时将这些细微之处流露出来的信息捕捉,加以重组整合,并借机引发学生开展讨论,给课堂带来一份精彩,给学生带来几份自信。更应利用课后反思去捕捉、提炼,既为教研积累第一手素材,又可拓宽教师的教学思路,提高教学水平,将其记录下来,作为宝贵的教学资料,以资研究和共享。

6. 六要反思教学过程是否适应学生的个性差异

学生的个性差异是客观存在的,成功的教育者必须根据学生的个性特长秉赋优点,因材施教,因人施教,因类施教,充分发挥学生的个性特长,让性格各异的学生争奇斗艳、各领风骚,让每一个学生都有施展才能的天地和机会,因此,无论是情境的创设还是内容的呈现,无论是问题的设置,还是释疑解惑,均应"一切为了学生",多层次、多维度、多渠道地开展教育活动,因为教育的最大使命就是尊重学生的个性差异,尽可能地创设条件发展学生的思维能力,培养学生的思维品质,促进全体学生的发展。

7. 七要反思教学过程是否存在"伪探究"

反思这样的小组分配是否合理?是不是让优等生的才能得到充分展示?是不是让学习有困难的学生在讨论时也有发言和质疑的时候?提出的问题是不是有讨论探究的价值?能不能让学生真正学会应该学会的方法、技能和知识? 是不是剥夺了部分学生的独立思考、质疑发言的权利? 有多少学生真正参与、体验了学习的快乐,获得心智的发展?

课后思主要围绕这些问题展开:

为什么学生的反应和我预期的不一样?学生为什么会有这种反应?对这种反应我应该采取什么样的措施? 我怎么上这堂课更好? 教学目标是否达到? 达到的程度怎样? 教学中还存在哪些问题?哪个问题是本堂课成功或失败的关键性问题?在后续教学中应该如何解决这个关键性问题?教学中有没有发生让人印象深刻的事件?其蕴含的意义有哪些?今后教同一内容时,准备怎样才能做得更完善?

五、教学反思的基本方法

(1)教学后记法。

(2)日记反思法。

(3)课堂观摩法。

(4)研讨反思法(评课反思法)。

(5)行动研究法(课题反思法)。

"二二三四"教学范式在物理课堂中的解读

武汉市第一初级中学物理教研组 邓朝霞

高效课堂的理念承载在高效课堂的范式之中。课堂仅仅只有 45 分钟,在如此有限的时间内,假如不限制讲,或者从头到尾地满堂讲,往往会导致课堂上的"顾此失彼"。"讲"服务于什么?如果不加以明确"课堂价值"取决于"学得如何",或者仍然不清楚"教服务于学",那么学的"主体"则只能屈从于"教"的主导,"学"仍然无法得到落实。而"二二三四"教学范式最关注的核心就是学生的学习能力和学习的生命状态:低起点面向全体学生,落实最有迁移性的基础知识和最有生命力的基本能力。高视点达成三维目标,提升思维品质,让学生学会学习;小坡度搭建思维支架,减少学习难度,提供成功条件。高密度小步快进,优化学习过程,有效训练思维;通过动手实践、动脑思考、动嘴表达相结合,使学生"善读、善思、善研、善行"。实现学生学习由被动接受到主动探究、机械操练到意义建构的转变。使学生首先从学科基本的学习能力出发,然后积淀为一种"素质",最后上升到终身学习能力。

在我们的物理课堂中,如何将"二二三四"教学范式加以实化,让学生实现从知识到兴趣、再到能力、最后上升到通达智慧的层面?

一、要敢于把学习还给学生

高效课堂的灵魂是相信学生、解放学生、利用学生、发展学生,这十六个字代表着一切的方法和出路!解放学生和发展学生是教育的使命;利用学生是一切教育的智慧源头。唯有敢于把学习还给学生,突出学生的主体地位,我的课堂我做主,让学生去"经历"并且"经验",学习的过程才充满生命的律动,才能真正意义上实现"学生动起来、课堂活起来、效果好起来"。

二、要敢于将教材进行分解

传统教材的编排重视课时内容的完整性,导致一节课知识点较多,课堂容量较大,学生理解和掌握的难度加大，课堂的效率降低。"少即是多"，我们要立足于"破"，敢于将教材进行有效分解和重新编排，每节课只解决 2~3 个问题，小坡度搭建思维支架，各个击破，彻底突破！如：《大气压强》这一节，可将教学内容分解到三节课中：第一节课只解决大气压的存在和应用，第二节课只解决大气压的测量，第三节课只解决大气压的变化及对生活的影响。每节课火力集中，反复强化，让学生拾级而上，整体推进。

三、要善于将将知识点转变为具有探索性的问题点、能力点

学起于"思"，思源于"疑"，质疑是思维的火花。只有通过精心设计问题，让学生的思维始终处于激发状态，使学生意识到：要解决教师设计的问题不看书不行，看书不看详细也不行，光看书不思考不行，思考不深不透也不行。让学生真正从教师设计的问题中找到解决问题的方法，学会看书，学会自学。这样才可能达成"高密度培养思维，高视点培养能力"的课堂教学目标。但在实际教学活动中，由于我们没有很好地把握提问的方法和艺术，所提的问题往往带有随意性、盲目性和主观性，以致常常陷入无效问题的误区。如：整堂课只管自己讲，不提一个问题；盲目追求课堂气氛的表面热闹，提问停留在一问一答的低层次水平上，无益于启发学生积极思考；提问时间仓促，学生没有时间思考；提问表达不言简意赅，有时不知所云，学生无法回答；当学生的回答不是完全正确时，没有悉心爱护，充分肯定和热情鼓励；提问不到关键处，随心所欲，信口就问；不能灵活应变，有效利用课堂生成的问题资源。

因而，在每节概念课和规律课之前，我们应根据学生以往内容的掌握程度，对学生在学习中可能出现的困难和问题进行预设。将本节课的基本概念、基本知识、基本思想、基本方法，预设成若干由易到难的组合式学习思考题，将难点分解成几个小问题，将概念和规律的形成、发展过程通过一组问题提出，让学生带着问题自学和群学。只有这样，我们的课堂才能既给与学生知识，又形成智慧和能力。

四、要善于通过"展示"手段，解决学习内驱力

展示是解决学习内驱力的最好手段，是一把"金钥匙"，可以让学生在师生的评价中实现心灵的"获取"。缺少了展示，课堂就会变得"灰冷阴暗"，没有展示的课堂是畸形的课堂，是"死课堂"，是远离人性的课堂，是没有温暖、力量、活力的课堂。但展示要依据学情调查，找到带有普遍意义和近似性的"问题"，都会的不展示、生成空间较小的不展示，都不会的更不展示，最容易出现歧义的或者核心的知识问题才拿出来做展示。展示要形成"众人"集体参与效应，要"挑拨学生斗学生"，要"唇枪舌战"，要既"互"更"动"。

五、要善于设计作业，将知识点有序集成，将能力培养分解递进

学科知识是由一个个知识点和能力点构成的图式。作业设计时，我们要找准作业和知识点的对应点、连接点、交叉点，将作业对应的知识点有序集成到学生的知识结构中，使学生形成良好的知识结构。能力培养的衡量指标是难度系数。根据布鲁姆的掌握教学法，学生的认知领域是分层且不断发展的。因此，当遇到难度比较大的题目，我们应该将其巧妙地分解成一系列紧密联系、小步递进的阶梯题组，引导学生不断总结解题规律，提高学生解决问题的能力。

所以，在备课组进行作业设计时，要注意对点训练，要将分解递进式的问题进行阶梯化设计，既要有纵向渐深式题组训练，也要有横向多变式题组训练。在习题评讲时，要根据梯度精选自学题和讲评题（"批改统计"是前提条件），自学题应是学生作业（试卷）中的"低级错题"和"中级错题"，是学生可自行搞定的问题；讲评题应是学生作业（试卷）中的"高级错题"，是容易出错的问题和最难掌握的典型问题，在讲评完每道"高级错题"后，不仅要引导学生对错因进行分析，对规律、思路和方法予以归纳总结，更要备有"举一反三题"：一道巩固题，一道提高题，一道拓展题。

六、要善于利用"导学案"辅助教学

在转变教学方式的同时，导学案辅助教学也是构建高效课堂的一条捷径。一方面，高效课堂强调学生的主体地位和课堂参与度，导学案恰能在一定程度上保证学生的参与度，体现学生的学习理念；另一方面我们所使用的课改版教材过于强调发现性学习而忽略了学生的接受性学习，缺少可读性，在这种情况下，导学案作为教师给学生提供的学习材料，又能在一定程度上弥补这个不足。

我们要善于以导学案作为学生学习的"方向盘"，构建科学合理的课堂教学"路线图"："明确课堂主体（学生）"→"围绕导学案自学（独学）"→"自我发现问题（试用双色笔标出自己的学习困惑）"→"自主解决问题（对学、群学）"→"展示解决方案（组内展示与全班展示结合）"→"学生归纳提升（师生生成）"→"教师评价反馈（对子互评检测）"→学生整理学案（对残缺知识修补）→课后分层训练（画知识树或者完成计时训练）。

教学有法但教无定法。教学范式应该有相对统一的程序和要求，但在实际教学过程中，不应追求教学范式的完整应用，不应限定教学过程的先后顺序，要摒弃教学范式的标签化，根据不同的学习目标、内容及学生的认知基础，灵活选用。

"设疑"在初中物理课堂教学中的运用

武汉初级中学　　张东明

【摘　要】 合适的"设疑"在课堂教学中不仅能激发学生兴趣,还可以引导学生自主学习,帮助学生克服学习的难点,培养学生的发散思维和创新能力,从而提高初中物理课堂教学的效率。

【关键词】 设疑　初中物理　课堂教学　运用

法国作家巴尔扎克说:"打开一切科学的钥匙毫无异议的是问号。"对问题答案的思索与追求正是人类好奇的天性使然。人们在思考问题时,大脑往往处于最活跃的状态,这也正为我们的课堂教学提供了极好的切入点。心理学家布鲁纳说:"教学过程是一种提出问题和解决问题的持续不断的活动。"教师如果能精心设疑,激发学生探索的欲望,使其主动参与到学习过程中,便能自然而然地提高课堂教学的效率。下面就初中物理课堂教学中如何运用设疑来提高课堂教学的效率做一番探讨。

一、设疑激趣

"教未见趣,必不乐学"。学习兴趣是学习积极性中最现实、最活跃的成分,是直接推动学生主动学习的一种内部动力,是热爱学习、产生强烈求知欲的基础。激发学生兴趣的方法多种多样,如利用多媒体、创设情境、做实验、介绍新的科技成果等,而设疑也是激发学生兴趣的有效手段。特别是在引入阶段,教师通过精选的背景素材,然后精心设疑,引导学生从现象中发现问题、产生困惑,学生探究的热情自然而然地激发出来。

如在学习"压强"一课时,教师可以先拿一个充空气的气球,让一位学生踩上去——结果破了,然后再拿出 10 个同样气球,上面放一块木板,再让这位同学踩上去——结果没破。在学生产生困惑的同时,教师趁机提问:前后两次的压力大小如何?为何结果不同?是什么因素造成的? 由此把学生注意力引向"压力的作用效果与哪些因素有关"。

二、设疑导学

教师的职责主要不在于"教",而在于指导学生"学";不能满足于学生"学会",更要引导学生"会学"。"设疑导学"强调问题在前,学习知识在后。着眼于学生在解决问题的过程中发现问题,产生认知冲突,再思考分析,最后归纳结论,从而学习到相关知识。这也是学生自我构建物理模型和物理知识的过程,从表象的认识提升到理论的升华。

在学习"浮力的应用"一课时,教师在把一堆圣女果倒入装有水的大烧杯中之前,先让学生猜测圣女果在水中会处于什么状态,是漂浮、悬浮还是沉底,然后实际操作让学生观察。这里用圣女果做实验一来是道具生活化,使学生学会用身边的材料来做物理实验,二是学生平常没有注意圣女果在水中的状态,对学生的认知是一个挑战。然后老师再提出任务,如何使沉底的圣女果漂起来?如何使漂浮的沉下去?在学生提出解决办法的同时,可以现场演示,如将圣女果切成一半(改变重力),将圣女果挖空(也是改变重力),或将两个圣女果绑在一起(同样是改变重力)。学生通过实际操作,逐渐领悟到使物体沉浮的正确方法,这是教师在引导学生把各种方法进行总结,为后面学生体会浮力的应用打下基础。

三、设疑释难

教学的难点是指学生不易理解的知识,或不易掌握的技能技巧。难点有时又要根据学生的实际水平来定,同样一个问题在不同班级里不同学生中,就不一定都是难点。在一般情况下,使大多数学生感到困难的内容,教师要着力想出各种有效办法加以突破,否则不但这部分内容学生听不懂学不会,还会为理解以后的新知识和掌握新技能造成困难。利用"设疑"来帮助学生突破难点,可以多做铺垫,逐层递进,将一个问题分成几个子模块来逐一击破。

如在进行"比热容"一课的教学时,教师先设疑:把相同温度的一壶水和半壶水烧开,哪个需要的时间长?加热相同的时间,哪壶水温度高?把同一壶水加热到 50 摄氏度和 100 摄氏度哪次需要的时间长?通过逐层递进,使学生理解相同质量的同种物质升高相同的温度时,吸收的热量不同;吸收相同的热量时,不同质量的同种物质,升高的温度不同。在此基础上,教师继续设疑:同样的光照情况下,煤油和水,温度是否会相同呢?使学生进一步清楚比热容这一物理量的含义,很好的降低了难度,使学生能较好地掌握和理解了比热容这一较抽象的概念。

四、设疑启思

发散性认知方式是指个体在解决问题过程中常表现出发散思维的特征,表现为个人的思维沿着许多不同的方向扩展,使观念发散到各个有关方面,最终产生多种可能的答案而不是唯一正确的答案,因而容易产生有创见的新颖观念。教师在教学过程中不能只是传授知识,更要通过精心设疑,培养学生发散思维,培养学生求异、求变、求新能力,使学生在原问题基础上,会引申旧知识,发现新方法。如在学习"浮力的应用"时,教师可以进一步设疑:漂浮的物体,如果重力常数 g 减小一半,物体的状态是否会发生变化?

又如在学习"磁现象"时,教师设疑:如何设计实验探究水对磁体磁性强弱的影响?再如学习了"密度测量"和"电阻测量"后,变换器材让学生设计实验方案等。

五、设疑留尾

一堂课结束时,仍可设疑,使学生意犹未尽,回味无穷,使学生体会到学无止境,在激起学生思维浪花的同时,又泛起智慧的涟漪,既为下次的学习埋下伏笔,又把学生的探究热情从课堂延伸到课后。

如在做了"探究凸透镜成像规律"的实验结尾时,教师可以把近视眼镜的镜片放在蜡烛前,使蜡烛成像模糊,让学生思考如何移动光屏来找像,并思考其中的原因。为下节课学习近视眼、远视眼的成因和矫正打下基础,做到曲终人未散,人走心还在。

总之,巧妙地利用"设疑",使之贯穿于物理课堂教学的各个环节,能让学生的认知和思维能力不断地在思考、反诘、分析、总结、延伸中发展再发展。

高效电学电路课堂——以巧取胜

湖北省光谷实验中学　　杨丰铭

【摘　要】　在初中生刚接触到电学学习时,摆在他们面前的有两条拦路虎:识别电路图和绘制电路图。这两个问题不解决,电学学习就成了无源之水,无本之木,课堂就会低效。如何有效解决这两个问题?在教学中我摸索了一套方法,能让学生在识图和绘图中能"有法可依",实现电学课堂的高效学习。

【关键词】　电路图　分支点　等效点　填空法

在初中物理中,有关电路图的应用问题占有很大比例,如由实物图画电路图,由电路图画实物图,判断电路是否正确,以及有关电功、电功率、欧姆定律计算题(带电路图)的识图问题等,还有伏安法测电阻、串并联间转化等问题。可见会识别电路图,会画电路图在解决电学问题上的意义作用很大。

这些与电路图有关的问题又可分为三大类, 即由电路图→实物图;由实物图→电路图;由语言文字要求→实物图。在这三类问题中,串联电路比较简单,学生较易掌握。只要学会从电源正极开始沿电流方向连电路, 一个元件一个元件连过, 直到回到电源负极即可,较易画出。学生一般感到困难的是并联电路,总结学生错误,之所以并联画不好,是因为并联有多条电路,特别是处在分支处的元件,它属于支路? 还是干路? 电路分支的地方是在元件左侧还是右侧? 这些往往是同学们较头痛的问题,也是画电路题目的关键所在。

我的思路是:要是能把并联电路分段来画,就类似于画串联电路的方法了,那么学生就容易掌握了。以下方法就是如何从画并联电路,简化为类似于画串联电路。

知识准备

在学具体画法之前先有几个小概念需要理解:

1. 电流的"三岔路口"

电流的"三岔路口"即电流在导线中分支或汇集的地方。往往学生糊涂的就是这个地方。它的明显特征就是在此至少有三条电流线路的交汇点,如图所示:

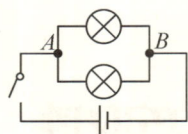

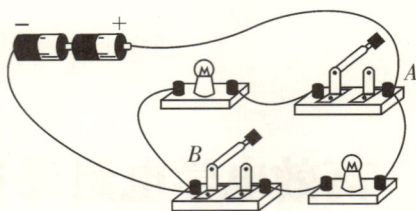

判断方法：从电源正极出发，沿电流方向走电路，找到电路中的分岔处，即电流有两条以上路径的位置。如上图中的 A，B 点。

2. "分支点"和"汇支点"

在以上的基础上把"三岔路口"继续分为"分支点"和"汇支点"（就犹如水流），如图所示：

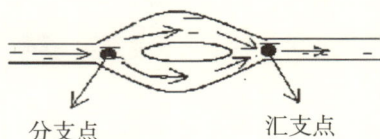

分支点　　　　　　汇支点

在电路图和实物图中可用以下方法判断出分支点和汇支点。

分支点：从电源正极出发，沿电流方向走电路，第一个"三岔路口"。（如上图中 A 点）

汇支点：从电源负极出发，沿电流方向走电路，第一个"三岔路口"。（如上图中 B 点）

并联电路中，电流方向只可能从分支点到汇支点。（即从 A 点到 B 点）

3. "等效点"（虽然这一概念在初中不要求掌握，但可用一个简单定义让同学们理解接受）

所谓等效点是指：电路中仅用导线连接而无其他元件的两个点（或多点）（不能把元件理解成用电器，因为元件也包括开关、电流表等）

如下左图 a、b 为等效点，a、e 不是等效点，因中间有一个开关；c、d 为等效点，b、c 不是等效点，因中间有用电器。

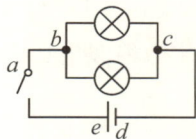

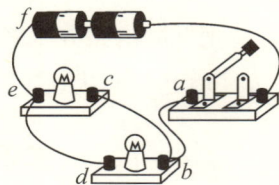

如上右图：与 a 点等效的有 b、c 两点；与 f 点等效的有 e，d 两点。

一、"填空法"画电路图法——识图

本方法适用于识图。包括由电路图画实物图，由非典型电路图画典型电路图。

此法设计思路是:先掌握典型并联电路图画法,如能从实物图中分清各支路有什么元件,干路有什么元件,则抛弃实物图的形状把相应元件填入典型电路图中相应位置,电路组成不就一目了然了吗?类似于"看图填空"。因此我把这种方法称之为"填空法画电路图法"具体方法如下:

用此法前必须要对典型并联电路图框架结构了如指掌。教材中出现较多,也容易理解的典型并联电路图有以下两种:

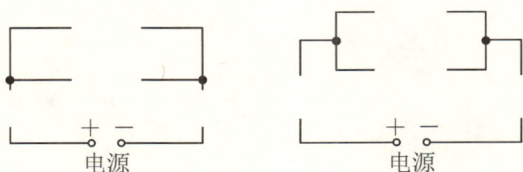

具体步骤:

(1)在实物图中,从电源正极出来沿电流方向走电路,到第一个三岔路口即分支点标"A",分支点所有三岔路口的等效点也标上"A"。

(2)从电源负极出来,沿电流方向走电路,到第一个三岔路口(即汇支点)标"B",汇支点所有三岔路口的等效点也标上"B"。

(3)"A"以前("+"极到"A"点之间)或"B"以后("-"极到"B"点之间)的元件在干路上。

(4)从任一"A"点出发走到"任一""B"点即为一条支路(注:不需从"A"走到"A",直接找到每个"A"开始向"B"走;走到"B"即停,不需走到"负极"),走完所有"A"到"B"点,认真分清有几条支路,每条支路有何元件。

(5)抛开实物图具体图形的影响,把每条支路元件按顺序填入典型电路图中相应位置。

(注:若出现某点即是"A"又是"B"时说明该电路短路或部分短路)

【例题一】 根据以下实物图画电路图。

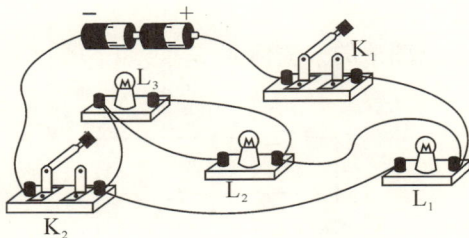

分析：

(1)在电源正极出来第一个三岔路口(L_1的右侧接线柱)标"A"，"A"的三岔路口的等效点在L_2的右侧接线柱，也标"A"。

(2)在从电源负极出来第一个三岔路口(开关K_2的右侧接线柱)标"B"，"B"的三岔路口的等效点在L_3的左侧接线柱，也标上"B"。如下图：

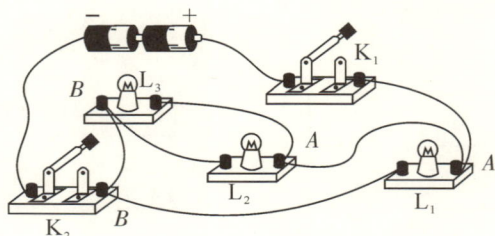

(3)"A"点以前的干路有开关K_1，"B"点以后的干路有开关K_2。分别填入典型电路图中对应位置。

(4)"A"点到"B"点元件分别是L_1，L_2，L_3。它们各在一个支路。

电路图如下：

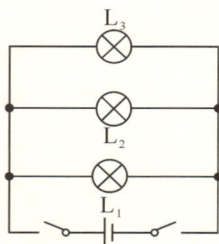

【例题二】 将下列非典型电路图画成典型电路图。

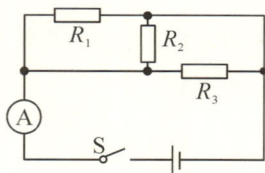

分析：按"填空法"画电路图法的方法标A、B点，如下图：

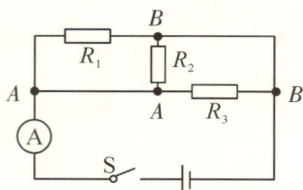

A 以前的干路有电流表和开关;*B* 以后干路没有元件;*A* 到 *B* 之间各一个电阻。电流表测的是干路电流。

典型电路图如下:

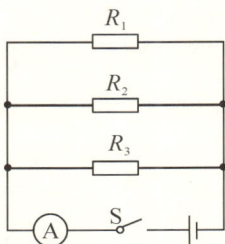

【例题三】 根据以下实物图画电路图(存在短路或部分短路情况)。

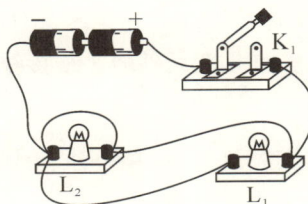

分析:按"填空法"画电路图法的方法标 *A*、*B* 点,如图:

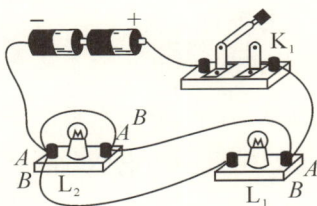

发现:L_1、L_2 两端都是 *A*(或 *B*),说明 L_1、L_2 都被短路,而干路上没有用电器,则整个电路短路,电路图如下:

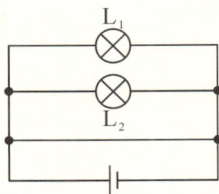

小结:现在课标对电路的要求已降低,较少出现混联问题。而由开关控制电路,使串联、并联相互转换的题型增多,识别电路是串联还是并联也可以按此法进行。

二、"遮一半"连并联电路实物图法——连图

本方法适用于:根据并联电路图来连接实物图。

此法设计思路是：连接实物图时，最易错的就是分支点、汇支点所在元件的归属问题。连错一条线，则该元件在电路中的位置就变换了。如图：连线 ab，若连成 ac，则灯 L₁ 就由支路位置变至干路中，而用"遮一半"就能很好解决这一问题。所谓"遮一半"就是将并联电路中支路仅保留一条，其他支路均遮住。这时没遮住的电路相当于一条大串联电路，较易连出。连完后再将遮住的支路用线连接(也相当于连串联电路)，最后并接到大串联上的分支点与汇支点上。

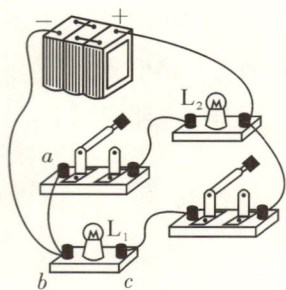

具体操作如下：

(1)分析电路图，在电路图中找到分支点及汇支点在元件接线柱上的等效点(此步最为重要，要具体找到分支点及汇支点是在元件的进线接线柱还是在出线接线柱，便于后来将支路并接)。

(2)用手将电路图中多余的支路遮住，仅留一条与干路及电源构成串联电路，按此串联电路从电源开始连接实物图，注意前后顺序。

(3)将刚才用手遮住的支路内部用线连接好，支路的两端分别连接在第一步中选好的分支点和汇支点在元件接线柱上的等效点上。

(4)若还有其他支路只需重复步骤 3 即可。

这种方法遮住的支路可以任取一条，分支点及汇支点在元件接线柱上的等效点可以从多个等效点中任选一个 (注意区分同一用电器电流流进接线柱和流出接线柱的不同)，让同学们充分掌握同一电路图的不同正确连法。最终达到"指哪儿，画哪儿"的水平。

【例题】请根据下列电路图连接实物图：

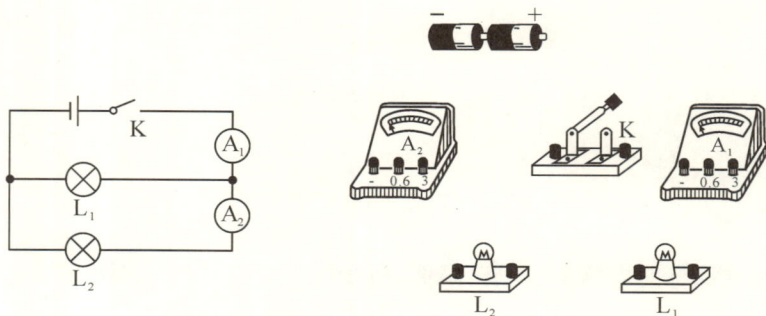

分析电路图可知：

分支点可分别等效在：电流表 A₁ 的流出接线柱；电流表 A₂ 的流进接线柱；灯 L₁ 的流进接线柱。

汇支点可分别等效在：灯 L_1 的流出接线柱；灯 L_2 的流出接线柱；电源的负极。

解题步骤：

(1)用手将 L_2 所在支路遮住，仅剩如图电路：

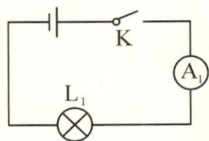

按此电路将实物图相关元件连接完成，如图：

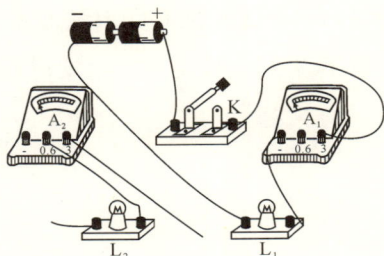

(2)将遮住部分支路按顺序连接好。如图：

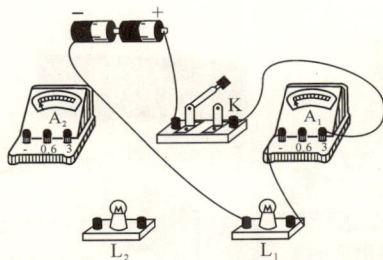

(3)在大串联上找到方便合适的分支点及汇支点在元件接线柱上的等效点，如：灯 L_1 的进线接线柱作分支点，电源负极作汇支点。将支路连接上去就完成作图，如图：

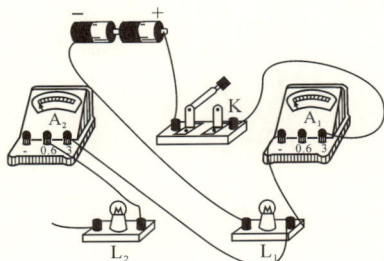

说明：(1)本题也可以遮 L_1 所在的支路，这样仅剩一个元件没连，画起来更方便一些。

(2)用"遮一半"法连并联实物图后往往用"填空法"画电路图法去检验，做到万无一失。

（3）由文字要求连实物图类题目实际可分两步走：第一步，认真审读语言文字并依据要求画出电路图，第二步，按电路图连实物（见"遮一半"法）。

教学心得

我在这些年的教学中，广泛推广这种解决"电路图类型题目"的方法。实践证明它易于接受：让同学们在遇到拿不准的题目时能有一个正确解决问题的步骤；遇到较灵活的题目时也能有"法"可依，取得较好的效果。它使用范围广泛，贯穿于整个初中电学学习，既适用于基本电路的研究，也适用于电功、电功率的综合应用。特别是对于基础较差的同学，使他们对于变化的（有关电路图）题目有一个统一的解题方法而易于理解，而基础较好的同学则可运用此法来完成一些形式多样的题目，使电学学习变得轻松。

运用多媒体 激活物理课堂

武汉市新洲区阳逻一中 陶 俊

中学物理是一门教给学生物质结构和运动基础知识的学科，同时物理也是门注重实验的学科。有的物理概念比较直观，有的比较抽象，有的物理现象在实验中不能直观地看出。现在多媒体设备已进入了很多学校，多媒体教学也进入了普及阶段。多媒体具有生动形象的直观性、不受时空限制的再现性、运动变化的易控性和模拟性、色彩鲜艳的启发性、及时反馈等多种功能。利用多媒体辅助物理教学，可以由浅入深，深入浅出地化解知识难点，便于学生理解和掌握物理规律。那些老师不能用语言详尽描述，图片不能充分显示，实验不易观察之处，让多媒体发挥作用，可以化抽象为形象、化微观为宏观、化静态为动态、化不可操作为可操作过程。对化解知识难点，提高综合能力，推进素质教育具有重要意义。

一、运用多媒体课件的再现性功能，调动学生的学习主动性

在多媒体设备未进入课堂之前，很多教师都深刻体会到：有些物理概念和规律对学生来说确实很抽象，因此增大了教学难度，学生对这些物理概念和规律在短时间内很难理解，同时教师也感到比较吃力，虽然想了很多办法，但教学效果却一般。现在，我们有了多媒体设备，这给我们带来了施展教学技能的自由空间。

在讲《重力》一课时，教师可用 Flash 动画演示牛顿发现重力现象及自然界普遍存在重力现象的情景。由于比较形象生动地演示出苹果从树上落下，跳伞员在空中降落，河水从高处向低处流动这画面，激起学生的兴趣，活跃了课堂气氛。教师抓住时机，以片设疑：苹果为什么会自己往下落？跳伞员为什么向下降落？向上抛出去的粉笔头为什么又落下来？……以现实生活中的许多重力现象来丰富学生的感知。提出问题：为什么在地球上的这些物体，只要它们离开支持物，最后总是落向地面？是什么力量使河水永不停息地流动？激发学生积极主动获取知识。最后释疑：通过这些运动着的物理现象的表面抓住实质：这些现象都和地球有关，地球吸引这些物体，从而得出地球对他们的这种吸引作用，我们就把它叫做重力。

这节课虽然只用了 Flash 动画，但是它却为学生积极主动学习创设一种情景。再结合教师不失时机的引导、点评，激发起学生的学习兴趣。把一个抽象的物理概念生动形象地逐步表达出来。实践证明，学生觉得这种学习方法有趣，概念容易理解，记忆也很牢固。

二、运用多媒体模拟物理实验，揭示物理规律，强化物理教学的实验性

物理学是建立在实验基础上的一门实验科学，由于中学实验仪器和其他方面限制，有不少实验很难演示和观察，特别是一些比较抽象学生难于理解的物理现象，如果利用计算机模拟这些过程，辅助物理课堂教学，必定会取得较好的效果。这样既可提高课堂效率、增大教学容量，又可大大激发学生学习物理的积极性。因为计算机对物理问题的形象模拟过程，可以起到引导学生进行逻辑思维，帮助学生建立正确的物理概念及理解物理规律，它不受时间、空间的限制，可充分利用其显示复杂图形和动画的能力。

在讲《惯性应用》一课时，运用惯性解释日常惯性现象是教学的难点。由于物理现象瞬时性变化，又涉及力学和运动学中的几个概念，情况较复杂，学生往往难以理解，因而回答不清或回答不完整，感到难学。针对这一具体情况，教学中，在实物演示的基础上，运用 PPT 和 Flash 动画模拟演示小车碰到障碍物的阻力而停止运动，而小车上的木块没有受到障碍物的阻力，由于惯性保持原来的运动状态仍向前运动，但是又由于木块底部与小车面的摩擦，使木块底部受到一个与运动方向相反的摩擦力的作用不能继续向前运动，因而木块倒向前方。这一物理现象虽然非常简单，但要解释清楚却不容易。我们就利用多媒体课件的可控性、分解性、再现性功能，把这一具有瞬时变化的物理现象变为"慢镜头"。同时对小车、木块及两者之间的关系进行逐一分析，由于图像清楚，模拟逼真，便于教师讲解和学生观察、理解，因而收到事半功倍的效果。在此基础上再运用 PPT 将其他几个有关应用惯性解释现象的题目投影出来，进行演示，并让学生照前面的讲述进行分析、解释。通过举一反三的强化练习，使学生很快把握应用惯性解释物理现象的方法。大气压强的测定、杠杆平衡条件的应用等都可以借助多媒体进行模拟，形象直观地说明问题，揭示物理规律，从而加强物理教学的实验性。

三、运用多媒体教学加强信息反馈、教与学的双向交流，提高教学质量

利用多媒体，可把图象、动画和声音，动、静结合的物理过程直观地显示在学生面前，使学生置身于一个生动、活泼的环境中，使有些乏味、枯燥、难以理解的知识，变得直观、主动鲜明。

教学中可用计算机特有的方式进行知识的复习、巩固、小结，它能够把物理规律集中表现出来。如在讲完《阿基米德定律》一节课之后，教师运用一组 PPT 演示：

1. 当同一物体浸没在不同密度液体之中,决定浮力大小的主要因素是什么?

2. 当体积不同的物体浸没在同一密度液体之中,决定浮力大小的主要因素是什么?

3. 当同一物体浸没在同一液体的不同深处,浮力大小变化如何?

4. 当一物体在逐渐浸入液体的过程中,浮力大小如何变化?

还可展示不同体积的物体浸没在不同密度的液体中, 浮力大小取决于两个因素的辩证关系等一系列问题,组织学生进行专题讨论。这时教师紧紧抓住阿基米德定律及公式,从物体浸入液体的密度、物体排开液体的体积,两个关键因素出发,借助投影的直观形象,将各种情况板书对比、比较、归纳总结,引导学生深刻理解阿基米德定律的内涵和分析问题的思维方法。从而让学生彻底明确浮力大小与什么因素有关。由于投影的抽拉变化形象具体,启发思维效果良好。使学生有了在实验的感性认识和理性分析之后,给他们一个形象的、连续的、鲜明的知识提炼,达到复习、巩固的目的。

四、运用多媒体进行实物演示,增强实验效果,扩大观察视野,培养学生的观察能力

有些物理现象可以做实验让学生观察,但是由于一些实验条件不易控制,或存在某种干扰,使得学生对主要物理现象的观察不甚详细和明了,在课堂教学中,可先做物理实验,再表演计算机动画,把主要现象尽可能清楚地表现出来,可谓锦上添花。

比如在讲《电流的磁效应》一课时,以往奥斯特实验是在讲桌上展示,由于小磁针发生的偏转,不便于全班学生观察,而影响教学效果。现改用实物投影做上述实验,将所发生的现象直观地放大投影到银幕上,从而增强了演示效果,学生看得一清二楚,同时这种新奇的方法,刺激了学生的感官,引起学生注意,比观察实物还认真,因而有助于学生观察能力的培养。

在初中物理演示实验中,有很多实验,如用透明刻度尺和三角板测圆的直径;不同刻度的刻度尺测小木块的长度,及刻度尺的使用方法是提高测量准确度的关键。小实验中,双金属片的弯曲实验、液体的扩散现象,磁体四周磁场的存在及磁场的分布情况等,都可以通过实物投影进行演示。

但是物理作为一门自然学科, 实验是它的基础。多媒体辅助教学是一种现代教学手段,不管现在还是将来,它都不可能完全代替课堂教学和实验教学,只能够是有力的辅助,它只能是手段和工具,绝对不能代替实验。如何驾驭好这种教学手段还需要在以后的教学中不断摸索。

总之,教无定法,在平时的教学中,可尝试各种方法的有机结合,不断激发学生兴趣,形成高效的物理课堂。

学习建构主义理论　加强探究式教学

武汉市二桥中学　孔繁涛

【摘　要】 最近几年,随着教育改革的深入发展,教学的思想、教育的观念都在改变和发展,其目的就是为了全面实施素质教育,以提高公民的素质,适应时代的要求。在这样的新形势下,教师必须即时更新教育理念,将新的课程标准的教育思想贯穿在教学过程中。本文结合自己的教学体会,谈谈用建构主义理论指导探究式教学的几点看法,发挥物理课在素质教育中的重要作用。

【关键词】 建构主义理论　探究式教学

我国的初中物理教学一直以来普遍采用传授式的课堂教学模式,并以讲解基础知识为其主要特征,忽视对学习过程和实践能力的研究、培养。我认为,要深化教学改革,就应打破以讲授、灌输为主的教学套路,构建以学生主动参与、师生互动的探究式教学模式,这样才能培养出适应现代化建设要求的创造性人才。基于建构主义的教学理论和"新课标"的基本理念,需要我们教师采用丰富多样的教学模式,从而保证理论和实践的有效衔接与互动。鉴于此,本人就以建构主义理论为指导,谈谈如何搞好探究式教学。

建构主义理论认为:"学习不是知识由教师向学生的传递,而是学生根据已有的知识和经验主动地加以构建的过程。"学生不是被动的信息吸收者,而是信息意义的主动建构者,这种建构不可能由其他人代替。教师不仅仅是知识的呈现者,应该更重视学生对各种现象的理解,倾听他们的看法,引导学生丰富或调整自己的理解。

时下,探究式教学已从理论跨入了具体的实施阶段,而且它正是建构主义理论的一种较好的体现。探究式教学是以学生的自主性、探索性为基础,从学生的学习和生活出发,在亲自实践中获取信息,综合运用所学知识分析解决问题,教师以组织者、指导者的身份发挥主导作用。这种学生亲自参与并体验学习的过程才是学习的真正意义所在。探究式教学的基本过程是:提出问题——猜想与假设——实验探索——分析归纳——形成结论,根据这个过程,在探究式教学中关键要做好以下三个方面:

一、教师要引导和保护学生的好奇心

在探究式教学中,教师的任务是带领学生共同去探究新知,为此,教师应当与学生有一样的渴求新知之心,并且把自己"稚化"为一个初学者,而不是去抱怨这些学生怎么搞的,或者是"他们怎么会这样理解呢?"教师应当对学生的点滴进步表现出莫大的喜悦,而不是很"麻木",不予理睬,要对学生每一个小小的发现都产生极大的新奇感,并加以赞赏。这样既可以使学生的成就感得到满足,又能增强学生的求知欲。例如:我在讲磁场这一部分时,讲到一根摔断的条形磁铁的断口处互为异名磁极,并且可以相互作用重合在一起时,就有一个学生拿出自己摔断的磁铁说:"不是这样的。"当我走过去看时才知道他拿的是摔断的环形磁铁,这时我并没有马上说他错了,而是赞赏他的发现,并引导其他的学生都来思考产生这一现象的原因,学生的求知欲一下"膨胀"起来,整个课堂活动也极其活跃,效果不同与平常课堂。

二、加强实验探索

德国著名教育学家第斯多德曾说过,一个坏教师奉送真理,一个好教师则教人怎样发现真理。在教学中不仅要关注学生"知道什么",更要关注学生"怎样才能知道"。实验正是充分发挥学生能动性的最好体现,从设计实验到完成实验,学生的探索欲得到激发,同时也培养了学生主动研究的探索精神。无论是演示实验,还是验证性实验,都要贯穿学生主动参与的思想,加强学生的探索欲,在实验探究中不断地质疑和释疑,使学生成为真正意义上的学习的主体。例如:在研究"电阻的并联"的教学中,为了加深学生对等效电阻的理解,教师可以引导学生自行设计测量两个电阻并联时的总电阻,然后继续引导学生设计并完成由一个电阻去"替代"两个并联电阻的实验,从而使学生更好地掌握等效电阻的概念以及等效法在物理学中的应用。另外,探究过程离不开即时性的实验,在实验器材不足时,教师还可以充分利用学生的"玩具"设计实验,形成一种"玩中学"的实验探究过程,例如:利用激光棒做振动发声的实验,将一小块废旧的碟片粘在音叉上,用激光棒发出的光射到碟片上,再反射到黑板,音叉振动发声,反射到黑板上的红点也会随之明显晃动。通过这个实验,学生的探索欲进一步增强,并且使学生深刻地感悟到物理原来就在身边。

三、加强"问题互动"

要明确在探究式教学中教师与学生之间构成的是一种交往与对话的关系。教师不再是知识的提供者,而是一个"协助者",要为学生创造好的学习环境,设置恰当的问题情境,诱发学生在认知上的冲突,引导学生通过自主活动去建构起自己新的认知结构。所以作为教师首先是根据学生的实际知识背景和教学内容,在物理课堂教学中创设问题情境,提出相关的中心问题,此类问题要与学生的经验相联系,引起学生的共鸣,唤醒学生主动探索的欲望,但一般学生往往又不能回答得很准确,接着再通过系列实验和问题,交叉地指导学生的学习活动,逐步来解决中心问题。要注意这一过程中,教师提出的每个问题都要有较强的针对性和启发性,要能够激活学生的思维,做到有梯度,逐渐深入。例如提问:当你用钢钎撬石头,但撬不动时你应该怎么做? 大部分学生会想到的是增加动力臂的长度,这时又问:有没有其他方式?学生会很自然地想到减小阻力臂长度,再问:有没有既增加动力臂的长度又减小阻力臂长度的一举两得的方法?学生就会想到移动支点的方法。所以每一个问题的提出都是在引导学生不停地思考,不断地去探索,去发现,去创新。问题互动可以更好地帮助学生了解知识的产生和形成过程,化解学习的难点,这样的系列活动更容易吸引学生,从而更好地促使学生充实丰富和改造自己的认知结构。

总之,建构主义理论启示我们要建立新的课堂教学模式,课堂是实施素质教育的主渠道,时代要求我们打破以教师、课堂、书本为中心,以讲授灌输为主线的教学套路,构建以学生主动参与,探究创新为主线的教学模式,来达到学生自主建构知识的目的,从而扎实地培养学生的实验能力、科学思维能力、自主学习的能力,以及创新能力和创新意识。

工欲善其事 必先利其器

——浅议在中学物理教学中如何巧用实验

武汉外国语学校 傅 彦

【摘 要】 物理是一门以实验为基础的学科,观察和实验是学习和研究物理的最根本方法,而学生的主体创造体验也往往寓于实验教学之中。如何在物理教学中巧用实验,发展学生的主体性,激活学生的创造思维,培养他们的创造能力,这是中学物理教学中非常值得探讨的课题。本文尝试在传统实验教学的基础上,通过案例教学,探讨改变传统教学的几种方式,以求更好地扩大实验教学的内涵和外延,尽可能地激发学生学习的积极性、主动性,确立学生的主体地位,激励学生独立、自主地学习,并在此基础上,促进实验教学过程由观察、运用向创造发展,有效地培养学生的创造能力。

【关键词】 物理教学 实验

一、利用实验引起兴趣,激发思维

兴趣是学生学习的动力。培养兴趣,是学好知识、掌握技能的前提,在教学中如果能根据初中学生"好奇"的心理特点,通过精彩、新奇的实验,在学生已有认知的基础上,提出新问题,揭示新矛盾,故布疑阵,巧设悬念,引起学生认知的冲突,使他们那种急于想得到理论上解释的欲望难以压抑,从而激发他们探求新知的欲望,在主动、轻松的心态中进入探求新知识的状态,使枯燥无味的教学内容变得妙趣横生、活泼生动,更好地吸引学生。

如《大气的压强》一课教学,为了显示大气压的存在,可以把一支稍小的试管插入一支盛满水的试管中,然后问学生:"若把这两支套着的试管同时倒转过来,使管口朝下,小试管会掉下来吗?"

学生问答:"会掉下来。"

教师演示:先把两支试管如图 1 放置。再把两支试管倒转到竖直位置(见图 2)。可以看到小试管不但没有掉下来,反而沿着大试管上升。

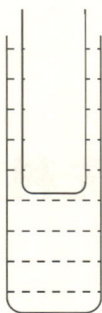 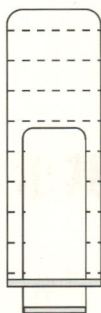

图 1　　　　　图 2

通过实验,学生的好奇之火被点燃,随着学习的深入,学生领悟到其中的道理,悬念的诱发和解决使学生不知不觉以愉快轻松的心情掌握知识。

二、利用实验复习旧知识

复习是物理课堂的基本环节之一,它对学生巩固知识,加强记忆,加深理解概念和规律有着极其重要的意义。在课前通过实验对以前授课内容进行复习,能促进知识的迁移,巩固旧知识,同时使已有的实验技能得到训练,更有利于复杂技能的学习。

如"磁场"一节课前复习:现有一磁极标记不清的条形磁铁和一根小磁针,请学生判断它的 N、S 极。教学中,先让学生动手实验后,再说出理由。这样,学生不但实验技能得到练训,而且能加深对磁极间相互作用规律的理解。

三、利用实验引入新课

实验能使静态知识转变为动态操作, 变抽象思维为具体行动, 变枯燥乏味为形象生动。其目的在于提供感性材料,借以形象概念,建立规律。通过实验,学生就不会感到新概念来得突然。

如在学习"比热"概念时,演示课本图 2-14 实验:①让学生观察两温度计升得是否一样快,若不一样,哪个升得快些?②水的温度要升到跟煤油的温度一样高,需要加热的时间更长吗?表明它们吸收的热量是否相等? 哪个需要吸收的热量更多? 从而得出质量相等的水和煤油升高相等的温度吸收的热量不等的结论。换用其他物质都能得到相同的结论。可见质量相等的不同物质,在升高相同温度时,吸收的热量不等也是物质的一种特性,为了比较物质的这种特性,引入了"比热"的概念,并得出了比热的单位。只有这样形成的概念才能真正理解概念的物理意义。

再如,学习磁极间相互作用规律时,通过边学边实验,指导学生去探索磁极间相互作用规律。学生亲自动手得到规律后,心情非常激动,对这些知识点印象深刻,记得牢固,应用起来得心应手。

四、利用实验拓宽知识面,加强知识之间的联系

在教学中,根据教材重、难点设置疑问,进行实验。

如研究凸透镜成像实验可增加以下成像情况:①$u=2f$时;②用遮光板遮去凸透镜的一半或一部分;③烛焰从焦点处向凸透镜靠近,所成像的大小变化情况。也可以自行设计验证性实验,以达到释疑的目的。如一束平行光线经两块凸透镜后仍要平行射出,应怎样放置,画图说明。若把这习题改为学生验证实验,学生通过实验探索验证后,即可轻松地做出光路图。

在学习"动能和势能的转化"时,针对课后的想想议议,可设计以下实验:①给皮球表面涂上黑颜色再让它落地,皮球在落地处留下了黑色的圆斑,这说明了什么?②为什么地面上的圆斑越来越小?这说明了什么?③再给你一台电子秤,一只相同的皮球,一页白纸,能不能测出皮球与地面碰撞时的最大弹力?这些小实验增强了知识间的联系,扩大了学生的知识视野,提高了学生的物理素质,让那些思维活跃,学有余力的学生能够脱颖而出。

五、利用实验启迪思维,培养能力

在教学阿基米德定律后,可以做以下实验:一冰块漂浮在水面上,问冰块熔化以后水面上升还是下降? 不少学生不加思考便回答:水面上升,因为冰块变成了水,使水面升高。教师可以不急于纠正他们的错误,而在冰块熔化以前的容器的水面处做一个记号,冰块熔化以后再让学生观察,问学生为什么水面仍然在记号处?这时教师才启发学生思维,利用理论推导说明理由。同时教师还可以引导学生发散:①如果冰块是漂浮在盐水表面,冰块熔化后水面会上升还是下降? ②如果冰块里面包有一块小石头,并漂浮在水面上,冰块熔化后水面上升还是下降?③如果冰块里面包有煤油呢?在教学中利用这样一些小实验使学生先有感性认识,再有理性认识,真正启迪了思维,锻炼了能力。

物理教学中利用实验启迪思维的情形很多。在教学实践中,只有根据不同的教学内容和学生的思维动向,恰当地选择实验,才能取得最佳效果。

六、利用实验培养学生的敛散思维

发散思维和收敛思维是创新思维的两大组成部分,是创新能力的核心。发散思维研究对象提供的各种信息,使思维打破常规、寻求变异,广开思路、充分想象,探索多种方案或途径的思维形式。收敛思维则是根据研究对象提供的各种信息,寻求信息之间的联系,使思维聚集收敛,得出一个确定的最佳解决方案。在创造性活动中,发散思维和收剑往往是

交替进行、互相补充的。但长期以来,我们的物理实验教学,常常是教师把实验的目的、内容、步骤设计好,学生只是"照方抓药"、"按图索骥"被动地做实验,因而学生的思维显得单一狭窄,缺乏独创性,遇到新问题往往束手无策,不知所措。如果教师选取一些灵活变通问题,提出要求,鼓励学生发散思维,充分调动人脑中贮存的有关知识,进行多方位思考,探索出多种解决问题的途径,然后进行收敛思维,对各种设想和可能进行比较、评价或者组合归纳,最后确定现有条件下的最佳方案,这不仅能使学生深化所学知识,扩展结构,而且能训练学生思维的广阔性、敏捷性和独创性。

例如对密度的测量这一实验,可以要求学生不仅用天平和量筒测量物体密度,还要求①只给出量筒、水、细线、铁丝、物块、要求测出物块的密度(物块密度小于水密度,如石蜡为例)——缺天平;②只给出烧杯大小各一只(无刻度)、水、天平、细线、物块(可沉入水中)要求测出物块的密度——缺量筒。

这种富有探索性的实验方式,既能使学生获得全面丰富的实验方法和知识,又能总结和发展学生的思维,有效培养学生在新情景下应用、迁移、拓展、创新实验知识和方法的能力,取得良好效果,值得大力提倡。

七、利用实验培养技能

在教学中,学生不仅要学会实验的理论知识,还要有熟练的实验技能,这就要求学生亲自参与操作。一些基本仪器(如天平、弹簧秤、打点计时器,游标卡尺,电流表、电压表等)的使用,一些物理常数(如密度、比热、电阻率、折射率等)的测量;一些重要实验(如力的合成、验证牛顿第二定律、验证机械守恒定律、验证玻马定律等)的操作,都要反复进行。只有反复练习,强化训练,学生的实验技能才能大大提高。

八、利用实验促进知识应用

学习物理的目的在于应用,但在教学实践中发现学生运用学过的物理知识解决实际问题时,常常感到困难。教学中教师可以要求学生通过实验方法解决。

如在"密度知识的应用"一节中,可以提出若干有趣的实际问题,要求学生通过实验的方法解决。①用天平"称"出一卷粗细均匀的细铁丝的长度;②怎样用量筒测出一杯空气的质量;③如何判断一个小铁球是空心还是实心。再如标有"220V 100W"和"220V 40W"的两盏灯并联后接在 220V 电源上,哪盏灯的实际功率大?哪盏灯更亮些?如果把这两盏灯串联在 220V 电源上呢?让学生带着问题回家动手按要求连线做实验,观察记录。学生经过自己的努力,提高了解决实际问题的能力,为今后在现实生活中的应用打下了基础。

总之,物理来源于生产、生活,且广泛用于生产、生活的各个领域,活生生地存在于身边,鉴于中学生思维特点及认识规律,教师不妨将课本概括性极强的理论广泛地与生活、生产的实际结合,将实验贯穿于课堂教学,使物理变得有血有肉,让学生感到物理就在身边,从而让学生以更大的兴趣走进物理殿堂。

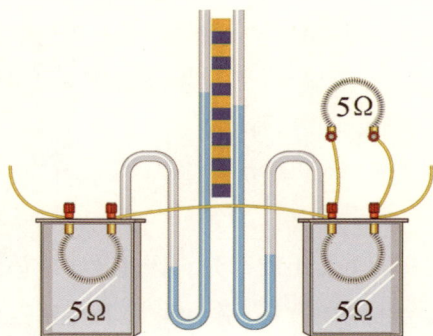

在物理探究性实验中养成创新能力

——实验为创新教育服务的研究

武汉市第十一初级中学　朱小宝

【摘　要】　在物理探究性实验中,通过:①面对全体学生,逐步提高指导性目标;②自主选题,让学生自觉参与趣味活动;③多样选材,形式灵活地培养学生的创新思维能力;④注重学科综合,让学生养成自学习惯和自学能力;⑤适时评估,个人评价与群体评价相结合等过程,让学生逐步养成创新意识和创新能力。

【关键词】　物理探究性实验　创新能力

物理课程是中学科学教育的重要组成部分,物理教学应该让学生在学习与探究过程中体验物理与科学、技术、社会生活的联系,引导学生"从生活走向物理,从自然走向物理,从物理走向社会"。创新能力是教师无法教给学生的,但可以在物理探究性实验的过程中逐步养成,让丰富多彩的物理世界成为学生生活的一部分,通过活动中的体验内化成创新的意识和能力。

一、面对全体,逐步提高指导性目标

物理课程学习总目标是构建以科学探究为主体的学习过程。学生所处的环境和生活经历不同,发展程度和感兴趣的内容也不同,探究性实验目标只是指导性的目标,学生通过实验了解事实、归纳规律、重视学习探究过程的归纳法,是一种主体性认识、表达、操作、分析判断和解决问题的创造性活动。

(1)初步目标:通过观察生活,体验到科学不仅在课堂上,生活处处是知识,物理知识来源于我们生活和生产中,物理学的发展过程,实际上是解决社会科学技术发展提出的要求,物理知识反过来对生活和生产起推动作用,科技的每一次发展都是创新的结果。在学习绪言后,对学生提出学习目标:观察生活中的你感兴趣的物理现象,并尝试作出解释,将你觉得有兴趣的问题记下来与同学和教师交流,将暂时无法解释的问题记录在物理学习本上。通过从自然、生活到物理的认识过程,激发求知欲,领略自然现象中的美妙与和谐,培养终身的探索兴趣。

(2)第二目标:通过基础知识的学习与技能的训练,初步了解自然界的基本规律,逐步客观地认识世界、理解世界。通过科学探究经历基础的科学探究过程,学习科学探究方法,发展初步的科学探究能力,形成尊重事实、探索真理的科学态度。通过制作凸透镜、探究凸透镜成像规律,寻找凸透镜应用实例、通过制气体温度计、使用水银温度计和体温计等实验过程达到教学目标。

(3)第三目标:通过科学想象与科学推理方法的结合,发展学生的想象力和分析概括能力,养成良好的思维习惯,敢于质疑,勇于创新。在电路实验中,学生自备干电池、小灯泡、自制灯座、导线,尝试连接串联和并联实验、短路现象、短路的危害性、串联和并联电路的特点等都通过实验来体验,通过观察家庭电路和利用教师提供的双刀双掷开关(也可利用两个单刀双掷开关并联)组合,在组合中,观察哪一种电路可达到楼上和楼下都能控制一盏灯的目的等系列的物理探究性实验活动,达到教学目标。

(4)第四目标: 通过展示物理学发展大体历程,让学生了解一些科学方法和科学家的探索精神,关心科技发展的动态,关注技术应用带来的社会进步和问题,树立正确的科学观。通过学生调查助听器、天文望远镜、SARS 与体温测量技术、电路保险装置等科技成果的发展,并提出自己的见解和创新设想,达到教学目标。

二、自主选题,让学生自觉参与趣味活动

探究性实验过程不是简单地获取结果和盲目被动记忆课本或教师传授的知识,而是从实际现象出发,让学生在教师指导下自主地发现问题、选择能触动学生的思想情感、激发他去积极主动地进行探究的实验活动,让学生成为主体,主动地用实验进行自我探索,通过活动延长或深化学习的过程,再次发现人类以往积累的知识的参与活动的过程,让知识的运用成为学习活动的方式和学习新教材的来源,作为理解新知识的工具,并养成应用知识的习惯,培养创新意识。

兴趣是学习的源泉,动机是实现一定目的的行动原因,对人的活动具有维持和加强作用。"人的内心里有一种根深蒂固的需求——总感到自己是发现者、探究者、探索者,儿童尤其如此,他们特别好奇和渴望知识"(苏霍姆林斯基)。通过从学生的兴趣出发、贴近学生生活、符合学生认识特点、以趣味性选题为主的探究性实验,提高学习主动性。通过探究性实验,用物理知识解决学生心中久存之惑,认识到学习的价值来激发学习愿望和走向成功的心理需求,保持并发展学生与生俱来的发现问题、探究问题和解决问题、有所创新成就的心理品质,形成持续的学习物理的兴趣和动机。在学习《我们怎样听到声音》时,让学生

戴上耳机交谈,观察、体验与不戴耳机交谈的区别,也为后面学习减弱噪声的方法准备创新的材料。

"复杂的学习领域应针对学习者先前的经验和学习者的兴趣,只有这样,才能激发学习者的学习积极性,学习才可能是主动的"(皮亚杰)。将物理知识以学生衣食住行、娱乐运动、环境保护等紧密相关的实际问题引入,从学习活动中体验到自己在亲自参与掌握知识的情感,唤起少年特有的对知识的兴趣。如探究厨房里的物理知识,让学生在生活中学习物理,让物理知识走进学生的生活中;如探究房屋建筑中的物理知识等,让学生在生产中学习。教师应设法让每一个学生都有自己最喜欢做的事,使探究实验成为学生的智慧、情感和全面发展所需要的东西,不断发展学生从学习中得到满足的良好情感,形成学习和创新愿望的情感状态。要减轻学生的课业负担,留给学生自由支配的时间,使学生自己去发现兴趣的源泉,如在学习牛顿第一定律时,让学生自己用玻璃弹子来模拟斜面实验,获得类似于科学家探究活动过程的亲身体验,在自我探究中发展思维,不断地运用知识进行探索创新。

三、多样选材,形式灵活地培养创新思维能力

实际生活中,我们不可能都遇到与课本上的所学的解决问题的方法完全相同的机会,随机应变,是现代人适应生活的一个重要能力。让学生多动手操作,多进行小制作,利用身边的简易材料来进行演示和探究性实验, 也可以利用以前的学生制作的优秀小制作进行实验,不同的实验器材,都能达到同一个探究目标,引导学生对实验过程中的创造性思维进行分析和总结,了解和体验到创造奥妙,产生创新的冲动,在创新意识形成中养成创新思维和能力。

(1)发散思维和集中思维相结合:在教学过程中,教师提出与教学内容有关的开放性问题,让学生发散思维,提出各种最佳答案。在探究光现象时,光源可以选用手电筒或玩具激光灯。在制作凸透镜时,可以用玻璃杯制成凸透镜,也可以利用冰磨成凸透镜,还可以将一滴水滴在尼龙纸上,制成一个凸透镜,通过多样性的选材进行实验,体验到只要用心思考,小创新能解决大问题,揭开科学探究实验神秘的"外纱",自觉地用探究性实验来解决问题,理解探究的本质,创新的能力也就更强。

(2)常规思维和逆向思维相结合:在探究实验中,先对不同问题提供同一思路来解决,之后提出个别条件的变化,要求用新的思路加以解决,以打破原来思维定势,再抛开教材所提供的条件和思维导向,进行逆向思维,培养学生在特殊情况下解决问题的能力,使思维变得灵活而富有创造性。学生总认为白汽是水蒸气,结合实验,让学生探究下列实验事实:①水在任何温度下都能蒸发,空气中应有水蒸气;②空气看不见,摸不着,水蒸气用眼

无法直接观察到;③水汽看得见,摸得着,由此得出水汽与水蒸气分别为液态、气态的水;④观察一杯热水上方的白汽,将手放在上方,发现白汽实际上是小水珠,进而认识到雾、露均为小水珠;⑤拿出冰棒看周围的白汽。分析④、⑤中白汽的来源:④是先汽化后液化,⑤是空气中水蒸气液化产物,水汽(白汽)和水蒸气现象在常规思维和逆向思维过程中解决了。

(3)问题情境和创造思维相结合:一切思维都是从问题开始,"提出问题比解决问题更重要,因为解决问题只需要数学或实验的技巧,而发现新的问题、新的可能性,以及从一个新的角度来看问题,必须富于创造的想象力"(物理学家爱因斯坦)。探究性实验将学生感兴趣的、好奇的内容,通过具体情景、习以为常现象中的不平常之处、不熟悉但感兴趣的奇异事物、引起矛盾的说法、理论上和实际中暂时无法解决的情境中引发问题,促进思维发展,学会提出问题和用探究性实验来解决问题、创新意识和创新能力。在学习液体沸点与气压的关系时,学生对生活中见到的现象提出一个问题:刚煮好汤的高压锅,放气后,揭开锅盖,发现锅内的汤仍然在沸腾,这与"温度达到沸点、要能继续吸热,液体才能沸腾"的知识相矛盾。通过探究发现:锅内液体原来沸腾,锅内大量冒汽,甚至有汤从孔内冒出,说明锅内气压大于外界气压,液体的温度应该高于外界大气压时液体的沸点,揭开锅盖,锅内气压降为外界气压时,液体的温度本身就高于沸点,自然会沸腾。但一个学生提出:这时液体的温度是否真的高于沸点,凭空说我不相信,测量结果才能说服我。学校实验室内没有能够测量 104℃以上温度的温度计,如何测量锅内液体的温度又成为一个问题。指导学生课后找资料,自学混合法测物体比热容的知识,设计出用低量程的温度计测高温液体温度的方法;在探究的过程中,一个学生从父亲单位那里借到量程较大的工业用温度计,直接测量出结果,两组一比较,发现结果相差不大,殊途同归,学习物理的积极性和自觉性得到进一步增强。

四、注重学科综合,养成自学习惯和自学能力

学科间综合是科技发展的趋势, 内容相近或相关联的不同学科的课程综合在探究实验中进行教学,培养学生思维的流畅性变通性。综合能力是创新的原动力,知识重新组合是创新能力的体现。探究性学习是对知识及知识问题间联系的把握,培养综合能力和知识重组的能力。

探究性学习就是要学会学习的方法和能力,通过自学来进行终身学习,让学生能自觉地做到跨学科、跨课程规定的内容去自学,把进入现代社会所必需掌握和了解的知识融会贯通后重新组合,运用这种重组的知识解决复杂的问题,内化为创新精神和创新能力。在学习电阻定律时,利用废弃的电炉丝、铜线、铝线来作电阻,用钢丝钳来改变金属丝的长度,用并联金属丝来改变导体的横截面积,通过用火烧电阻丝的方法来改变导体的温度,

通过观察灯泡的亮度来反映电阻与导体材料、长度、横截面积、温度间的关系,从而将演示实验改成每个学生都能自己探究的实验,由学生探究出影响导体电阻大小的因素。学生在进行上述探究实验时,一个学生课后用额定电压为 24V 和 3.8V 灯泡串联,发现电路中竟只有一个灯泡发光的"奇怪"现象,灯泡是不是损坏了?将灯泡直接接在电池两端,两灯都能亮,灯泡并没有损坏。第二天,他将他的实验困惑提出来,有学生猜测:可能这两个灯泡的电阻不同造成的,实际测量,发现两灯电阻确实不同。考虑到学生此时的知识水平还不能解决此问题,于是在课后成立探究小组,自学《欧姆定律》《电功率》的知识,自己找到了问题的答案。实践证明,用探究性学习的方法来进行学习,教学效果好,学生的创新思维发展和知识灵活迁移的能力进展快,又培养了学生珍惜资源,发掘事物新用途的发散性和创造性思维。

五、适时评估,个人评价与群体评价相结合

马克思指出:人起初是以别人来反映自己的。学生是生活在社会群体环境中,中学生的心理具有半成人、半成熟的特点,正处于从儿童向青年期过渡的急剧变化的时期,受年龄与知识层次的局限,心理承受能力不强,自身价值评价能力弱,又迫切需要环境对他的行为作出价值评估,教师与班集体对他的价值评价对学生的发展起至关重要的作用,正确真诚的评估是学生自我反省、自我发展的动力;不合理或错误的评价会造成学生心理的伤害,引起学生对教师怨恨不满、反抗或故意对立的逆反行为,甚至一蹶不振;过高的评价也会使学生盲目或放纵。

科学探究评估方法和手段具有丰富性和灵活性,教师在让学生知道评估重要性的同时,给出具体评估方法,帮助学生发现问题,必要时要求学生把评估中考虑到的问题及相应的处理写到探究报告中,以引起学生的重视。可以采用学生自评、小组评定、教师评估、综合评估等式进行评价,以评估的内容、遵循评估的原则,采取学生自评与教师互评相结合、小组的评价与对小组每个人的评价相结合、定性评价与定量评价相结合,档案评价、书面材料评价、学生口头报告、操作评价、展示和答辩会评价相结合,统一标准的评价和关注个别差异的评价相结合,对学生进行全面的评估。

学生发展是一个复杂过程,创新能力不可能在一次或几个实验中就能形成,而是一个系统的、长期的过程,只有在物理教学过程中,构建让学生经历从自然到物理、从生活到物理的认识过程,经历基本的科学探究实践,注重物理学科与其他学科的融合,受到科学态度和科学精神的熏陶,形成初步的物理知识与技能,提高全体学生的科学素质、促进学生的全面发展,学生创新意识和创新能力也会在探究性实验中养成。

物理课堂上开展科学探究活动的初步尝试

武汉市第一初级中学 张智伟

物理课程标准指出："科学课的课程性质和价值之一是科学课程将通过科学探究的学习方式，让学生体验科学探究活动的过程和方法，发展初步的科学探究能力。"旨在"培养学生科学素养"，并以此为宗旨。"发展学生的科学素养离不开科学的学习过程。科学的核心是探究，教育的重要目标是促进学生的发展，科学课程应当体现这两者的结合，突出科学探究的学习方式。应给学生提供充分的科学探究机会，让学生通过手脑并用的探究活动，体验探究过程的曲折和乐趣，学习科学方法，发展科学探究所需要的能力并增进对科学探究的理解"。同时，"科学探究是一种让学生理解科学知识的重要学习方式，但不是唯一的方式。教学中要求运用各种教学方式与策略，让学生把从探究中获得的知识与从其他方式获得的知识联系起来，奠定可广泛迁移的科学知识基础"。在有限的四十五分钟的课堂上，开展科学探究的方式多种多样，侧重于探究的环节也就不同。本文结合实际教学情况，谈谈在课堂上开展科学探究的一些尝试，与大家共勉。

在学生学习了热传递的三种方式——传导、对流和辐射之后，学生已基本理解：传导是物体之间的"接触性"传热方式；对流是流体的一种独特的"流动性"传热方式，而辐射是物体之间的一种"飞跃性"传热方式。可是学生对于"对流"这种传热方式的含义和产生原因并没有真正弄懂，为此，我和同学们一起着手展开科学探究。

一、提出问题

流体通过对流的方式进行热传递的条件是什么呢？

二、猜想和假设

猜想前的准备：①哪些物质是流体？②流体在什么情况下会流动？

学生为此展开讨论得出：①能流动的物质称为流体，比如气体、液体，我们可以以我们熟悉的水或空气作为研究对象。②俗话说："人往高处走，水往低处流。"流体流动缘于流体内的力的作用，也就是流体内部同一深度的不同方向出现压力差时就会流动。比如说连通

275

器中所装的同种液体液面不相平时，液面高的容器中的液体会向液面低的容器中流动。另外还有一种可能，就是流体内部出现密度不均匀的情况时，可能也会流动，密度小的会上浮，密度大的会下沉，这样就会造成上下流动。

猜想和假设：对流发生的条件可能是流体的密度发生变化造成的。

三、制订计划与设计实验

器材的准备：两只试管，一些小鱼，酒精灯，试管夹，水等。

过渡一下：请同学们想一下，能否用以上器材设计一个实验来研究液体通过对流方式传热？提示：小鱼只能在一定的温度下存活。

设计并进行实验：用两只试管取同样多的水，分别放入一条小鱼(小鱼一般会沉在试管底，若不便控制小鱼的位置，可在试管的中部放入一张铁丝网)，用酒精灯加热其中一只试管(编号为甲)的上半部分，一直到水烧开，观察现象；再用酒精灯加热另一只试管(编号为乙)的底部，观察现象。

实验现象：甲试管上部的水几分钟后烧开了，可是试管底部的小鱼还是活的，用手接触试管底部，发现试管底是冷的；对乙试管底部加热几秒钟就见小鱼上下到处游，大约1分钟后，小鱼已经死了，此时用手摸一下试管，发现试管从上到下都是烫的。

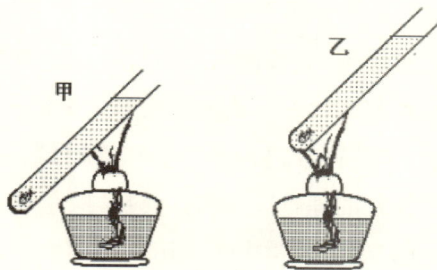

四、分析与论证

思考：为什么对着甲试管的上部加热，上部的水烧开了，下部的水和试管还是冷的呢？首先，这表明水和玻璃都是热的不良导体，其次，上部和下部的水并没有发生对流。这说明上面高温的水不会向下部低温处的水流动，因为上部的水温升高，体积膨胀，密度相对减小，而下部的水温度低，体积不膨胀，密度相对较大，故不会发生上下流动；而对着乙试管的底部加热，上部也变热了，说明下部的水流到上面，上部的水流到了下部，也就是水发生了对流，这是因为下部的水受热后，水温升高，体积膨胀，密度相对减小，因而上浮，而上部的水温度低，体积不膨胀，密度相对较大，因而下沉，从而形成对流。

五、得出结论

流体通过对流传热的前提条件是流体的上部或下部由于温度的变化而发生了密度的相对变化，且由于上部的温度比下部的温度低、上部的密度比下部的密度大造成的。

六、表达、交流

我们知道了对流发生的条件是利用流体的密度差。请大家思考以下问题：

1. 如图，某同学用茶杯到了一杯开水(温度较高)，拧上盖子后用一块冰来冷却这杯开水，图中的两种方式，哪一种方式的冷却效果又快又好？

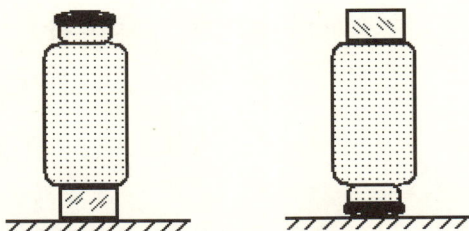

2. 制冷空调为什么放在房间的上部而不放在下部？

3. 医院病房的供暖散热片是放在房间的上部还是下部，为什么？

4. 电冰箱的每一个独立的柜体中都有独立的"制冷板"，请大家想一想，"制冷板"是安装在柜体的顶部还是底部，然后回家后打开冰箱看一看自己的判断是否正确。

解答：1. 用乙图的方式较好，因为乙图中用到了液体对流方式进行热传递，热水放热速度较快，而甲图中不能用到液体对流进行热传递，故冷却效果较差。

2. 制冷空调放在房间的上部，当上部吹出冷空气时，上部空气的温度降低，密度变大，下沉，下部的空气相对温度较高，密度较小，上浮，这样利用空气的对流传热，房间的气温就能很快降下来。

3. 医院病房的供暖散热片应该放在病房的下部，当房间下部的空气吸热温度升高，密度减小，上浮，上部的冷空气密度大，下沉，这样利用空气的对流传热，就能有效的使病房的温度升高，达到供暖的效果。

4. 略。

在以上的探究活动中，考虑到学生的实际能力，不能指望每一步均由学生来设计展开，在实际的教学中，我发现在较好的班级，学生除了第 3 步需要老师适当指导外，其他几步都可以自行讨论归纳得出，更为重要的是：学生的学习兴趣得到激发，主动参与学习的人数达到 95% 以上，而且教学效果非常好，通过一堂课的探究活动，学生对流体发生对流的原因理解非常透彻，同时也培养了学生的探究能力，促进了全班同学交流和师生、生生互动，也增强了师生感情，学生对这种开放式的探究课非常欢迎。

"头脑风暴"法在初中物理教学中的运用

武汉市洪山中学　张玉玲

【摘　要】　本文简要介绍了"头脑风暴"法的概念,并分析了它具有和物理新课程理念内涵一致性的特点。详细列举了"头脑风暴"法的两种类型在物理课堂教学中运用的实例,同时探索出几条建议来提高"头脑风暴"法在课堂中的运用效率。

【关键词】　头脑风暴　物理课程新理念　物理教学

大文豪肖伯纳曾经说过一句名言:如果你有一个苹果,我有一个苹果,我们彼此交换,你我仍然只有一个苹果;倘若你有一种思想,我也有一种思想,我们彼此交流,那么,我们每个人都有两种思想了。这可以算是对"头脑风暴"法的最完美理解了。

"头脑风暴"原本是美国学者阿历克斯·奥斯本于1939年在研究精神病人时,发现病人头脑中短时间内会产生大量的胡思乱想,称这种思维紊乱现象为"头脑风暴"。后借用这个概念来比喻人的思维高度活跃,打破常规的思维方式,就像是核裂变中的链式反应一般,在参与者之间思维激活思维,智慧催生智慧,使各种设想在相互碰撞中激起脑海中的创造性"风暴",各种难题因之迎刃而解。

一、"头脑风暴"法与课程新理念的内涵一致

2001年教育部颁布了《全日制义务教育物理课程标准》(实验稿),确定物理新课程的基本理念是:注重全体学生的发展,改变学科本位的观念;从生活走向物理,从物理走向社会;注重科学探究,提倡学习方式多样化;注意学科渗透,关心科技发展;构建新的评价体系。"头脑风暴"法正是符合这种课程新理念的活动方法之一,是对学习方式多样化的有效尝试,它关注和激发全体学生的参与,突出了学生的主体地位,对科学、技术、社会和各学科间的融合也有促进作用。另外,"头脑风暴"法的评价体系更注重过程评价与结果评价结合,充满了动态性和灵活性,有利于构建多元化、发展性的评价体系,能促进学生素质的全面提高,符合新课改的理念,这也是笔者在课堂教学中尝试运用"头脑风暴"法的缘由。

二、"头脑风暴"法在物理课堂教学中的应用举例

1. 直接"头脑风暴"法——目的是产生尽可能多的设想及方法

在《科学之旅——有趣有用的物理》课上,为展示物理的有趣,笔者设计了几个实验,其中一个是冷水"烧"开水实验——先是用酒精灯把烧瓶里的水烧沸腾后,从火焰上拿开烧瓶,水会停止沸腾,迅速塞上瓶塞,把烧瓶倒置并向瓶底浇冷水,烧瓶内的水会再次沸腾。实验中,在用酒精灯烧开水时,用了较长时间。因此,课堂组织学生展开"头脑风暴",议题是:请你想办法尽快使烧瓶内的水沸腾。学生就想出了好多方法,例如:烧瓶内少放些水;烧瓶内放温度较高的热水后再烧;把酒精灯的火拨大些再离烧瓶近点;给烧瓶盖上塞子再烧;换用酒精喷灯;用两个酒精灯一块烧;给烧瓶周围包上保温材料……

学过《声现象》后,为了巩固内容,融会贯通知识,课堂组织学生展开一次"头脑风暴",议题是:如果世界突然变成了无声的,那将会怎样呢?此议题大大激发了学生的兴趣,打开了学生的思维空间,产生了好多设想:没有声音的世界,我们自然不能再用语言沟通,取而代之的是用肢体动作或是眼神,就像是那些失声的人打着哑语来交谈一般;人的耳朵也许会消失,亦或真的成为装饰品了;需要一双更好的眼睛,因为你大部分的听觉,通通要用视觉替换了,那时的人类,会不会都要炼成孙悟空般的火眼金睛呢;看电视、电脑,那真是名副其实的"看"电视,"看"电脑啦……

2. 质疑"头脑风暴"法——目的是对提出的设想、方案质疑,分析其现实可行性的方法

《声音的产生与传播》学习完成后,组织学生展开了一次关于声速的测定方法的质疑"头脑风暴"。声速的大小跟介质的种类和温度有关,当我们周围的温度确定,那空气中的声速也就确定了。我们怎么来测量声速呢?对其中一种方案,应用速度公式测量声速法在学生间展开了头脑风暴:

师问:用速度公式间接测量声速的方法中,根据我们的实际情况,传播距离是不是随意选定就可以呢?

生1:不行!声速太快,若距离太近,我们还没有反应过来卡表呢,声音就跑完全程了,导致时间不可测,所以越远越好。

生2:距离太远了,声音分散太厉害就听不清楚了。看来距离应该适当些,怎么知道多少合适呢?

生3:课下我们到大操场上试验一下,看看多少距离合适。

师问:传播时间怎么测量呢?

生4:人在这段距离一端发声计时,跑到另一端听声停表。

生5：谁跑得过声音？连客机都不行，我们更不行了。要两个人，一人发声，一人在另一端负责计时。

师问：在终点的那人，怎么知道什么时间开始计时呢？

生6：采用亮灯发声的方法呀，看到亮灯就计时，听到声音就停表。

生7：对呀，我们算雷电发生处离我们有多远时就是这样做的呢。

生8：白天时灯亮不亮很难辨认的呢，我们要晚上做实验吗？

生9：对了，白天实验也行的，我们采用运动会上常采用的鸣烟枪，看烟计时的方法啊。

生10：我们也可以让起点和终点两端的人都计时啊。两人先对表，然后发声的人把发声时刻记下，听到声音的人把听声时刻记录下来，两人一对照，便能算出传声时间了。

生11：先向某一障碍物鸣枪并同时计时，听到回声时停表，也可以一个人测量呢。

生12：采用这种方法人离障碍物不能太近，近了就区分不开原声和回声了。

生13：对呀，障碍物离人至少要17米以上才行，周围还不能有太多别的障碍物……

最后，经过质疑讨论后，选择了学生最实际可行的方法：在操场的两端，测量发令枪的发令地点到观测地点的距离，以看到发令枪发令时的烟雾到听到枪声为时间的方法来测量声速。

三、课堂实施"头脑风暴"法的体会

1. 适用"头脑风暴"法的课堂时机

采用讨论为主的"头脑风暴"法，在课堂教学各种类型的课中，尤其是教学中在举例子、谈设想、归纳小结、方法交流以及物理实验教学等时候，都能找到适合的风暴点，运用"头脑风暴"法更有利于挖掘和开展新课题，形成知识网络，提高分析解决问题的能力，也有利于激发学生的学习兴趣。

2. 保障"头脑风暴"法运用的有效策略

"头脑风暴"法需要自由轻松、相互激励的课堂氛围，教师应首先做好两个方面的工作，才能使课堂高效发展。一是初中生自控力差，课堂上对同学们提出的各种想法、方案总想当时评价，甚至对奇异的想法哄笑不止，致使发表看法的同学很尴尬，甚至会让课堂思路跑得没有边际，很难进行下去。所以应先给学生们讲"拿着扫帚开着直升机扫雪"的实例，启示同学们，荒唐的想法虽然缺乏实用性，本身不能解决问题，但在某些时候经过推敲，或许能找到启迪新思路的智慧火花，成为创新思维的"垫脚石"。故不管设想、意见是否适当和可行，都应认真对待。这样才能放松思想，打开思路，激发学生提出各种有独创性的想法。二是鼓励学生发表自己的想法的同时要避免冷场。在实施时，最好采用两大组竞

争的课堂机制,看哪组同学的点子多,看哪位同学可以评为"智多星",竞相发言,相互激发,能迅速形成热潮。

3. "头脑风暴"法在课堂运用的利弊

在课堂教学中运用"头脑风暴"法的整个过程中,教师只是主持人——起主导作用,节目全是学生在表演——起主体作用,师生关系得到正确定位,学生的综合素质(思维广深度、创造力、语言表达等)得到了提高。当然,其中也有很多问题需要完善和解决,如新课程分配给物理学科的时间减少而"头脑风暴"法要想充分展开就需要时间做保障,怎么处理好这类矛盾?因此,我们在教学中还要不断探索有效的途径和方法,积极开展试验活动,以取得更好的教学效果。

参考文献

[1] 教育部.全日制义务教育物理课程标准.北京:北京师范大学出版社,2007.

[2] 头脑风暴法简介.http://baike.baidu.com/view/47029.htm.

利用虚拟仿真实验培养学生
物理探究能力的有效尝试

武汉市翠微中学　许　蓉

【摘　要】　新标准指出"提倡教学方式多样化,注重科学探究"。教师可以选用已有的器材,也可以选用高科技的实验器材。虚拟仿真实验进行逼真的模拟,生动形象地展现各种精彩的课堂,将物理中无形的事物变为有形,将学生的认知能力提升到更高的程度了;将完全抽象、看不见摸不着的现象变成了具体可见的现象,这样的学习过程具有动态感和直接性,也具有很强的感染力,便于学生观察和了解实验的本质和过程,更能激发学生探索创新的激情。

【关键词】　信息技术　虚拟仿真实验　探究能力

新一轮物理教学改革,旨在学生学习方式的改变上,提倡以学生为主体、教师为主导的教学方式,重视学生科学探究能力及科学精神的培养。物理学是一个以实验为主的学科,物理学科中的理论必须要通过实验来证明与说明,因此,物理的教学需要教师将实验过程重现,使学生更加深刻、全面地了解和认知,这样会激发学生的学习热情和创新意识。

新标准指出"提倡教学方式多样化,注重科学探究"。教师可以选用已有的器材,也可以选用高科技的实验器材。而传统的中学物理实验模式因受到场地、时间、设备限制的影响,学生在操作过程中,很难实现每个人都能参与,制约了学生实践能力和创新能力的培养。随着现代信息技术的迅猛发展,基于多媒体技术的仿真实验在教育中已经占据了一定的地位。虚拟仿真实验是根据客观规律开发的,相比传统实验教学模式,它缓解了由于实验经费不足导致的实验器材不够的现状,避免真实操作所带来的危险,彻底打破了空间、时间和设备条件的限制,同时可以加强学生自主实验探究能力的培养,使学生深化对科学规律的理解。为此,笔者在近年来的教学实验中进行了粗浅的探索和尝试。

一、教师可以利用虚拟仿真实验进行演示实验,让学生通过观察实验过程及实验现象自己总结出科学的结论

虚拟仿真实验进行逼真的模拟,生动形象地展现各种精彩的课堂,将物理中无形的事物变为有形,将学生的认知能力提升到更高的程度了,将完全抽象、看不见摸不着的现象变成了具体可见的现象,这样的学习过程具有动态感和直接性,也具有很强的感染力,便于学生观察和了解实验的本质和过程,更能激发学生探索创新的激情。

案例:《眼睛和眼镜》

学生在进行光学有关内容的学习时,主要是通过观察实验现象,总结出一些共性的特点,进一步得到光学知识的普通结论。在实际实验中,光学器件形状是很难做到连续变化的,所以在老师演示实验的过程中,只会选择一些特殊点进行实验,这样就很难得到实验效果的连续变化。

学习眼睛和眼镜的有关内容主要是凸透镜在现实生活中的应用, 是与学生的生活息息相关的内容,学习起来容易理解。但实际上学生对眼睛看近处时晶状体变厚,看远处时晶状体变薄;像才会落在视网膜上并不十分理解;实验时,学生很难掌握物距间的连续变化,观察到的实验现象不全面;所以导致学生在自主探究的过程中往往是走走过场,而不进行思考,这样就失去了实验探究的意义。

利用虚拟仿真实验进行本节课的教学,引导学生分析发现照相机的"调焦"实质是改变像距;通过差异对比和推理,借助学生生活经验,发现眼睛的"调焦"是改变晶状体厚薄实现的。在研究眼睛的"调焦"原理时,通过反复观看虚拟仿真实验,组织学生讨论物距、像距、焦距的变化情况,同时让学生发现,凸透镜越凸会聚能力越强的规律,使学生进一步巩固凸透镜成像的知识。如图所示:

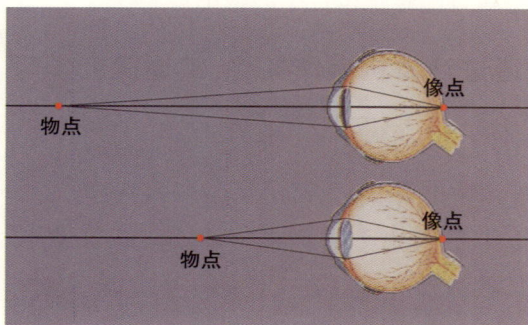

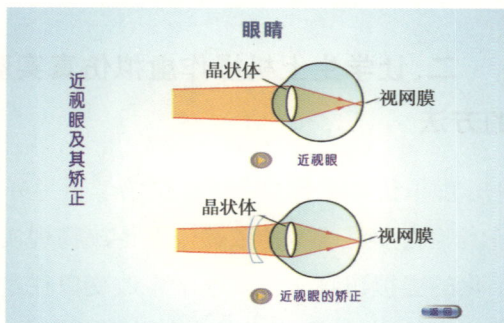

部分教学过程简述:

【师】:晶状体变厚,实质是凸透镜的什么变了?

【生】：晶状体变厚，就是凸透镜变厚，也就是凸透镜的焦距变短了。

【师】：那么，晶状体变厚，会导致什么结果？请同学们利用虚拟仿真实验来探究一下！

【学生活动】：利用虚拟仿真实验中能改变焦距大小的优点，先任意选择某一焦距的凸透镜使蜡烛成清晰的像，记下此时的像距(即视网膜的位置)；再将焦距的数据变小，比较前后两次像距的大小，可以知道当晶状体变厚时，像成在视网膜的前面还是后面？

(老师用演示实验进行操作)

【师】：请同学们在小组内相互交流，派一名代表说一下，你们探究的结论。

【生】：当凸透镜的焦距变短，即晶状体变厚时，像会成在视网膜的前面！

【师】：同学们的虚拟探究实验非常成功！晶状体变厚时，像会成在视网膜的前面，但是我们的视网膜不能动，怎样才能使像成在视网膜上呢？请思考一下，该如何矫正？

【生】：戴凹透镜。

【师】：请同学们再次利用虚拟仿真实验来探究一下，用凹透镜来矫正近视眼的情况。

(老师用演示实验进行操作)

【师】：哪组的同学能说说你们所得的结论？

【生】：因为晶状体变厚，会聚能力变强，使像成在视网膜的前面；若要使像刚好成在视网膜上，需要将光线延后会聚，而凹透镜有发散作用，所以近视眼配戴凹透镜。

【师】：很好，近视眼用凹透镜来矫正。(此时屏幕上显示近视眼的成因、现象及矫正的PPT，教师指导说明)

光现象虽然是无处不在，但却是抽象的，这就增加了实验的困难性。另外光学实验对实验环境的要求很高，在实际演示中由于光线的亮度和不确定性等因素，像光的折射和光的色散等实验，经常会出现观察不到实验结果或者实验结果不明显的情况。而这些问题都可以利用基于信息技术的虚拟仿真实验来有效地解决。信息技术环境下的虚拟仿真更面向全体学生，让学生通过观察实验过程及实验现象自己总结出科学的结论。

二、让学生上机操作虚拟仿真实验，通过计算机操作实验，掌握探究学习的方法

虚拟仿真实验的应用提供给学生另外一种实验的方式，丰富了实验方法，打破了传统实验教学对课本的依赖。在传统物理实验教学中，学生较多时候处于被动状态，而数字化的虚拟仿真实验要求学生改变以往过多依赖教师的学习方式，如学生应能在新的学习环境中，大胆借助信息技术从多渠道获得所需信息，敢于对书本质疑，乐于动手探究等。

虚拟仿真实验这种基于信息技术的教学方式，充分激发了学生的学习欲望和学习兴

趣。事实证明,虚拟仿真实验对调动学生的学习兴趣有很大优势,学生对这种高科技的教学方式很喜欢,以至于对物理学习也颇感兴趣,也更关注平时生活中与物理有关的现象;对培养学生的猜想与假设能力也有积极影响。

案例:《天平的使用》

天平作为测量质量的仪器,在物理实验中的重要性是不言而喻的。要使学生用它进行准确的测量物体质量,必须让学生了解天平的基本构造和各部件的作用。但无论是教师的演示实验还是学生自己做实验,都使得学生对于平衡螺母的使用、左物右码、游码的使用等理解不够,更不用说去探究了。

针对这些问题,我们可以在学生初步使用天平之后,利用虚拟仿真实验来进一步理解探究。

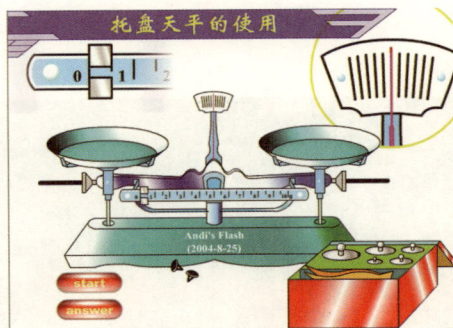

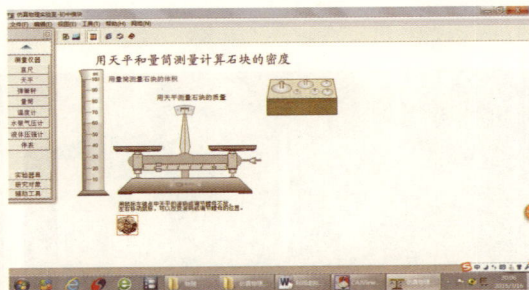

学生可以充分利用虚拟仿真实验来探究如果把物体和砝码放反了会怎么样? 游码右移的作用到底是什么? 同样,在测量物体的密度演示实验中,对量筒读数时要与凹液面最低处相切,教师在操作过程中凹液面并不十分明显,学生对这个概念不是很理解;也可以采用虚拟实验来进行探究。

再比如力学中有些器材是生活中不常见的, 有些则是大型器材不能在课堂进行演示型实验;电学学习中,需要学生自主设计电路并连接展示,由于每个人的设计不同,所需要的器材不固定、组装时间不固定、组装的地点不固定,受到这些不固定因素的影响,电路很难做到自由组装;这都需要一个可以排除这些困难的方法,都可以应用到虚拟仿真实验平台。

可以说虚拟仿真实验速度快、成本低,虽然不能像真实实验那样提供可直接操作的真实实验,但在实验步骤方面,虚拟仿真实验为学生节约了大量实验时间,并能很好地对各种操作进行即时反馈和巩固;同时只要有计算机, 学生可以在任何时间段来进行自主学习、自主探究。

三、学生在进行虚拟仿真实验后,形成实验报告,培养探究能力

虚拟仿真实验中精确的数据显示,使学生对数据非常敏感;准确的演示,比单纯的演示实验得出结论更明显;学生在操作过程中对实验的控制意识也更强。特别是在观看老师的演示实验之后再进行虚拟实验,对概念的理解更准确,起到了复习和巩固的作用。在此基础上,要求学生形成实验报告,从而进一步培养学生的探究能力。

案例:《探究凸透镜成像规律》

学生在探究凸透镜成像规律时,在实验中无法很好地改变凸透镜的焦距,实验数据记录困难,实验表格生成困难。对实验数据的分析困难,增加学生总结凸透镜成像规律的复杂性。以上这些问题利用信息技术可以有效地解决。利用虚拟仿真实验对探究凸透镜成像规律的实验进行仿真演示,让学生看到实像和虚像,以及焦距的实时变化等。如图所示:

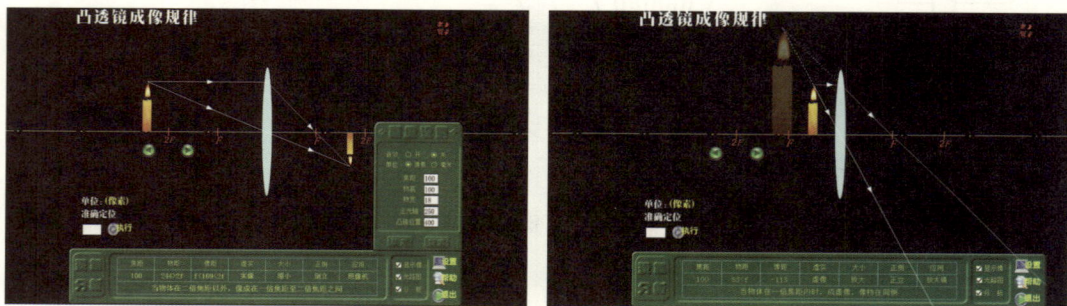

教学过程简述:

【师】:照相机和投影仪都成倒立的实像,所不同的是:物体离照相机的镜头比较远,成缩小的实像;物体离投影仪的镜头比较近,成放大的实像。物体离放大镜比较近,成放大、正立的虚像。可见,像的虚实、大小、正倒跟物体离凸透镜的距离(物距)有关系。那么,像的虚实、大小、正倒跟物距有什么关系呢?

教师先进行演示实验:先把实验器材准备好,把每个器材的用处讲清楚,根据实验要求,在同学们的提示下,每一步都找一名同学上台组装,培养学生动手能力。组装完毕,按照课本上的步骤逐步进行,在实验过程中,教师一边操作一边提示学生该注意的地方,比如烛焰的中心、凸透镜的中心、光屏的中心要在同一高度,如果不在同一高度会出现什么结果。在实验过程中,每完成一步都要引导学生说出成像的情况。演示实验结束后,同学们发现,在操作过程,绝大部分同学都观察不到物距和像距;光屏上的像也不是十分清晰,甚至有同学根本就看不见。尤其是在演示虚像的时候,由于光屏承接不到,学生几乎看不到;

在成等大倒立的像时,由于清晰度不好掌握,不好判断物距和像距的关系,针对这些问题,学生可以利用虚拟仿真实验进行一遍(提醒学生暂时不要改变焦距)。

【学生活动】:学生利用虚拟仿真实验将蜡烛放在距凸透镜较远的地方,然后逐渐移近,观察像的大小和正倒,直接读出物距和像距,将实验中得到的数据和观察结果记录下来。每一种情况都可以多试几次。

如探究两倍焦距以外凸透镜成像规律:在 $2f$ 之外,来回手动蜡烛,最后将蜡烛固定在 2 倍焦距以外的某处,观察右侧光屏上蜡烛像的变化,提示学生观察此时像的位置,成像的大小、正倒、虚实情况。并且把数据记录下来。将蜡烛再移动,固定在另一个 $2f$ 以外的地方,观察这次成像和上次成像是否相同。

【师】:请同学们分组完成:分析你们所记录的数据和像的性质,找出凸透镜成像的规律,形成实验报告(见下表)。

1. 像的虚实:凸透镜在什么条件下成实像? 在什么条件下成虚像?

2. 像的大小:凸透镜在什么条件下成缩小的实像? 在什么条件下成放大的实像? 有没有缩小的虚像?

3. 像的正倒:凸透镜在什么条件下成正立的像? 在什么条件下成倒立的像?

4. 若改变焦距,在同样的物距下,像的性质如何改变(像是变大还是变小? 变远还是变近?)

【学生活动】:学生在分组讨论的过程中,随时可以通过虚拟仿真实验进行再一次的探究。

焦距大小	物距的范围	像距的范围	像的情况				
			放大/缩小	正立/倒立	实像/虚像	同侧/异侧	
$f=$ ____	$u > 2f$						
	$u = 2f$						
	$f < u < 2f$						
	$u = f$						
	$u < f$						
当焦距变大,即凸透镜变____,折光能力变____,在物距不变的情况下,像的变化是____							
当焦距变小,即凸透镜变____,折光能力变____,在物距不变的情况下,像的变化是____							

当然,在利用虚拟仿真实验进行教学的过程中,发现在讨论与交流能力方面,真实实验时学生做的比较好,究其原因,可能是实验中不可避免地有干扰因素造成实验现象不明显,学生靠自己的知识不能完全理解,所以需要和同学讨论交流。另外,学生利用信息技术

进行自主学习和探究,是具备一定条件的:学生必须具有独立自主学习的精神、具有善于获取知识的能力和能掌握适合自己特点和学习要求的学习策略。但总体而言,学生的实验探究能力通过虚拟仿真实验得到了更大的发展。

参考文献

[1] 刘建平.论信息技术与中学物理课程的整合.

[2] 范立杰.信息技术环境下初中物理探究式教学研究.

[3] 滕启安.多媒体物理教学中科学探究能力的培养.

[4] 郭芳芳.虚拟实验对初中生实验探究能力影响的研究.

提高物理课堂教学有效性的几点思考

武汉市吴家山第三中学　袁　建

学生的学习离不开课堂，如何提高学生课堂学习效率是学生提高学习成绩的一条重要途径，对于物理教学过程中，如何提高课堂有效性？笔者有几点想法。

一、物理教学，新授课不宜提倡让学生提前预习

物理是一门实验学科，它强调学生在探究物理问题时有一个思考、猜想、实验、归纳、总结等过程。特别是探究性新授课，学生若提前预习，直接知道结论，就失去了探究这一重要环节，这对学生科学思维的形成和培养是毫无帮助的。所以新授课学前不预习，让学生在课堂上去探究物理问题，有利于培养学生的创新能力、动手能力、综合分析能力等。而且通过探究后获得的知识无疑会让学生记得更牢固，从而让课堂更有效。

二、课堂中生动的引入是提高课堂有效性的关键

物理是一门与生活、社会联系得很紧密的自然科学，几乎所有的物理知识在生活中都能找到它的影子。上物理课时，生动的引入会吸引学生的注意力，提高学生的学习兴趣。而兴趣是学习最有效的动力，有了兴趣，课堂上学生的注意力自然会比较集中。这样课堂效率必然会有所提高。我曾经听过一节很成功的物理课，授课内容是《大气压》。给我印象最深的是他的课堂引入部分，教师一开始拿出2个去掉外包装的塑料瓶，瓶口各套有一个气球，气球在瓶内，然后拿出其中一个瓶子说："谁能将瓶中的气球吹起来。"学生踊跃举手，教师挑选了一位身体健壮的学生，但学生费了九牛二虎之力也不能把瓶中的球吹起来，这时教师拿出另一个外形一样的塑料瓶，然后轻松地将瓶中气球吹起来，且嘴巴离开瓶口后，瓶口没有封闭，但气球却并没有消，这下让学生看得兴奋不已，紧接着教师说："只要我说一声消，瓶中的气球就会消气。"在学生的兴奋注视下，教师伴随着堵住瓶底小孔的手的松开，气球随之消气了，学生又是一阵兴奋。然后老师提出："大家知道这是为什么吗？这个现象中蕴含着什么科学道理？"学生一阵小声议论，紧接着教师说："今天我们所探究的知识将帮助我们揭开这个谜题。"从而教师将学生引入大气压的学习。这种新颖的引入一下

子就调动了学生的好奇心和探究欲,从而激发学生的求知欲,势必给课堂教学带来事半功倍的效果。

三、课堂教学过程中,尽量让学生在动手实验过程中探究和获取物理知识

物理是一门实验科学,绝大多数物理问题的探究都是建立在实验的基础上的。但是在通常的教学过程中,一些教师因为学校实验器材的缺乏、实验室比较紧张或者担心学生在实验过程中损坏实验器材,或者认为做实验会耽误时间而影响教学目标的完成而减少学生实验,将其改成演示实验,甚至改成口述实验,这种做法其实是不恰当的。学生动手实验,对激发其学习兴趣是有很大帮助的。我们要尽量在教学过程中让学生多动手实验,让他们通过实验来总结和学习物理知识,这样有助于学生创新能力、总结归纳能力的培养。有助于提高学生学习效率。当然在学生最开始接触物理时一定要强调实验规则,要对学生进行实验操作规范性的培养。

四、教师与学生建立亲密的朋友关系是提高课堂效率的有效途径之一

提高课堂有效性不仅仅要在课堂 45 分中下功夫,课外教师与学生的沟通也是非常重要的,新时代背景下,我们要建立新型的师生关系。教师与学生不应成为家长与孩子式的关系,而是应该走进学生心灵,和学生成为朋友,这样学生才会愿意向老师敞开心灵,积极和老师沟通、无障碍地交流。老师才能把握学生的学习动态,从而有效地设计教学来提高课堂教学。而且能够走进学生心灵的教师必然会得到学生的尊重和喜爱。这样,学生在平时的学习过程中也会因为其感情因素而提高上课的注意力,这样无形就起到了提高课堂效率的作用。

提高课堂效率的措施还有很多,如:上课进行分层教学、课后及时进行作业批改反馈、教师课前多进行教学研讨等,不管什么方式,我认为其原则是要用学生乐于接受的方式来达到这一目标,而不应该用强制的方法,要让学生在主动学习中提高课堂有效性。

激发情感　把握行为　培养兴趣
打造轻松物理课堂

武汉市南湖中学　谢方强

教学是教师的教和学生的学所组成的一种人类特有的人才培养活动。在整个活动过程中，老师是导演，学生是活动的主体。因此，师生之间，应该存在着良好的合作，但是研究表明：传统的物理课堂模式以老师讲、学生听为主，这种模式的课堂教学往往会出现课堂气氛沉重、老师讲得辛苦、学生学得痛苦的现象。因此，在科学教学中，必须从学生实际出发，关注学生的学习情感，激发学生的学习兴趣，提升学生的学习理性。应用各种方法和手段，打造轻松课堂气氛，进行有效教学。有目的、有计划、有组织地引导学生积极、自觉地学习，促使他们想学、会学、乐学。

一、创设情境、激发情感，"诱导"学生"想学"

问题情境是指主体为达到某一活动目的所遇到的某种困难和障碍时的心理困境。对课堂教学而言，就是教师通过创设一种有一定难度、需要学生做出一定努力才能完成的学习任务，使学生处于急切想要解决所面临的疑难问题的心理困境中。在科学教学中，创设合理的问题情境可有效地激发学生联想，使其原有认知结构中的有关知识、经验及表象得以唤起，从而利用有关知识与经验去"同化"或"顺应"当前学习到的新知识，达到对新知识的建构。

1. 创设情境，激起学生的好奇心

认知派代表人物、著名心理学家皮亚杰认为，当一个人已经全部了解这个事件时，他就不会再产生探究该事件的兴趣。一个完全新的经验，由于它和一个人的认知结构毫无关联而毫无意义时，也同样是没有兴趣和不被同化的。因此，教师创设的问题情境对学生来说是必须新的、使学生感觉到一定难度，但学生又觉可以触摸到的，并能激发学生的好奇心。例如：在引入摩擦力概念时，教师可以创设这样新颖的问题情境。取适当大小玻璃板一块，另取一只杯口干净光滑的玻璃杯。两者都用肥皂洗净，抹干。将玻璃杯倒覆在平板玻

璃上,并将平板玻璃左侧缓缓升高至恰好使玻璃杯不能下滑为止,用木块固定。打开水龙头,使一股细水流从玻璃板左侧(高处)向右侧(低处)缓缓流动,这时玻璃杯便开始动了。玻璃杯怎么会走动呢? 这样的问题情境所含有的问题对学生来说是新颖、未知的,学生自然会产生好奇的心理,必然产生探究的欲望。此时教师顺势引导学生对此进行探究,探究教学自然而然的展开,并在师生互动交流中生成。

2. 创设情境,激发学生的求知欲

求知欲是对学习、了解、掌握新知识的渴望,也包括探索未知的欲望。在心理学上,也可称为求知动机。在现实生活中,当一个人发现自己与他人的知识经验、已知的信息与未知的信息之间差距过大或未知的东西正是自己的兴趣所在时,便会在内心产生一种心理上的失调,因而也就形成了要尽快地消除这种不平衡状态的需求,从而萌发迅速行动,采取某种适当的方法重新获得平衡的愿望。在物理教学中,如果我们经常创设一些凭学生已有的知识不能解释的情境时,就能激发学生的求知欲。例如,初中学生在学习杠杆之前,对力的知识、力的平衡已经有了比较深刻的认识。然而,当教师根据阿基米德公元前200多年说过"给我一个支点,我可以撬起地球"这句话创设问题情境时,学生几乎目瞪口呆,惊呼:"阿基米德何来如此大的力气? 简直是痴人说梦!"学生已有知识显然不能准确地解释这种说法,要解决这样的问题必须对杠杆进行学习。此时学生产生强烈的学习新知的欲望,对杠杆的了解已经迫不及待。教师就可以很好地引导学生观察、讨论、猜想、探究,从中归纳出杠杆的特征及平衡条件。

二、设置教学案、把握行为、指导学生"会学"

在教学过程中,老师经常遇到一些困惑,那就是课堂教学中如何有效把握学生的学习行为,进行有序、高效的教学。我认为在教学中适当地应用《教学案》是解决这一困惑的行之有效的方法之一。《教学案》是教师依据学生的认知水平,知识经验,为指导学生进行主动的知识建构而编制的学习方案,《教学案》实质上是教师用以帮助学生掌握教材内容,沟通学与教的桥梁,也是培养学生自主学习和建构知识能力的一种重要媒介,具有导读、导听、导思、导做的作用,有利于在课堂教学中宏观把握学生课堂学习行为。

《教学案》的特点是:①问题探究是《教学案》的关键,它能起到"以问拓思,因问造势"的功效,并能帮助学生如何从理论阐述中掌握问题的关键;②知识整理是《教学案》的重点,《教学案》的初步目标就是让学生学会独立地将课本上的知识进行分析综合,整理归纳,形成一个完整的科学体系;③阅读思考是《教学案》的特色,可根据课文内容进行阅读思考,也可为开阔学生视野,激发兴趣,设计一系列可读性强、有教育意义的文章,包括与所教内容密切相关的发展史,著名专家的科研业绩,现代科学的热门话题等;④巩固练习是《教学案》的着力点,在探索整理的基础上,让学生独立进行一些针对性强的巩固练习,对探索性的题目进行分析解剖,讨论探索,不仅能通过解题巩固知识,掌握方法和培养技能,而且能优化学生的认知结构,培养创新能力。

《教学案》的作用是它能让学生知道老师的授课目标、意图,让学生学习能有备而来,给学生以知情权、参与权,在教学过程中,教师扮演的不仅是组织者、引领者的角色,而且是整体活动进程的调节者和局部障碍的排除者角色。"学案"的作用:它可以指导预习,也可用于课堂教学,并且系统的《教学案》还是一份很好的学习资料。

三、建立机制、培养兴趣、促进学生"乐学"

1. 建立表扬激励机制,激发学生学习兴趣

美国心理学家罗森塔尔曾做过这样一个实验:随机从一个班级学生名单中抽出一些学生,让教师在班级声称,通过预测这些学生是最有发展前途的,将来必成大业。过一段时间后,重新测试这些学生并与班级其他同学相比,他们学习成绩提高较快,智力发展水平较高,性格开朗,心理健康,这就是罗森塔尔效应。它的实质就是表扬与期望。教师在教学中不仅要传授知识和学习方法,还要把爱心和期望传递给学生,使学生一开始就在学习中感受到教师的信任和期望,树立信心,明确学习目的,产生愉快主动的学习热情。如果教师在物理教学中建立激励机制,有意识地抓住各种机会采用不同方式表扬学生,会起到特别好的教学效果,有利于打造物理轻松课堂。例如班上有一个学生对物理不感兴趣,成绩较差。有一次他的作业做得很好,我便在他的作业簿上写了几句表扬的话,后来发现接下的几次,他的作业都很不错,于是我有意识地在上课时请他回答一些相对简单的问题,答对了就表扬,后来他竟然成了物理方面的佼佼者。

对学生的表扬方式也应因人而异,对于成绩较好的学生,表扬的同时指出不足;对学习成绩较差的学生给予特别的关照,经常提问,让他们在课堂内回答一些较容易的问题,回答正确的,当堂表扬;回答不正确的,也应认真分析他们出现错误的原因,不能简单加以否定。提问的口气要亲切,表扬要发自内心。提问的难度应循序渐进,逐步提高,以"跳一跳摘得到"为原则。使他们既不觉得教师是有意挑选容易的问题让他们回答,又使他们通过回答提问获得学习的成就感,提高他们在同班级学生中的地位,从而增强了自信心。

2. 建立小组探究机制,激发参与热情

物理学科是一门源于自然的基础学科,在生产生活中有着广泛的应用,同时又是培养人的思维的严密性、逻辑性和创造性的最好学科之一。物理学作为人类认识自然的伟大成果,无论其内容、方法和结构都是人类创造智慧的集中体现,优秀的物理学家和他们探索真理的过程都闪耀着科学创造之光。但在实际的课堂教学中,学生自身的能力毕竟是有限

的，所以我觉得在学生中建立一个学习兴趣小组可以帮助学生克服这个困难。有利于激发学生的参与热情，从而有利于打造物理轻松课堂。

学习兴趣小组的建立可以让学生以小组为单位进行探索与创新的学习，而且可以让学生养成相互间互助合作的团队精神，对学生走上社会也是非常有利的。在这样的学习兴趣小组中，教师不是单一的知识的传授者，而是学生活动的引导者、组织者、参与者、领导者、协调者和评价者。教师在教学的过程中更注重突出学生主体，强调学生主动参与、乐于探究、勤于动手的学习习惯，同时教师也应对学生进行有效的指导。明确学习兴趣小组的指导思想，制订学习兴趣小组的规则，给出小组的探究课题，适时对学习兴趣小组进行跟踪评价。

总之，学生是有生命、有思想、有情感、有智慧的、健全的人，需要学习，需要发展，需要机会和空间，我们理应关注他们的真情体验，为他们的成长创设一个良好的环境，鼓励他们主动探索，积极进取，体验学习的快乐，感受成功的喜悦，得到创造性的发展。在物理教学中，要想有效地提高课堂效率、打造轻松的课堂氛围，老师就必须根据学生实际，实施智慧教学，使学生在课堂学习过程中能充分展示个性、突显灵性、丰富心智、提升理性、铸造完美的人格，促使学生想学、会学、乐学，为他们将来的进一步发展打下坚实的基础。

参考文献

[1] 张大均.教育心理学.北京:人民教育出版社,2004.

[2] 王甦,汪安圣.认知心理学.北京:北京大学出版社,1992.

[3] 陈琦,刘德儒.当代教育心理学.北京:北京师范大学出版社,1997.

[4] 刘儒德.探究学习与课堂教学.北京:人民教育出版社,2005.

不断反思　努力提升

武汉市常青第一学校　金义锋

　　教师的教学反思是教师教学认知活动的重要组成部分，是指教师为了成功实现教学目标对已经发生或正在发生的教学活动以及支持这些教学活动的观念、假设，进行积极、持续、周密、深入、自我调节性的思考。教师的教学反思是一个能动的、审慎的认知加工过程，也是一个与情感和认知密切相关并相互作用的过程。在此过程中，不仅有加工，而且需要有情感等动力系统的支持。那么教师教学反思的作用是什么，如何进行反思呢？我就此粗浅谈一点自己的看法。

一、教师教学反思的作用

　　首先，反思性教学增强了教师的道德感和责任感，以此作为提高素质的突破口。一般来说，缺乏道德感和责任感的教师，除非因教学上的失误或迫于外界压力，否则不会自觉反思自己的教学行为。而提倡反思教学，使教师自觉的在教前、教中、教后严谨地审视自己的教学行为，改进自己的教学实践，从而提高教学质量。教师的道德感、责任感和教师的教学技能与能力对于提高教学质量具有同等重要的意义，而倡导反思，是增强教师道德感和责任感的有效途径之一。

　　其次，反思性教学强调学会教学，是全面发展教师的过程。学会学习早已为人们熟悉，而反思性教学强调教师要学会教学，即要求教师把教学过程作为"学习教学"的过程。既要求老师教学生，学会学习，全面发展学生，又要求教师学会教学，直至成为学者型教师。因此，反思型教师不仅应知道自己教学的结果，而且要对结果及其原因等进行深思，总是问"为什么"。这种"追问为什么"的习惯，往往促使反思型教师增强问题意识和"解题"能力。相比之下，如果我们的目的仅仅是教学生学会学习，而没有教师不断的学会教学，学生的学会学习很难保证。

　　第三，反思性教学以解决教学问题为基本点，在具体操作中，实施者可以根据自身情况有针对性的提高自己的薄弱环节，也可以从各方面的训练中总体提高自己。实施反思性教学，并不是要面面俱到，针对教学过程中所有的环节加以反思，而是可以在某次具体操作中更侧重哪个环节的训练,从各个环节的提高从而使教师整体素质得以提高。比如在某一次反思性备课中,可以专门训练引入这个环节,课前设计几种不同的引入方式,根据学生反应和教学效果加以鉴定比较哪种引入更适合哪种类型的课程。这种方式使水平的提高落实到某个具体的点上,既有实效性,又增加了教师的成就感。

第四,在不断尝试"反思性教学"过程中,教师对教学有了自觉的意识,对教学活动的自我评价的习惯和能力不断提高,对教学过程进行修正和控制的方法和技能也相应提高,从而加强教师的监控能力,自如地应对教学过程中的问题。课堂教学中最常见的问题,主要是在课堂教学情境中所使用的教学方法和学生的实际接受状态存在的差异,具体表现为学生"吃不饱"或"吃不了"。在目前实行的大班教学中,任务教学方法总是只能适合部分学生的理解和接受水平,一次性教学不可避免地存在部分学生的"吃不饱"或"吃不了"的情况。如何使这种现象得以缓解,需要教师细心体会,对自己的教学活动进行有意识的、自觉的检查、审视和评价,对自己的教学进程、教学方法、学生的参与度等诸方面及时保持有意的反省,在此过程中不断发现问题。例如,我们要求在上每一节课时,对自己要讲什么内容,为什么要讲这些内容、沿着何种思路进行讲授这些内容等都要有清醒的认识。这种认识不仅表现在教学过程的组织与管理上,还表现在课堂教学之前的计划与准备以及教学结束后的回顾上。如:课前预计教学过程中可能出现的各种情况及相应的解决问题的方法和策略,构想出可能有的教学效果;课后对教学目标是否明确、是否从学生实际出发、教材的呈现是否清楚合理、教学是否得法等问题进行反思。

二、教师教学反思的方法

教师教学反思我觉得应该从以下几方面进行:

第一,反思态度。也许有人会心生疑窦,反思已经是在努力查缺补漏了,何来态度好坏之分?其实,现在的教学反思一部分是教师的自觉行为,另一部分是因学校的大力提倡,甚至明文规定篇幅字数而写,质量参差不齐。有些寥寥几笔,纯属应付;有的东拉西扯,反思不到点上;即使有洋洋洒洒一大篇者,也不过是重复他人之言,毫无实际意义和价值。这样的反思,与我们的初衷相去甚远。长此以往,徒费时间笔墨而已。我想,反思贵在真实。反思的落脚点应是我们自己的教学行为。教学进程完毕,我们有什么想法有什么疑问,与组内的教学老师一起研究讨论,随机刻录即成。千万别把它当成一项任务、一种负担。用心感悟、用心反思,这才是反思的真谛所在!

第二,反思内容。要反思这堂课的知识是否有错误和遗漏,教学方法是否合理。但是这只能算作狭义反思。那广义的反思指什么呢?个人觉得,反思教学内容固然非常重要,但与之息息相关的教学行为与现象更值得我们深究。比如,我们时常感叹现在的孩子变得功利,特别是低年级的小学生,不用奖品吸引不给什么鼓励就没有学习的积极性,可反思即知,这种现象未必不是我们在日常教学中无意识的引导造成的。怎样在把握语文工具性的同时给予孩子恰当的人文关注,形成他们正确的价值观,需要我们深刻的反思。再比如,我们在听完一堂好课后,对人家精彩的教学设计羡慕不已,有时不禁困惑:自己也天天在研究教材教参,也能把文本读得非常通透,为什么就不能上出精彩的课呢?反思之后,我们才明白,这里还有个人的阅读积累问题。一个教师所呈现出的每堂课都与他自身的文人积淀有关。学识浅薄,无以支撑,自然会和优秀课例产生差距。坚持用一颗反思之心来看人待事,对我们的教学都是不小的促进。

第三,反思效果。对教学效果的反思,除了了解学生掌握的知识与技能外,还要分析学生是否养成了良好的学习习惯、掌握了正确的学习方法与策略,以及在听课的同时是否积极思考。回答问题和参与讨论,是否能与其他同学合作学习等。教师通过课堂观察、个别访谈、形成性测验等多种方式,及时了解自己的教学效果。反思这些方面,对自己的后续教学有很大的好处。

教学反思是我们教师成长的阶梯,它记录着我们曾经的迷茫,见证了我们洒下的汗水,更奠定了我们坚实的脚步。让我们一起来善待反思,全方位地反思,进行有效地反思吧!

教育源于热爱　成长始于思考

——《测量小灯泡的电阻》课后记

武汉市育才中学　袁薇薇

对于公开课和比赛课,我真的是又怕又爱。怕的是不堪重任,怕的是有负众望;爱,是因为课上好、上好课是每一位教师追寻的目标、努力的方向;因为磨课的经历能锻炼我的意志、能力,能使我进步、成长得更快。每一次上完公开课,首先是做深呼吸,肩上的石头落地了,无比的轻松,无比的惬意! 接下来几天,独坐桌前,掩卷沉思,这节课的台前、幕后又会如电影重放,历历在目。现将本次在二中广雅中学上课后反思,结合自己对教育教学的几点拙见与大家交流、探讨。

一、教学因"投入"而有效

这里所谈的投入,是两方面的,即教师和学生。我觉得教学活动的主体就是教师和学生,现代教育观为突出学生,常说学生是主体,老师是主导,但谁又能否定教师的重要地位,忽视一名优秀教师在引领、培养学生上的巨大作用呢? 所以说,师生都应是课堂的主角。老师的投入包含了教育的良心和责任,包括了课前精心的备课,课中用心的上课,课后悉心的反思,课外耐心的落实。以公开课来说,上得自然比常态课要好,为什么? 那是因为备课时,会反复推敲,甚至几易其稿;那是因为正式上课前会试课一次、两次,甚至多次去寻找感觉,改进不足。如此投入,效果自然好些! 如果我们以公开课的精力去备常态课,大家是难以承受,但是我们也应有这样的意识:老师多一份投入、多一份努力,学生也将多一份收获,教学也就多一份实效。再来说说学生方面,学生的投入与否,投入的深浅,很大程度上也取决于老师。

老师们可以问自己这样两个问题:学生喜欢上我的课吗? 我的课堂能吸引学生吗? 学生的投入一方面来源于师生之间融洽的关系,深厚的感情,因喜欢老师而喜欢上她的课。第二方面来源于学生在学习过程中成功的体验,学生越自信,越愿意表现,越会投入地学习。在这点上,我们的学生尤其欠缺,如何依据他们的学情,定位标高? 如何调动和激发他们在教学过程中的成功意识？这是我们应该认真思考的问题。学生的投入还来源于第三方面，即教师课堂的预设和引领。一节课的导入能否引起学生的关注？一个问题的提出能否激发学生的探究欲？教学过程的推进是否在层层设疑中生成？凭借教师精彩的表现、个人的魅力能否让学生有这样的感受：上课真有趣，时间过得太快了！这次，我在二中所讲的一节物理课，得到了专家和同行的好评。但我先在二中试讲时，就遭遇了滑铁卢。我讲的题目为《测量小灯泡的电阻》，八年级的一节新课，难度并不大，是在八年级 24 班试讲的，这个班是二中的最快班、竞赛班。分析失败的原因，就是我所讲的内容，学生都已提前在外面学过，都已掌握，如何提问、引导都无法调动其参与的兴趣！我想对于这种非常规班级，就不能按这种常规讲法，以生定教，的确是普遍适用的真理！

试想在教学中，如果老师和学生都能倾情投入，共同品味课堂的乐趣、享受成功的喜悦，我们的教学自然有效、甚至高效了！

二、课堂因"适度"而精彩

课堂上我们要警惕"失度"现象，把握"适度"的精彩。好的课堂会把握一个"度"，寻求"适度"，是一个教师永远需要学习和追求的目标。"适度"包含了一节课中所有的环节和因素。一节课容量要适度，知识深浅要适度，提问要适度，总结要适度，多媒体手段使用要适度，对学生评价激励要适度，对学生的管理也要适度，即在提倡民主教学理念的同时，还要适度加强对学生课堂行为调控和引导，等等。课堂教学中，谁能把握适度，拿捏得当，谁的课堂就会精彩！

一节公开课，几经锤炼，完成课堂的基本流程是没有问题的。但即使你课前试讲过五遍、十遍，面对不同的学生，总会在课堂上出现你意想不到的问题和情形，如何发挥教学机智，处理好预设与生成的关系则是课堂是否精彩的关键。

在这次与二中课堂交流学习活动中，孙校长和七一中学的张萍老师都在评课时提到了课堂"叫停和引领"的艺术。首先教师的提问要适度。提问适度主要是所提问题难易的适度，要做到有的放矢，引发思考、促进理解，需要有一定的深度，但不能大而失当，过于空泛，使学生"听而却步"。再次，对于学生的回答，教师的"叫停"要适度。是学生一答错，就立即让她坐下，再换一学生回答，直至学生答出老师满意的答案呢，还是有效地利用课堂中学生的各种稍纵即逝的生成性资源，引领学生一起去探究解惑，以弥补教学设计预设中的不足呢？课堂教学中，学生的错误和问题，都是非常好的课程资源，都是我们教学的宝贵财富。教师根据实际情况采用不同处理方法，使一些无法预料的事情呈现出不同的价值，使课堂打破线性进程，呈现出勃勃的生机。课堂之精彩，关键是在动态生成当中！但反过来，如果教师过度看重课堂动态生成，不叫停，不引领，生怕漏过一个可利用的"资源"，以致不敢对课堂及时加以调控，就会出现在课堂上被学生牵着鼻子走或者脚踩西瓜皮——滑到哪里算哪儿的尴尬局面。何谓"生成"，是不是课堂上学生提出一个教师意想不到的问题、道出一种标新立异的方式方法就算是"生成"呢？这只是对"生成"的一种片面解释。因为实现教学目标是动态生成的立足点，离开了这个立足点，生成也就成了无效的生成或虚假的生成。当学生出现这种游离于教学目标的"出轨"思维时，老师应当机立断，可以表扬学生的想法独特，然后马上把学生的思路拉到正轨上来。学生的思维可能"天马行空漫无矢"，但教师却能"丹青妙手总点睛"。当然，要真正做到这点，就要求教师必须客观地看待动态生成，头脑中随时放着一把"度"的标尺，这样才不会因为学生的意外"生成"而搞得晕头转向。

三、师生因"互动"而成长

此成长，即"教学相长"。古语云："是故学然后知不足，教然后知困。知不足，然后能自反也，知困，然后能自强也。故曰教学相长。""教学相长"是我国古代教育者从教学实践过程中总结出来的宝贵的教学经验和教学原则。我一直信其理，现在感触尤甚。

这次面对二中一些优秀的学生，我不仅叹服于他们的能力和素质，出色的发挥。在物理课上表现出的思路敏捷、科学缜密，在语文课上表现出的才华横溢、侃侃而谈，让作为老师的我感觉到汗颜！也曾想，如果让我教这么好的学生，我行吗？回答是：心虚、担惊、压力！面对他们，我还能像对我们的学生那样提问：电流用什么测量？答：电流表。电压用什么测量？答：电流表。我还会将一个简单问题念念叨叨讲十遍以上吗？我们的学生提不出问题，好的学生可能用问题把你难倒！课堂上，在给学生答疑解惑、和学生互动切磋的过程中，教师可以获得启发，发展教育的智慧。学生的发展也对教师提出了挑战，可以激励教师下去后更精心、尽心地学习。

教学其实就是师生之间的相遇和对话，视界的融合，我们可以在与学生互动、对话中丰富自己的眼界，修正原有的视界，形成新的视界，为教师专业化提供精神的动力，获得发展的源泉！不论我们面对怎样的学生，营造良好的教学环境，改变我讲你听、我说你写的陈旧模式，从而实现师生平等的对话，这都是必须和必要的。教师只是课堂集体中的一名参与者，引领者，他鼓励所在集体中的所有成员(师生)动起来，有来回地交往。在这种多向交往中，受益的不仅是学生，还有老师。老师和学生之间，学生与学生之间，思想相互摩擦、碰撞、共振，交流彼此的思考、情感、体验，从而达到共识、共享、共进，实现教学相长。

四、教育因热爱而感动

黑格尔说："要是没有热情，世界上任何事业都不会成功。"热爱教育是教师教育工作的源动力，这种情感具有极大的内在力量，它可以强烈地促使教师去亲近学生，了解学生，去钻研教育学问、提高教学技艺，自觉地敬业、乐业、勤业、精业，从而为教育获得成功创造有利条件。

"以人为镜，可以明得失"，和勤奋的人在一起，你不会懒惰；和积极的人在一起，你不会消沉；与优秀的人为伍，我们也会更加优秀。在我身边就有许多值得我学习的榜样，他们因对教育的执着与热爱，让人感动、钦佩！在这次交流课中，我得到了孙校长和七一中学林新堤校长的大力指导和无私帮助，他们对课堂评价的造诣、对教学严谨的态度，都让我受益匪浅。孙校长到二十一中这几年，一直致力于提升教师队伍，为青年教师搭建平台，正是因为他的鼓励和帮助，我们才有机会站在更高的舞台。这次上课，学校邀请省特级教师林新堤校长为我评课，林校长欣然同意，上课前一天还特意打电话给我，让我说说设计思路，并给予了具体指点和评价。作为一个特级教师，没有任何架子，总是平易近人，求真务实，严谨治学，这就是我们学习的榜样，努力的方向。几次比赛、公开课陪在我身边的明莉芳老师是一名非常认真、优秀的教师。只要我外出上课，她都会在旁支持、鼓励我，为我当助手，给我提供了许多很好的建议，非常感谢她一直来的扶持和帮助！还有德艺双馨的谢华之老师、凡事追求卓越的熊国超主任、为将课上得完美，试讲了五次的王春老师等，大家出于对职业的敬畏，怀揣一份对教育的热爱，走到了一起，并为此努力、奋斗。教育因热爱而感动，教育因他们而美丽！

最后用教育专家周一贯先生的一句话与各位同仁共勉："生命与事业同行，生命因为有了事业的追求而得到开发，光彩倍增；事业则因有了生命的投入而有了热情流淌的血液，永不枯竭的爱！"

巧设教学情境　激活物理课堂

武汉市任家路中学　匡海燕

【摘　要】 本文结合自己十年的实际物理教学经验,从"创设适当的问题情境,可以激发学生的求知欲""创设适当的实验情境,可以激发学生的探索欲""创设适当的生活情境,可以激活学生的形象思维能力""创设故事情境,可以激发学生的学习兴趣""创设幽默情境,可以增加物理课的趣味性"和"创设虚拟情境,可以提高学生的想象力和思维能力"六个方面阐述物理课程中巧设适当的教学情境,可大大提高课堂教学效率。

【关键词】 教学情境　问题情境　实验情境　生活情境　故事情境

创设情境就是通过创设与教学内容相关的情境,让教学进入情感领域,激发起学生的学习兴趣,并凭借情境,把知识的教学、能力的培养、智力的发展以及道德情操的陶冶有机地结合起来,从而促进学生的全面发展。在物理教学过程中,创设一个恰当的教学情境,可以激发学生的求知欲望,学生学习的积极性也会空前高涨。这时教师稍加引导,他们就会主动地、自觉地去探索、寻求解决问题的依据和方法,用自己的潜能去攻破每个难关,使问题得以解决。只有这样才能真正体现在教学活动中以学生为主体的现代教育观,真正让课堂变成物理探索的舞台。教师在教学中创设有利于学生主动学习、主动发展的教学情境,是提高课堂教学效率的有效途径。以下是我在日常教学中的几点体会,和大家分享。

一、创设适当的问题情境,可以激发学生的求知欲

例如在讲电流表时,可设计如下问题:①你在电流表上看到了什么？②你现在看到的电流表上有几个接线柱?③电流表的使用步骤是怎样的?④读数时,应当注意什么?这些问题不仅为学生指明了思维的方向,激发学生的求知欲望,而且使学生学会了怎样自学课本、寻找规律、发现规律。同时,教师要敢于让学生独立思考,把物理知识的认知过程转化为学生自主发现问题、解决问题的过程,强化学生的自主意识和探索意识,有效地培养学生的自主学习能力。

二、创设适当的实验情境，可以激发学生的探索欲

在物理教学中，教师要设法增加学生实践的机会，创造性地设置丰富多彩的实验。通过学生亲自观察、动手做实验，激发学生的好奇心和探求新知的精神。只有在这种情境中，学生才有可能最大限度地进射出思维的火花、灵感的火花，展开想象的翅膀，在物理的科学殿堂上翱翔，多种能力得以充分发展。如讲重力时，可演示实验"巧找重心"，既复习了"重心"和"重力方向"等概念，又可使学生学会用悬挂法求不规则物体的重心，搞清楚杂技演员"走钢丝""顶碗""蹬独轮车"等技巧的道理。这样一下子就激发了学生强烈的好奇心，促使学生自主参与到下面的学习中去。

三、创设适当的生活情境，可以激活学生的形象思维能力

电阻教学历来是个难点，特别是电阻是导体本身的性质，在新课引入时，我将学生带入他们很熟悉的生活场景：同学们自己骑车到一个较远的地方去，到达目的地难易程度与哪些因素有关呢？路的远近，路的宽窄，路况的好坏，路上行人的多少，学生七嘴八舌很快说出这些因素，并能较自然地理解这些因素对结果的影响。有了这样的铺垫，自然过渡到导体电阻跟人骑车通过道路的道理十分相似。自由电荷定向通过导体的难易程度与哪些因素有关呢？导体长度、导体横截面积、导体材料好坏、导体中分子运动情况——宏观表象就是温度。很快得出：导体越长，电阻越大；导体横截面积越大电阻越小；导体材料越好电阻越小；温度越高，电阻越大。想象自己化身为一个定向移动的自由电子，进入导体内部，通过一段导体，难易程度一目了然，对电阻的理解也会轻松自然。这还有利于学生理解：电压为零，电流为零时，电阻是否为零？因为深夜无车行驶时，道路上的障碍并不会消失，所以电压为零，电流为零时电阻仍然存在。而且，电阻串联相当于道路加长，电阻变大；电阻并联时相当于道路合并变宽，电阻变小。

四、创设故事情境，可以激发学生的学习兴趣

有目的地、恰当地设置物理故事则可激发学生对物理的好奇心、求知欲，使学生乐于探究自然界的奥秘，体验到探索自然规律的艰辛与喜悦。如在讲"浮力"时，可以讲阿基米德检验皇冠真假的故事；讲曹冲称象的故事；讲"重力"时可以引入牛顿思考"苹果落地"的故事；讲比萨斜塔不倒之谜。在听故事中，培养学生善于观察、善于思考的良好习惯。

五、创设幽默情境，可以增加物理课的趣味性

物理学一向以严谨、抽象著称，但也需要增加一些趣味性。在物理课堂教学中若能够

恰当地设计一些幽默笑话情境,会活跃课堂气氛,不仅让学习变得轻松,还极其巧妙地掌握了知识。例如在讲速度、平均速度概念时可讲解如下故事:一位妇女因驾车超速被拦住,警察对她说:"太太,您刚才的车速是一小时60英里!"妇女反驳说:"先生,这是不可能的,我刚才只开了7分钟。这真是天大的笑话!我开车还没有1小时,怎么可能每小时走60英里呢?""太太,我的意思是说,如果您继续像现在这样开车,在下1个小时您将开过60英里。""这也是不可能的。"妇女接着说:"我只要再行使10英里就到家了,根本不需要再开60英里的路程。"

把这样的笑话搬到课堂上,可以增加幽默的效果,给学生创设一个快乐的学习氛围,更重要的是还可以弥补物理老师往往严肃有余、幽默不足的缺点。

六、创设虚拟情境,可以提高学生的想象力和思维能力

有时,有些物理知识从正面理解较为抽象,若以虚拟法从反面去理解,可以帮助学生正确、迅速地去理解物理知识。这在某种程度上,有助于培养学生丰富的想象能力,起到发展其思维能力的作用。例如在进行"摩擦力"教学时,引导学生讨论"假如没有了摩擦力,世界会怎么样?"有的说"人就走不了路了",有的说"车一旦动起来,就停不住了"……这一个个虚拟情境的设计,不仅使学生理解了一些物理概念,而且大大提高了他们学习物理的兴趣,提高了他们的想象力和思维能力,能更加积极主动地投入到学习中来。

总之,物理课的科学性、实验性和通俗性,为我们进行情境教学提供了极好的条件,创设一个良好的教学情境,可充分调动学生学习的积极性,活跃课堂气氛,促使学生积极参与,启发学生的探索精神,全面激发学生的求知欲,学生在探索中受到教育,得到进步,能够极大地提高教学效率,从而收到事半功倍的教学效果,这样你的课堂一定会很受学生的欢迎。

规范流程 培养严谨的科学素养

武汉开发区第二初级中学   李铁鸣

我想写这篇文章很久了,原因是我一直模糊记得一篇文章,里面记载了三个日本人是如何清洁图书馆走道的:说这三个清洁工首先将走道的一半用围堰围起,然后用水管放入规定深度的水,按照水的量兑入严格比例的清洁剂,清洗完后将水放掉,打开吹风机吹干,吹两次,每次吹风的时间都按规定的要求去做。看完这个故事,我一直赞叹日本人做事如此之严谨,严格按流程去操作。这不由让我想起了德国人,他们做事也是如此的认真和严谨,重视操作的流程是他们共同的风格,这种严谨的习惯,甚至被我们中国人讥笑为"死板"。我不敢对国人的诸多行为进行评判。但作为一名教师,我一直苦恼于孩子们学习的现状,他们中一部分或者过早地开始厌学,或者在课堂上很难进入专注有效的学习状态,或者在完成作业和设计上十分粗糙,或者对老师多次的强调和提及熟视无睹,多次犯着同样的错误,或者在面对一些稍微复杂的新问题时束手无策,学习效率十分低下。在思考许久后我发现,这一切都是因为我们在引导孩子们的教育中,重视知识的传授,一直忽视了对他们在学习流程上的培养和打造。

我没有在小学工作过,我不知道他们对孩子的学习流程有着怎样的要求。我所了解的是,由于早期缺乏规范的学习流程的培养,一部分孩子当他们走入初中后,学习习惯已经相当糟糕了,在一节课上完全不知道应该做些什么,甚至上课很长时间,有的同学连该节课的教材都没有准备。这些不良的学习习惯已经严重的妨碍了他们学习成绩的提高。

也许有人会有疑惑,过分的强调学习和解题的流程,会不会有碍于孩子们创新精神的培养呢?其实不会,创新本来就是对原有规则和流程实践中的反思和批判。只有我们执行了原有的规则和流程,才会发现其中存在的问题,才会提出更好的解决方法和措施,这样我们就有了创新的源泉和动力。

下面我结合自己的工作实践,谈谈在初中物理教学中的一些学生学习和解题的流程,供大家参考。这些想法和做法也许并不十分成熟,其实每个中学物理教师都有自己独特的经验流程,但重要的是行之有效,还要持之以恒的去做,才能将规范的学习行为,打造成孩子们严谨的学习习惯,进而内化成一种卓越的性格。

案例一：物理新授课的自主学习流程(以《电阻》为例)

(一)学习流程

1. 课前

(1)学生自主阅读知识目标。

(2)带着知识目标上的问题阅读教材,并在相应的知识点上做记号。

【学习目标】(学案呈现)

①知道什么是电阻,理解电阻是导体本身的一种属性。

②知道电阻的单位及其换算。

③理解电阻的大小与导体的材料、长度、横截面积有关。

(3)学生在完成阅读教材后,开始完成《自主学习》部分。

(4)教师在课前检查学生课本标注和学案的《自主学习》的完成情况。

【自主学习】(学案呈现)

①导线多是用金属做的,特别重要的电气设备的导线还要用昂贵的金属来做。

②如图1,将长短、粗细相同的铜丝和镍铬合金(或锰铜)丝分别接入电路,再串联上一个电流表来测量电路中电流。可以看到,当把_____接入电路时,电流表示数较大,灯泡较_____;当把_____接入电路时,电流表示数较小,灯泡较_____。由此可知,在相同电压下,通过_____的电流比通过_____的电流大。

③导体虽然容易导电,但是对电流也有一定的_____作用。在相同的电压下,通过铜丝的电流较_____,表明铜丝对电流的作用较_____。通过镍铬合金丝的电流较_____,表明它对电流的作用较_____。

④在物理学中,用电阻来表示导体对电流的_____。导体的电阻越大,表示导体对电流_____的越大。导体的电阻通常用字母_____表示,单位是_____,简称_____,符号是_____。比较大的单位有_____、_____,它们的换算关系是_____。

⑤如图2是电子技术中经常用到具有一定电阻值的元件_____, 也叫_____,简

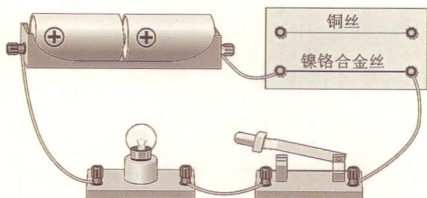

图1

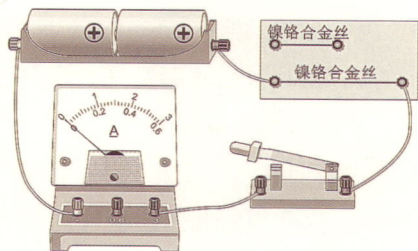

图2

称_____,在电路图中的符号是_____。

⑥实验:探究影响导体电阻大小的因素。

a. 电阻的大小是否与导体的长度有关?

选用了_____和_____相同、_____不同的两根镍铬合金丝,分别将它们接入电路中,观察_____的读数。

b. 电阻的大小是否与导体的粗细有关?

选用_____和_____相同、_____不同的两根镍铬合金丝,分别将它们接入电路中,观察_____的读数。

得到结论:导体的电阻是导体本身的一种性质,它的大小与导体的_____、_____和_____等因素有关。

2. 课中

(1)展示归纳:教师在导入新课后展示《自学小结》,学生回答。

(2)当堂练习,巩固自学,帮助消化。

【展示交流】

自学小结

①在物理学中,用电阻表示导体对电流_____的大小。导体的电阻越大,表示导体对电流的_____越大。在相同电压下,通过导体的电流越大,表明它的电阻越_____。

②电阻是导体本身的一种_____。它的大小与_____和_____等有关。

③导体的电阻通常用字母_____表示,电路符号是_____,电阻的单位是_____,简称_____,符号是_____。比较大的单位是_____。换算关系是_____。

当堂练习:要求学生完成课本 P67 第 1、2 题,并提问。

(3)设计实验,合作探究。

【合作探究,师生互动】

学生设计实验,探究影响电阻大小与材料、长度和粗细的关系,教师提问,及时指导、归纳(过程略)。

(4)归纳总结,应用提升。

小结本节课的内容,指导学生完成课本 P67 第 3、4、5 题

(5)当堂测试,反馈小结。

展示几个相关的题,让学生当堂完成,并上交(过程略)。

课后作业(略)。

案例二:物理解题思路和过程的流程(以含滑动变阻器电路的分析为例)

1. 识别电路,分析各电表的作用,并画出等效电路图。

2. 判断滑动变阻器连入电路的部分电阻 $R_滑$。

3. 按题意判断变阻器移动时 $R_滑$ 变化。

4. 如电路为串联。

(1)根据公式 $I=U/R_总=U/(R_0+R_滑)$,判断电路中电流的变化。

(2)根据公式 $U_0=IR_0=UR_0/(R_0+R_滑)$,判断定值电阻 R_0 两端的电压变化。

(3)根据公式 $U_滑=U-U_0=U-UR_0/(R_0+R_滑)$,判断定值电阻 R 滑两端的电压变化。

(4)根据需要判断其他物理量的变化。

5. 如电路为并联。

(1)根据公式 $I=U/R_滑$,判断变阻器中电流的变化。

(2)根据公式 $I=U/R_0$,判断定值电阻中电流的变化。

(3)根据需要判断其他物理量的变化。

【例题分析】　如图所示电路,电源电压保持不变,闭合开关S,将滑动变阻器的滑片 P 向右移动过程中(假设灯丝电阻不变),下列说法正确的是(　　　　)

A. 电压表和电流表示数都变小

B. 电压表示数变大,灯变暗

C. 电压表和电流表示数的比值变大

D. 电流表示数变大,灯变亮

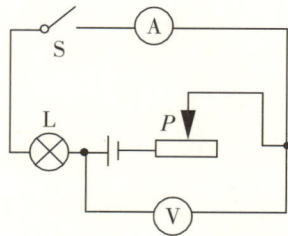

【分析步骤】

1. 画出等效电路图:

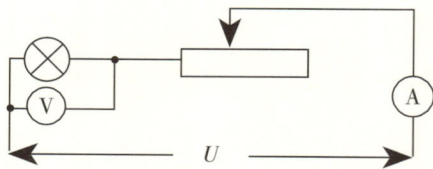

2. 当滑片右滑时,$R_滑$ 变大,①根据公式 $I=U/R_滑$,判断变阻器中电流变小;②根据公式 $U_0=IR_0=UR_0/(R_0+R_滑)$,判断定值电阻 R_0 两端的电压变大。故选 B。

以上我简单地列举两例来说明物理学习及解题的规范方法和流程,其实我们老师对好的方法和流程都有自己的心得和体会,关键在学生的应用和学习中是否得到贯彻,这对初学者的提高是十分重要的。坚持贯彻,坚持落实,我相信我们规范的学习过程,严谨的学习和科研态度是很好培养的。

用我的快乐去感染我的学生

武汉市七一中学 杨 熹

【摘 要】 教育是一个使教育者和受教育者都变得更好的职业，教师的言行举止，无形之中影响着一届又一届的学生，只有当教师自觉地完善自己时，才能更有利于学生的发展。学生毕业多年之后，课本的知识会慢慢淡忘，老师的面庞会渐渐模糊，但老师的思维、情绪会对每一个学生造成深入骨髓的影响。如果我能够使自己日益变得丰富、完善和快乐，那么我的学生就会日益变得丰富、完善和快乐。

【关键词】 快乐教学 教师成长 心理成长

教育是一个使教育者和受教育者都变得更好的职业，教师的言行举止，无形之中影响着一届又一届的学生，只有当教师自觉地完善自己时，才能更有利于学生的发展。教师是快乐的，才能带给学生快乐的课堂；学生是快乐的，才有自主学习的动力；学生能够主动学习，才能收获轻负高效的课堂。教师的成长，绝不仅仅是教师知识、技能等方面的提升，更要强调教师的心理成长。一个心理素质强的教师，不仅有较强的抗压能力，而且会有和谐的师生关系。我自认为是一个快乐的人，在工作中努力用我的快乐去感染我的学生，即使在逆境中也永远寻求阳光。

快乐之一 享受每一次的听课

听课，是听课者与授课者之间的武艺切磋。我喜欢听课，特别是思路清晰的好课，能坚持听课，我自嘲为用更好的方式去"偷懒"。有时自己备课，犹如盲人摸象，虽有教参在手，但要如何将枯燥的文字转变成理性思维、如何将散乱的知识点转化为清晰的知识网络，感到困难重重。通过听课这种高效学习的方式，能大大节约低效备课的时间，再在听课后结合自己班级的实际情况进行教学反思与二次备课，必能事半功倍。例如，在《压力与重力》这节课前，我设计了教学过程，却始终觉得简单枯燥。于是，我先听一听其他老师如何上课，来帮助我把握教学重难点。上课时，这位老师用一把钢尺、几块小吸铁石作为教具，简单调整了我预设的教学流程，整节课下来，学生参与度高、过程循序渐进，取得了理想的效果。

听课后，我根据自己班级的情况稍微降低教学难度，再次走进课堂，自己信心满满，学生们也被感染，较好地完成了教学目标。

每个教师都有自己习惯的教学方式，这种习惯与日积月累的教学融合在一起，成为每个教师的标志。这种标志可能成为课堂的闪光点，但也有可能成为使课堂僵化的枷锁。如何避免模式化、失去活力的课堂，如何不断提高自己的教学水平呢？方法固然很多，但听课不失为一种有效的方法。

作为促进教学的重要手段，教师在听课中有意无意地接受来自同行的信息：不同的教师，处理教材、教学方式、启迪学生思维的方式不尽相同。听课者进入"学生"角色，使自己处于"学"的情境中，从学生的角度去思考能否听得懂、学得会，便能够了解教学难度的设置是否符合学生的实际，从而及时进行教学目标的调整。听课者进入"教者"角色，如果这个知识点由自己来讲，会如何过渡、如何拓展，与授课教师比较优点与缺憾，便能够了解教学过程是否合理高效，从而及时进行教学过程的调整。

听课可以提升教师的内在修养。听课对于开阔教师视野、学习同行一些无法言传的知识与方法、发展多方面的能力，有着重要而积极的作用。它能引导教师走上螺旋式上升的道路，避免走进固步自封的死胡同。对于刚步入教坛的青年教师，想要成长为骨干教师、专家型教师甚至是教育家，都需要长期的实践经验积累，这期间的最佳路线，是由自己锲而不舍地探索与虚心积极向他人学习编织而成的。听课，有利于青年教师熟悉适应教师角色，获取优秀教师的教学经验；有利于准确理解知识和传授知识；有利于汲取优秀教师把控课堂的方式方法；有利于学习优秀教师的师风师德。

想通这一点，就能把听课变成一件快乐的事。拿着听课本、面带微笑走进教室，不仅无形中鼓励了授课教师，也能感染坐在身边听课的学生，在一个班级多听几次课熟悉了彼此，孩子们还会举手要求我坐在他们的身边听课，这个时刻，孩子们挥动的手臂给了我第二重快乐。

快乐之二　享受每一次的上课

上课，是教师对自己的不断洗礼。教师在课堂中对自己的认识逐渐清晰，才能逐渐了解了自己的优势和潜能，在心中树立了良好的自我形象，同时也更相信自己可以面对工作中种种逆境和挑战。随着工作时间的不断增加，对自己的角色认识越来越客观、准确，越来越能及时发现自身的不足。每一次走进课堂，都是一次言传身教的契机——想让学生成为什么样的人，教师首先要成为这样的人，想让学生成长，教师必须首先自我成长。我认为，在这样的生命成长过程中，读书与旅行都是不可缺少的要素，自我见识的扩宽，是提升教师解决问题的能力、与学生沟通的能力、情绪管理的能力的必要条件；把读到的好书和旅行中的趣事与学生分享,是课本知识以外的教育,能够让学生感受到老师的情趣与温度。

面对五十几名学生,课堂上偶尔出现意外事件是在所难免的。有一次上课时,两名调皮的男生因为课堂内容的谐音词而开起了不雅的笑话,引起了周围几名学生的哄笑,其他学生都受到了影响。我暂停了讲课,没有直接批评那几个学生,而是说,我给你们讲个故事吧,大家知道苏东坡吧,他有个好朋友叫佛印,是个僧人。一天,苏东坡对佛印说:"以大师慧眼看来,吾乃何物?"佛印说:"贫僧眼中,施主乃我佛如来金身。"苏东坡听朋友说自己是佛,自然很高兴。可是他见佛印胖胖墩墩,就想打趣一下,笑说:"然吾观之,大师乃牛屎一堆。"佛印并未不悦,只是说:"佛由心生,心中有佛,所见万物皆是佛;心中是牛屎,所见皆化为牛屎。"讲完故事,学生们会心地一笑,我顺势说,心中有善意,总能见识到世界的美好,善良是一种选择,你们愿不愿意成为一个善良的人?我没有因为学生的错误发火,而是面带微笑的讲完一个小故事,却让几个调皮的男生红了脸。从此之后,班上再也没有类似的意外发生。把平时读到的小故事在适当的时刻讲给学生们听,请他们自己去思考,比我一味的摆大道理有用得多。没有火药味,总有笑声的课堂,让孩子们喜欢上物理课。

每一次的习题课总是比新课难上,我从头到尾地完整讲授让正确率高的孩子往往漫不经心,懒得再去钻研更好的解题方法;若只讲解题思路又让正确率低的孩子一知半解,听完课还是不知道该如何订正,总结不了方法。经过一段时间的磨合与了解,我把时间还给学生——让孩子们来上习题课。批改作业时,将方法独特的孩子名字记下来,上课时,请这些孩子们走上讲台讲述自己的思路与方法,而我退下讲台,和其他孩子们一起听讲。看着自己的小伙伴走上讲台,孩子们感到新鲜,专注度提高了;抱着"找茬"的精神,对核心知识点的敏锐度也提高了;更重要的是,孩子们能够充分感受到自己才是课堂的主人,老师只是起到引导和点评的作用。一个小老师在上面讲,一群小老师在下面帮,七嘴八舌中,复杂的问题变得简单、枯燥的课堂变得有趣,小小的角色转换让课堂变得轻松快乐,让孩子们总是期待下一次的习题课。

和学生平等融洽的交谈,渗透在每一节课之中。有的学生靠着墙坐不直,听讲懒洋洋,跟他们说:男孩子最重要的是气质,内在的气质所谓腹有诗书气自华,外在的气质就是腰板儿要挺起来;有的学生遇到难题懒得算,趴在桌上想偷懒,跟他们开玩笑:要用辛勤的学习燃烧多余的脂肪;有的学生上课讲小话,跟他们强调:人活着一定要有责任感,现在对自己负责,将来才能为自己的家庭负责……自习巡堂时,有问题的学生随时举手提问,走过去、俯下身看看学生的完成情况,点拨几句是一种交流,或轻轻拍拍他们的肩膀,也是一种无声的交流,让学生感受到自己被尊重,是他们能够感受到快乐的重要前提。和学生关系变好了,课间走进办公室提问的学生变多了,班上的学习氛围带动起来了,这份快乐不再只是感染一个个学生,而是感染了一个个家庭。

快乐之三　享受每一次的批改作业

　　批改作业,是教师与学生之间的无声对话。作为一名物理教师,我强调学生作业的独立性,要求学生把思考过程留在作业中。留有过程的作业,好比一个个鲜活的学生在述说,每一本作业都是学生创作的作品,抱着一颗宽容之心去品读这个作品、评论这个作品、完善这个作品,去揣摩学生的思维方法,去感受学生的精神世界。

　　批改作业时,我喜欢给学生留评语。做得好的作业不吝惜给出"Very Good/Perfect"这样的评价;学生画图凌乱时用"什么鬼"来调侃一番;进步大的同学作业中,借用网络语言"么么哒"来鼓励;打上问号的作业把关键词圈出,用"可否……呢?"来给出建议……这样一次又一次的简单评语,就好像一棵树摇动另一棵树,一朵云触碰另一朵云,用我的认真去唤起学生的认真。利用每一次的作业批改,逐步培养学生独立思考、严谨认真、有错必纠的精神,久而久之,批改作业不再是一项繁琐无聊的工作,而变成师生之间愉快沟通的桥梁。

　　大多家长是处于"生于忧患,死于安乐"的意识与文化中,很少给孩子一个赞美的环境,自幼长辈们都爱把我们与"别人家的孩子"比较,总是指出我们的不足去激励我们改进,而对于优点则要求谦虚,不要张扬。受这样的教育影响,我们自己就很难拥有一个真正快乐的年少时光。经历即财富,我们的价值观、世界观就是如此经年累月地积累下来,当中有家庭和学校的教育、个人成败得失的经验、社会的标准、旁人的评价等。如果把过往的经历转化为苦闷和挑剔,总是对学生责备与批评,学生会害怕这样一位负能量的老师,心理上的疏离必然造成学习上的消极;如果把过往的经历转化为自省的源动力,善待自己,留心自己在学生面前的遣词用句,甚至说话的态度、语气、情绪反应等,用正面乐观的情绪积极地鼓励学生,学生会喜欢这样一位正能量的老师,心理上的亲近让师生教学相长。

　　知名问题讨论网站Quora上一个热门讨论问题是:"I have read lots of books but forgotten most of them. What's the purpose of reading?" 得票最高的答案是这样说的:"When I was a child I ate a lot of food. Most of it is long gone and forgotten, but certainly some of it became my very bones and flesh. Think of reading as the same thing for the mind."教育就是这样,多年之后,课本的知识会慢慢淡忘,老师的面庞会渐渐模糊,但老师的思维、情绪会对每一个学生造成深入骨髓的影响。如果我能够使自己日益变得丰富、完善和快乐,那么我的学生就会日益变得丰富、完善和快乐。"夫以铜为镜,可以正衣冠;以古为镜,可以知兴替;以人为镜,可以明得失。"我的学生就是我的镜子,我是快乐的,镜子里才会常常映出笑颜。

参考文献

【1】林存华.再议听课的作用.教学与管理,2006(11).

【2】周永跃.加强习题课教学的几点思考.学生之友,2011(15):30—30.